小康中国
WELL-OFF CHINA

《小康》杂志社 / 编

天地出版社 | TIANDI PRESS

图书在版编目（CIP）数据

小康中国 /《小康》杂志社编. —成都：天地出版社，2020.8
ISBN 978-7-5455-5690-2

Ⅰ.①小… Ⅱ.①小… Ⅲ.①小康建设－中国－文集 Ⅳ.①F124.7-53

中国版本图书馆CIP数据核字（2020）第080697号

XIAOKANG ZHONGGUO

小康中国

出品人	杨　政
编　者	《小康》杂志社
责任编辑	杨永龙　李晓娟
装帧设计	挺有文化
责任印制	葛红梅

出版发行	天地出版社 （成都市槐树街2号 邮政编码：610014） （北京市方庄芳群园3区3号 邮政编码：100078）
网　址	http://www.tiandiph.com
电子邮箱	tianditg@163.com
经　销	新华文轩出版传媒股份有限公司
印　刷	北京中科印刷有限公司
版　次	2020年8月第1版
印　次	2020年8月第1次印刷
开　本	710mm×1000mm　1/16
印　张	22
字　数	325千字
定　价	68.00元
书　号	ISBN 978-7-5455-5690-2

版权所有◆违者必究

咨询电话：（028）87734639（总编室）
购书热线：（010）67693207（营销中心）

本版图书凡印刷、装订错误，可及时向我社营销中心调换

本书编委会

总 编 辑	舒富民
副总编辑	毛传兵　殷　云　孙　剑　赖惠能　张　凡　易赛键　胡晓生
编　　委	张　志　鄂　璠　龚紫陌
主　　编	张　凡
统　　筹	刘源隆
本书撰稿	鄂　璠　刘彦华　于靖园　刘源隆　郭　玲　郭　煦　刘建华 袁　帅　尤　蕾　周叠瑶　陈秋圆　周　宇　潘晗艳　谈乐炎 袁　霓　谭今琼　黄哲宾　吴小敏　张少义　王铁军　吴　晖 周传人

推荐序
PREFACE

全面建成小康社会，是关乎人民福祉、实现共同富裕的国家大计。

改革开放初期，邓小平同志以高度的政治智慧，将"小康"概念引入改革开放和社会主义现代化建设，形成著名的"三步走"战略，生动表达了中华民族的雄心壮志，赋予中国道路基础性价值内涵。党的十八大以来，以习近平同志为核心的党中央根据国内外形势变化，顺应我国经济社会新发展和广大人民新期待，提出到2020年全面建成小康社会的目标要求。党的十九大报告对决胜全面建成小康社会作出新的总体部署。

改革开放四十余载，中华民族已然发生了翻天覆地的变化，取得了令世界瞩目的辉煌成就：经济持续健康发展、人民民主不断扩大、文化软实力显著增强、人民生活水平全面提高、生态文明建设成效显著……看今朝，意气风发，一幕幕历史性跨越正在中华大地精彩演绎；展明天，尽管充满挑战，但中国的改革发展必然前景辉煌！

从建设小康社会到决胜全面建成小康社会，这个过程彰显了新时代经济社会治理的中国智慧。对在建设小康社会进程中处于上游发展水平、最具区域性小康建设经验和特点的典型地市（县/区）进行全面深入的研究，正是总结中国智慧的有效路径，这是一件功在当代、利及久远的大事。每一个典型实践和高度理论有机结合的文本，都值得一阅和研究。该书的问世，可为国内其他区域的全面小康社会建设提供可贵的示范样本，并当仁不让地成为中国全面建成小康社会的历史见证。

习近平总书记号召，全面建成小康社会，关键是要树立起攻坚克难的坚定信心，凝聚起推进事业的强大力量，紧紧依靠全国各族人民，推动党和国家事业不断从胜利走向新的胜利。在十九大精神的引领指导下，我们一定要不忘初心、牢记使命，高举中国特色社会主义伟大旗帜，决胜全面建成小康社会，夺取新时代中国特色社会主义伟大胜利，为实现中华民族伟大复兴的中国梦不懈奋斗。

《求是》杂志社原社长　高明光

目 录
CONTENTS

 第一章　脱贫攻坚新样本

"美而富"的洱源之路 / 003

台江：直面"清零"大考 / 010

党群接力实现天镇脱贫梦 / 017

旅游揭开稻城神秘面纱 / 022

宜君："普惠金融"接地气、服水土 / 027

岜独村秀出脱贫"独门绝技" / 029

小米苹果打头阵，助力米脂脱贫路 / 034

 **第二章　创新驱动引领高质量发展**

"汽车城"嘉定：17年后什么样 / 041

小岗村："蹚路者"的故事未完待续 / 043

改革创新催生顺德奇迹 / 048

衢江：产业创新酝酿"蝶变" / 053

人才助力昆山"弯道超车" / 058

江阴：坚守产业强市，抢占高质量发展"制高点" / 063

创新发展引领慈溪"爬坡过坎" / 068

传统化工城市宜都在"拆"上做文章 / 073

 **第三章　营商环境新高地**

"朝阳模式"：新办企业极速领照 / 077

在佛山，办事只进一扇门 / 082

温州为民营经济打造最优"生态圈" / 085

莱州：当审批链条越来越短 / 091

新乐的"中介超市"到底什么样 / 096

为企业提供101%的超值服务 / 101

石油城蝶变：春风"正度"玉门关 / 106

营商就是"赢"未来 / 111

汇川：企业落地"全程代办" / 116

第四章 乡村振兴承载中国梦

京郊北郎中探索乡建良方 / 123

点农为金,永联再写新传奇 / 128

看东梓关变身"网红村" / 134

王村:五千万打造"精神王国" / 139

农民牡丹画,美丽平乐村 / 144

渔家乐托起武山县的渔业梦 / 147

盘活一个空心村需要几步 / 150

第五章 科技创新加速度

深圳智谷回答"时代之问" / 159

海淀"双创"全面升级 / 162

新昌:小县玩转大科技 / 167

固安:"京南科创谷"来了 / 172

千年古县走出科技创新"浏阳路径" / 179

寿光掀起种子"革命" / 184

未来城打造真正有野心的创新基地 / 189

松山湖到底吸引了谁 / 194

003

 **第六章 基层社会治理大变革**

"信访超市"最多跑一地 / 201

顺德：社工挑起基层社会治理大梁 / 207

群众事儿，商量着办 / 214

"新乡贤"为乡村治理出谋划策 / 220

龙游"舒通"基层堵点 / 225

荣昌创出"枫桥经验"新高度 / 230

全域旅游带动治理升级 / 238

 第七章 文明建设新标杆

张家港："大满贯"的文明密码 / 245

沙县：晒出问题，让变化看得见 / 252

荣成市：以诚信为荣 / 254

巩义：既有"筋骨肉"又有"精气神" / 256

新时代文明实践的诸暨"算法" / 258

 第八章　休闲旅游新风尚

遂昌：一部戏一根粽一点红 / 267

天籁梁河：生活就是这样火热 / 272

换个方式打开婺源 / 281

来长白"深呼吸"/ 286

苗族第一县的多元发展 / 291

民俗特色擦亮长阳"土家名片"/ 296

这个小城与美食密不可分 / 300

塔河跑出休闲新风尚 / 305

第九章　美丽中国进行时

安吉：生态之县反哺绿色工业 / 309

绿色平谷搭起"生态桥"/ 314

从荒漠到绿洲的右玉奇迹 / 319

东北"小江南"的绿色致富经 / 324

新县守住青山绿水拔穷根 / 329

两当：绿色是生态也是产业 / 334

怀来送来绿水清风 / 337

第一章

脱贫攻坚新样本

TUOPIN GONGJIAN XIN YANGBEN

中国人追求小康的历程,可谓一波三折,历尽艰辛。从小康社会—总体小康—全面建设小康社会—全面建成小康社会,伟大的故事仍在继续。

党的十八大以来,脱贫攻坚成为中国全面建成小康社会的底线任务和标志性指标,被纳入"五位一体"总体布局和"四个全面"战略布局,党和政府以前所未有的力度推进这项工作,并取得了显著成效。

在2019年新中国成立70周年之际,7亿多人脱离贫困,这是中国政府取得的巨大成就,也是中国对世界作出的巨大贡献。

2020年,脱贫攻坚已进入决胜阶段,中国的广袤大地上,脱贫奔小康已不仅仅是政府的事情,中国人正以更多元的方式拓宽致富路,涌现出了一个个生动真实、振奋人心的脱贫攻坚样本。新的征程,令人期待。

"美而富"的洱源之路

每年9月初,丰收的季节又快开始了。汩汩流淌的清泉三爷泉在阳光下露出透亮清澈的光彩,一片又一片金黄的稻田展现着旺盛的生命力,石榴树红了,玉米也堆满了各家各户的小院。

"这是我们洱源最好的季节!"云南省洱源县佛堂村村民杨银珠说道。洱源,因高原明珠洱海源于此而得名,位于云南省大理白族自治州北部,是滇西北大理—丽江—香格里拉黄金旅游线上的重要节点,大丽高速公路穿境而过,县城海拔2060米。洱源居住着26个民族,其中白族人口占总人口的63%。这里资源丰富,素有"高原水乡""温泉之乡""梅果之乡""乳牛之乡""中国温泉之城"等美誉。

美而不富,此前一直是洱源县的困境。摆脱贫困,也就成为这座小城不懈奋斗的目标。2018年9月,洱源退出贫困县之列。

走出山区成就新居梦

茈碧湖镇吉菜自然村是洱源县重点贫困村,全村有62户283人,2014年底,有建档立卡贫困户50户223人,贫困发生率为78.80%。洱源县把吉菜自然村列为全县重点建设的易地扶贫搬迁村之一,按照"群众自愿、统一

▌ **活化古村** 位于凤羽大涧村的星空餐厅，是古村落保护性建设的绝佳典范（摄影/潘杰）

规划、自主建设、统一监理"的原则，在哨横大路东侧向阳背风处选址实施易地搬迁，政府共投入了 500 多万元进行基础设施建设，24 户村民在政府帮扶下在新址重建新家。在党和政府的帮扶下，搬迁到新村的 17 户建档立卡贫困户都享受到了国家精准扶贫相关政策，得到了建房和产业发展资金扶持。

一排排新房依山而建，干净整洁的水泥路纵横交错，吉菜新村村民杨绍璋的新家青瓦白墙、窗明几净。5 年前，杨绍璋还是村里的建档立卡贫困户，住在新村西南角下的山坳里。在脱贫攻坚中，杨绍璋家获得了 10 万余元易地搬迁整合资金和 3000 元产业扶持资金，和 23 户村民一起搬到了如今的吉菜新村。随后杨绍璋家还拿到了政府 3 万元的贴息贷款，发展起山羊养殖，杨绍璋的儿子则做起了山羊销售，如今全家顺利脱贫。

除此之外，很多村落通过基础设施改善而脱贫致富。交通不便导致山里信息闭塞，经济发展跟不上，身在山区的农民有着刻骨铭心的感受。关于路的话题也一直与山区农民脱贫致富紧紧地联系在一起，"要想富，先修路"。

牛街乡原来有很多贫困人口，位于这里的福田村彝族北组村民小组坐落在海拔 3200 米的深山中。在 33 岁的村民刘源印象里，从他的爷爷辈开始修路，三代人，十几年，只修通了唯一一条 2.5 米宽连接外界的小路。村里的农副产品难以运出去，村外的生产生活物资难以运进来。2017 年，依靠脱贫攻坚项目，偏远的小山村终于修通一条长 9.2 公里、宽 6 米的新公路。路修通后，刘源养的牛羊和种的土豆卖出去了，不久前他买了一辆车。"以前牲口养得少，现在路修通了，养的牲口翻了一番；以前每年五六千的收入，路通了以后每年收入 3 万多。"刘源说。

传统产业迎来新发展

自 2015 年 8 月中央发出脱贫攻坚令以来，洱源县坚持以习近平总书记关于扶贫开发的重要论述为指导，全面深入贯彻落实中央和省州脱贫攻坚部署安排，以脱贫攻坚统揽经济社会发展全局，坚持把脱贫攻坚作为头等大事和第一民生工程来抓，攻克坚中之坚、难中之难、贫中之贫，脱贫攻坚工作取得了决定性进展。

近 3 年来，洱源县围绕"两不愁、三保障"的目标，投入扶贫资金 37.6 亿元，做到"六个精准"，着力解决好全县从基础设施到产业发展多方面短板，激发贫困群众内生动力，同时，因村因户制定帮扶措施，在住房建设、教育扶贫等方面给予有效帮扶，做到每户贫困户都享受 2 项以上的政策措施帮扶。通过土地流转、订单农业、入股分红、转移就业等多种形式带动全县 7421 户贫困户稳定增收。

"脱贫摘帽是一个起点，不是终点。一方面要帮助现有脱贫人口稳固脱贫；另一方面还要紧盯未脱贫人口，精准施策，精准帮扶，着重在产业扶贫上下功夫，要找准适合当地群众发展致富的产业，能够帮助他们把生活一天天地改善。"洱源县委书记李洋对《小康》杂志、中国小康网记者说道。

洱源县西山乡地理位置偏僻，交通条件落后，产业发展滞后，传统的

"刀耕火种"让群众陷入"生态破坏加深生活贫穷、生活贫穷加大生态破坏"的恶性循环。面对这一状况，县委、县政府引导当地群众转变发展观念，依托林地和土地资源广阔的优势，发展"林上果子""林下菌子""林间药草"，让钱袋子鼓起来，建立了严禁乱砍滥伐、毁林开荒、伐木烧炭等村规民约和巡山制度。引导群众退耕还林，种植华山松、泡核桃、中药材等，实现了从"贫困"到"富裕"，从"砍树"到"护林"，让"林子"变"票子"、荒山变青山、青山变金山的大转变。

在不断改善生态环境的基础上，新型农林产业在洱源县逐渐发展壮大。云南老字号——大理洱宝实业有限公司生产的"梅子"相关食品走上了云南家家户户的餐桌。洱源县素有"梅果之乡"的美誉，其所产梅果肉厚、核小、味佳，各种营养成分指标居全国同类产品之冠。大理洱宝实业有限公司立足于壮大洱源传统梅果产业，开发梅果、核桃、木瓜等高原特色农产品，同时，其独创的"2、5、6、9"模式，也为洱源县农民的增收、巩固扶贫攻坚成果以及生态建设作出了积极的贡献。"2、5、6、9"的模式中的"2"是"走过了20年的扶贫路"，"5"是"采取了5项精准扶贫措施"，"6"是在"乡村振兴""梅果基地建设""捐资助学""抗震救灾""扶贫济困""生态建设"等6个方面做出了真情奉献，"9"是"梅果产业的发展惠及洱源县9个镇乡"。这样形成了"公司＋基地＋农户＋自主创新"的新型农林产业化发展道路，带动农民增收5000多万元。

2018年9月，洱源县经过县级申请、州级初审、省级核查以及公告公示、国家专项评估检查等程序，已达到贫困县退出有关标准，符合贫困县退出条件，经省委、省政府研究，批准退出贫困县。自退出贫困县以来，根据脱贫攻坚国家第三方考核评估检查结果，结合全县实际，洱源县按照"摘帽不摘责任、摘帽不摘政策、摘帽不摘帮扶、摘帽不摘监管"的要求，对标反馈问题，举一反三、全力出战，狠抓脱贫成果巩固提升工作。

洱源县凤羽镇佛堂村村民杨银珠在本土企业大理千宿文旅公司工作，他表示，这两年来，一家四口的日子越过越红火了。杨银珠家里有两头奶牛，它们产出的牛奶每年可以给家里带来3万多元的收入。除此之外，杨银珠还种了很多田地，根据季节种上芋头或水稻，一到丰收时节，收益十分可观。他家有两层楼房，女儿重庆大学毕业后在一家大型企业工作，儿子在外打工且很快就要结婚成家。"到时候，我们还要在院子里加盖新房子。"杨银珠对记者说道。杨银珠所在的大理千宿文旅公司在凤羽镇深度参与当地乡村振兴，除了规划建设一系列与文化创意有关的产业，还在江登佛堂村设立野蜂蜜、菜籽油等凤羽农产品加工基地，并将农产品销往全国。这里物产丰饶，农产品品质极高，很大原因也在于洱源县整体生态良好，水质非常纯净。

自2018年下半年被列为大理白族自治州乡村振兴州级重点试点村以来，佛堂村找准优势主导产业，坚持产业进村、扶持到户，推进产业"一村一品""一坝两品"等行动，以实现产业、生态、人才、组织"四新"为着力点，同时置入文创、艺术建设，致力打造"自然、生态、文化、舒适、养生、宜居"的绿色生态文化旅游体验地。

为逐步增强经营主体的带动能力，佛堂村流转耕地200亩，培育农业专业合作社、企业4个。2019年大春实施"水稻+养鱼"220亩，种植绿色油菜270亩、绿色蚕豆340亩，由千宿文旅秀源农业开发公司统一收购、加工、包装，实现传统农业提质增效。佛堂村投入100万元实施300亩高效节水灌溉项目，目前已全面完成管网铺设。村里面以湿地风光、凤羽慢城农业庄园等为载体，积极开发乡村生态文化旅游。

乡村生态实现新突破

洱源县地处洱海源头，是全国生态文明建设试点县、全国生态保护与建设示范区。洱源坚持洱海保护与脱贫攻坚两场硬仗一起打。李洋坚定地说："两场硬仗都是输不起的攻坚战。"

洱源县 2018 年完成流域坝区 200 个自然村村庄规划的修编，拆除核心区违法违规建筑 54 户 9220 平方米。完成核心区剩余 54 户餐饮客栈服务业核查。巩固"户清扫、组保洁、村收集、乡镇清运、县处理"的城乡一体化垃圾收集处理工作机制，提高污水处理设施精细化管理水平，综合发挥现有环保设施、湿地、库塘、隔离带的净化、降污作用，切实减轻入湖河流污染负荷；100% 建设污染防治配套设施，确保 3 条主要入洱海河流水质持续向好。"为洱海输送更多、更清澈的水源。"在茈碧湖镇梨园村，一位鬓角发白的老者对污水处理赞不绝口。

"洱源县要实现全面发展、跨越发展就必须在洱源净与群众富上下足功夫，均衡用力、协调发展，找到最大公约数。通过洱源的实践，我认为这个公约数就是'生态优先，绿色发展'。"李洋说，"这个公约数越大，老百姓的获得感就越多，发展后劲儿就越足。"

李洋表示，洱源县牢记习近平总书记"一定要把洱海保护好"的嘱托，坚持洱海保护与扶贫开发并重，通过实施生态补偿、增加转移支付等方式，加大贫困地区生态保护修复力度，不断改善区域生态环境质量，促进贫困群众增收脱贫。

古老村落焕发新活力

"文创+古村落保护修复"的方式也给洱源县带来了别样的发展模式。洱源县凤羽镇位于洱海的源头，点苍山云弄峰背后。这里山清水秀，物产丰富，历史悠久，文化灿烂，素有"文墨之乡"的美誉。大理千宿文旅公司在此成立的慢城农业庄园充满了浓郁的文化气息，红米种植、油菜种植、物产赞美馆、美术馆、稻田剧场、星空餐厅等都植入了文化元素。嵌入式的打造方式，赋予了乡村振兴新的含义。当地村民逢年过节都会去慢城农业庄园参观。在千宿文旅公司董事长封新城的感召下，这里甚至吸引了歌手李健、主持人孟非等数十位文化名人、明星前来参观,深度休闲。

在洱源县凤羽镇南端的罗坪山脚下的大涧村,2002 年以前,村中共有 100 多户人家。由于村里交通不便,用电困难,终年气候冷凉,环境恶劣,生存条件较差,加上生态不断遭到破坏,群众生产生活十分困难。2003 年,老大涧村进行了易地扶贫搬迁,建成现在的新大涧村。老大涧村原址基本已经废弃,残垣断壁,危房众多。2016 年,当地政府与大理千宿文旅公司合作,正式启动对老大涧村的保护、修复工作。对大涧白族古村中存有的大量古建筑、地域性文化及一些老匠人的老工艺进行保护、修缮。古村落与白族传统手工产业结合,彰显出地区特色,使本土文化更好地传承和发扬,古老的村落又被注入新的活力。

"现在,洱源环境好,发展好,我们的日子越来越好了。机会多了,年轻人也多了起来,不愿意离开洱源了。"近年来,越来越多的青年才俊从外地来到洱源,为当地的产业发展以及生态保护贡献力量。李洋说,只要洱源坚守"生态优先,绿色发展",洱源就一定能创造天蓝、地绿、水清、民富的未来。

台江：
直面"清零"大考

"我二十分钟后还要下乡。"2019年9月14日上午11:10，记者终于拨通了姚爱华的电话。采访姚爱华有点难，从9月11日下午，改到了9月12日上午，又改到了9月12日下午，后来再改到9月13日中秋节晚上8:30，最终得以在9月14日上午利用会间休息通过电话"聊一聊"。

姚爱华是谁？为何如此"难约"？

姚爱华，浙江省杭州市余杭区人，80后，2018年4月根据组织安排来到余杭区对口帮扶的贵州省台江县挂职，任台江县委常委、副县长。

采访难约，在台江，其实不只是姚爱华一人。9月中旬，《小康》杂志、中国小康网记者前往台江采访，从村里到镇上，再到县里，皆是一派紧张忙碌的景象，"目前全县上下整个工作节奏都在不断加快，为的就是全力打好贫困退出'百日会战'，确保实现2019年脱贫任务'清零'目标"。

2019年7月，学习贯彻中共贵州省委十二届五次全会精神，台江县自我加压，明确提出将当年脱贫攻坚工作目标由原定的"贫困发生率降至3%以下"调整为"整县脱贫摘帽、农村贫困人口全部清零"。台江县向全面打赢脱贫攻坚战发起强劲总攻。

▍**强攻贫困**　台江县向全面打赢脱贫攻坚战发起强劲总攻（摄影／刘彦华）

抓党建，聚人心

"九山半水半分田"是台江县的写照。台江县位于贵州省黔东南州中部，被誉为"天下苗族第一县"，受历史、自然、地理等因素影响，贫困面积大、贫困人口多、贫困程度深；按照2014年识别认定标准，全县共有93个贫困村，其中63个深度贫困村，贫困发生率高达37.71%，属于国家级贫困县。

不过，面对"2019年整县脱贫摘帽和农村贫困人口全部脱贫"目标，记者在采访中听到最多的一句话是，"有压力，但是也有信心"。

压力源自时间紧、任务重。据2019年初台江县《政府工作报告》显示，截至2018年底，台江县仍有52个贫困村，贫困人口1.17万人，贫困发生率8.19%。

信心则源自过往的成功经验和全县上下干群一心全力攻坚。"过去4年，台江县的脱贫攻坚工作取得了显著成效。"台江县委副书记、县长杜贤伟向记者介绍，过去4年时间，台江县贫困发生率由2014年的37.71%下降至2018年年底的8.19%，降低了29.52个百分点；贫困乡镇全部减贫摘帽，贫困村由93个下降至52个，减少了41个，贫困人口从2014年年初识别的5.39万人下降至1.17万人，4.22万人实现脱贫。

脱贫攻坚、精准扶贫，首先要解决"谁来扶"的问题。谁来扶？台江的答案是党员干部扶。脱贫快不快，全靠党建带。从2016年起，台江县委提出了抓党建促脱贫攻略，科学谋划构建了脱贫攻坚指挥体系。

在县级层面，台江县成立脱贫攻坚领导小组，县委书记、县长任领导小组"双组长"，对全县脱贫攻坚工作中的重大问题进行决策。领导小组下设县脱贫攻坚总指挥部，负责全县脱贫攻坚日常工作安排、调度、落实、考核、管理，由县委副书记、副县长坐镇指挥，向全县发布脱贫攻坚各项工作指令。指挥部下设教育、医疗等18个专项工作指挥部，人员从县委县政府各部门调配，统一分配。

乡镇街道层面，台江全县共7个乡镇和2个街道，分为"九大战区"，作为脱贫攻坚工作的作战单元。除由县人大主任和政协主席任指挥长负责其中两个战区外，其余七大战区分别由县委常委担任指挥长。街道、乡镇一把手与其余县领导一起担任副指挥长，共同组成战区指挥部，负责战区内所有脱贫攻坚工作。同时，对应县级18个专项工作指挥部，战区指挥部下设若干工作专班。

在村级层面，台江全县156个村，每个村设有一个村指挥所，由街道副职或者县政府相关部门领导下派担任指挥长，负责全村脱贫攻坚工作。同时，村里划分若干片区，设立网格单元，由网格员担负脱贫攻坚各项工作的具体落实。

"最终谁来干，就是全县1008个网格员来干，这些网格员都是县里正式干部担任，每人负责30—50户贫困户具体工作。"作为第一战区指挥长，台江县委常委、宣传部部长潘道荣接受了记者采访，直言得益于分工明确、权责清晰的指挥体系构建运作，台江县干部面貌普遍焕然一新，干劲儿十足。

方召镇党委书记黄东琳对此同样深有感触："所有工作都是人干的。顶层设计完善，基层就是一个字'干'，明确职责，保证政令畅通，指挥体系高效运转。"

创造就业，稳定人心

谁来扶的问题解决后，"如何扶"的问题紧随其后。

贵州是全国脱贫攻坚主战场，也是易地扶贫搬迁主战场，据2018年4月贵州省委、省政府专题会议消息，该省要用3年时间搬迁近200万人。聚焦台江县，易地扶贫搬迁工作同样艰巨。

"易地扶贫搬迁是脱贫攻坚工作的一项伟大创举，是最难啃的骨头，也是最辉煌的篇章。"据潘道荣介绍，台江县过去4年5.39万贫困人口中共有1.1万人完成了易地扶贫搬迁，为此特别设立了4个新社区，对进城的贫困户进行管理。

方黎湾社区是台江县一个已搬迁入住650户、3531人的易地扶贫搬迁安置小区。2019年4月，为更好服务搬迁群众，成立了社区。

"易地扶贫搬迁，关键是让搬迁户既能'搬得进来'，更能'住得下来'。"在方黎湾社区党委书记周海燕看来，要让这些来自台江县4镇3乡2街道9个不同支系100多个村寨的搬迁群众融入城市，就要让他们找到"家"的归属感。

为全力做好易地扶贫搬迁"后半篇文章"，方黎湾社区提出了围绕基层党建、社区治理、文化服务、基本公共服务和培训就业服务五个体系，创建"五心"家园。

方黎湾社区的培训就业服务引起了记者注意。据周海燕介绍，为确保搬迁群众在安置点有业可就、有事可做、有钱可赚，实现稳定就业、脱贫发展，2019年以来，台江县在安置点为2891人次开展厨师、挖掘机、家政服务、刺绣、扶智感恩等培训，并协调余杭、肇庆、台江县经济开发区等地用工企业149家，共6批次为搬迁户提供6500余个就业岗位。同时，结合该县易地扶贫搬迁安置点实际，县人民政府从财政、对口帮扶资金、就业扶贫援助补贴等统筹开发900个扶贫专岗，向未就业的易地扶贫搬迁人员等困难群众购买服务，实行非全日制服务，按规定给予每人每月不低于500元的服务报酬，帮助移民户增加收入。"仅我们方黎湾社区引进的'妈妈制造'扶贫工坊项目，就为安置点搬迁群众提供技能培训及就近就业岗位100多个。"

劳务输出是台江县脱贫攻坚工作的一张名牌。"一人就业，全家脱贫。"据悉，近年来，台江县结合实际，把有组织的劳务输出作为重中之重来抓，建立了县乡村三级劳务公司，在浙江、广东、福建等地建立台江劳务服务站，组织转移农村劳动力到省内外务工就业6.0818万人，其中贫困人口2.343万人，绝大多数贫困户都有人在外务工。

出门务工有门路、致富可持续、脱贫有盼头。台江县萃文街道村民熊明彪一家五口成为易地扶贫搬迁、培训就业服务政策的受益者：不仅于2017年搬进了方黎湾社区的新房，而且借助县里培训就业服务政策，熊明彪得到了一份稳定的工作。他说："我在广东打工，一个月工资四五千，家里彻底没了后顾之忧。"

培育产业安人心

目前是决胜脱贫攻坚的关键阶段，台江县山高路远，人多地少，现阶段由于产业分工的原因无法短时间解决就近就业问题，劳务输出是条可行的途径。不过，大量的劳务输出带来的一个现实问题就是农村"空心化"。如何破解？对此，台江县早有部署。

第一章　脱贫攻坚新样本

"为了夯实稳定脱贫基础，巩固脱贫攻坚成果，破解'空心化'问题，台江县借助三级组织部门帮扶台江的发展机遇，将发展产业和促进就业作为两大杠杆，共同撬动群众持续稳定增收'达标'。"据杜贤伟介绍，比较成熟的做法是，牢牢把握"八要素"要求，创新推广"十户一体、抱团发展"经验，深化农村产业革命升级发展。

9月11日，记者一行沿着巴拉河乘车南下，实地走访台江县"十户一体"模式发源地——长滩村。长滩苗语为"伞滩"，意为天梯散落之地，也为天梯架起之地。长滩村是国家非遗保护项目"苗族独木龙舟节"的冠军之乡，寨内苗家吊脚楼林立，是典型的原生态苗族村寨，寨门边荷花池飘香怡人，寨内街道相通、鸡犬相闻、老幼欢声。

"爱家园、尚互助，'十户一体'抱成团。"长滩村村委会主任刘跃明告诉记者，这是对"十户一体"最确切的解读，"十户一体"就是基层党组织领导下村民自治互助"抱团"的组织形式，是大家一起搞产业的一种经验，是大家相互帮助的一种关系，即大家合作互助的意思。

2015年，长滩村远不如今天这么美丽富饶，环境脏乱差，邻里关系不够和谐，产业发展迟滞，这是整个长滩村当时的状况。坐拥丰富资源却贫困的长滩村村民不甘示弱，发扬苗族群众知敬畏、能自治的传统，探索建立了"十户一体"抱团发展的村民自治机制，破解了脱贫攻坚的难题。

"2015年4月，为解决长期困扰村民的环境脏乱差难题，村两委把全村群众按照居住相邻的原则，划分成19个卫生责任主体，每个责任主体10户左右，并从中推选出1名户长，共同维护村内的环境卫生。"刘跃明介绍称。结果出奇地好，不仅村内环境卫生得到很大改观，村容村貌焕然一新，而且极大地激发了村民主人翁意识和发展创业的积极性，于是从环境卫生整治到社会治理、产业发展，"十户一体"抱团发展模式的发挥空间不断拓展，不仅成立了几十个"十户一体"抱团发展小组，而且创建了一家村集体经济公司，发展了农家乐、民宿、民俗工艺品特卖店、茭白种植等产业。"长滩村现在是远近闻名的旅游村，仅 2019 年上半年接待游客就近 3.5 万人，收入突破 100 万元。"

长滩村只是台江县产业扶贫的一个缩影。"台江长远发展，一方面要用好自然生态，二要用好民族文化，将文化资源转化为文化产业。"据姚爱华介绍，近年来，借助东西部扶贫协作这股东风，台江县按照省委、省政府产业革命"八要素"和"一减四增"要求，积极发展精品水果、蔬菜、茶叶、食用菌等产业，把中药材全产业链作为"一县一业"大力发展，切实推进农村产业结构调整，产业结构日趋完善，脱贫攻坚再战告捷；建立完善"龙头企业＋合作社＋十户一体＋贫困户""合作社＋基地＋村集体＋贫困户"等利益联结机制，确保农民专业合作社覆盖所有贫困户；强化"校农合作"，采取保底收购和保障收购等方式，与贵州财经大学、贵州理工大学、凯里学院及台江中小学校等精准对接市场，为农产品销售提供保障。

"村里头抽旱烟，泡烧酒下肚，白饭拌酸汤，要想吃猪肉，等到苗家过大年。"这曾是台江贫困村凋敝衰败的真实写照。而如今，村里有厂房，产业在门口，田里养稻鱼，黄土种果树，林下放土鸡……台江的百姓正积极地向产业兴旺、生态宜居、乡风文明、治理有效、生活富裕的幸福生活阔步迈进。

党群接力
实现天镇脱贫梦

走进山西省大同市天镇县"万家乐"移民新区，只见孩子们在中心广场内嬉戏，几位老人坐在台阶上谈天。很难想象，就在半年前，这些村民们还居住在土坯房和旧窑洞里，卫生条件差、交通不便。"原先用水还要用毛驴车去沟里拉，三天拉一次。天一下雨还担心屋顶会漏雨。"赵家沟乡曹进村村民张菊花告诉记者。

作为山西省 10 个深度贫困县之一，天镇县曾经有建档立卡贫困户 2.01 万户、4.77 万人，贫困村 126 个。近年来，通过实施易地搬迁和引入劳动密集型产业等多种脱贫举措，天镇县累计退出 90 个贫困村、脱贫 3.89 万人，2019 年底全县脱贫摘帽。

扶贫更要"扶志""扶智"

天镇县贫困人口众多且多居住于交通不便、位置偏远的村落，2017 年开始着手实施易地扶贫搬迁计划。据悉，天镇县共规划投资 10 亿元，计划新建集中安置点 23 个，实施 9105 户 21086 人搬迁安置工程。"万家乐"移民新区就是最大的一处安置小区。

据天镇县政协副主席、"万家乐"移民新区党工委书记杨智介绍，"万家

易地搬迁 天镇县共规划投资 10 亿元，计划新建集中安置点 23 个，实施 9105 户 21086 人搬迁安置工程

乐"移民新区总搬迁 3726 户、10232 人，其中贫困户 2379 户、6653 人。"'万家乐'移民新区集中了县一小、初中集团学校、县一中和集团医院等配套设施。"杨智向记者表示。

傍晚时分，记者走进万家乐党群服务中心，尽管早已过了下班时间，服务中心一层的左所沟村驻村干部们仍在加班。左所沟村原来位于南高崖乡西南部，全村共 185 户 485 人，其中建档立卡 123 户 306 人，贫困户占大多数。据左所沟村支部书记马虎介绍，原来村民大多从事种植业，收入少且不稳定。在马虎的手机里至今还保存着左所沟村原来的村景——用黄土砌成的房屋低矮而杂乱，有的屋顶还生了野草；坑坑洼洼的土路，还有积水。

易地搬迁到新区后，左所沟村计划将闲置土地转让给李根山种养殖合作社，土地流转 2700 亩，流转资金 150 万余元。更难得的是，易地搬迁不仅使村民的生活条件得到了很大改善，而且还让村民拥有了不少新的就业机会。

易地搬迁只是脱贫工作的第一步。"扶贫既要'扶智'也要'扶志'，既要通过职业教育让百姓拥有一技之长，同时也要培养其靠自己打拼的追求，这样才能从根本上防止返贫。"天镇县委书记王建江向《小康》杂志、中国小康网记者表示。据王建江介绍，"万家乐"移民新区旁的扶贫产业园已经引入了 15 家劳动密集型产业企业。同时，扶贫产业园内还将计划建设一座扶贫技能培训基地，初期拟设电工、电焊工、服装裁剪、"天镇保姆"培训四个专业，后期将结合培训就业实际，适当进行专业调整。

拒绝"等靠要"

"扶志"和"扶智"相结合，往往能收获意想不到的效果。王加田是腾飞服饰的老板，原先厂房设在连云港。天镇县扶贫工业园优厚的待遇和充足的人力资源吸引了王加田。腾飞服饰招工分为两种：辅工和机工；辅工一个月 1800 元，而熟练上机的机工可以拿到 3000 元保底工资。目前，腾飞服饰已经招收了 100 余名女工。

建厂给天镇人带来了家门口的就业机会和可观的收入，而淳朴的天镇人也给王加田带来了意外的惊喜。一次，腾飞服饰接到一笔急单，需要加班 2 小时当晚完成。没想到厂里所有女工毫无怨言，一个都没离开。

黑陶制作对原材料有很高的要求，在各地仔细考察后，赵宝庆发现天镇县赵家沟乡窑沟村的土质完美符合黑陶选料的标准，于是决定将开在太原的山西百陶汇陶瓷有限公司迁至天镇县，并在窑沟村建了一座炼泥厂。

建厂的同时，赵宝庆也开始着手进行招工和培训工作。黑陶制作不仅是一份工作，更是一门手艺，工人们不仅需要了解陶瓷的烧制过程，还要掌握烙铁、挑镂、彩绘等工艺。从2017年开始，赵宝庆陆续在天镇县招了10多名工人进行培训，其中有9人是贫困户。"仅仅2年时间，工人们已经初步掌握了制陶所有的工艺流程。"

更让赵宝庆感到惊讶的是工人们参加培训后自身的变化。招工时宋海芳对赵宝庆说："我做不了这些，能不能就干干打扫卫生的活儿？"最终，通过她自己的努力和赵宝庆的鼓励，宋海芳现在成了雕刻技术最好的团队骨干。

学习制陶不仅改变了工人们自身的命运，也潜移默化地影响了下一代。据赵宝庆讲，以前，本地人不怎么懂教育孩子，管教方式粗暴；但现在至少培训后的几名女工回去教育孩子都会给孩子讲道理，陪孩子画画，有的还会对孩子说："你以后一定要多读书。如果妈妈有文化，就可以去参加省级、国家级的拉丝比赛。"

无人不知的天镇保姆

说起天镇县，很多人首先想到的是享誉京津冀市场的天镇保姆。据2018年12月北京市商务局的统计数据显示，北京市家政服务行业从业人数约50万人，其中大同籍近1.5万人，天镇籍近5000人。天镇保姆在素质上得到了市场的广泛认可——"朴实、善良、专业"是客户对她们的整体评价。

据天镇县副县长韩凤英介绍，"天镇保姆"计划开启于2012年。借助人社部对天镇定点扶贫的机遇，依托"雨露计划""千村万人"创业就业技能培训工程，以培训农村妇女从事家政服务为切入点，天镇县开展了"万名巾帼闯京城，劳务增收创新业"行动。当时，天镇县劳动力资源比较丰富，其中妇女达2.6万余人，闲在家中没有收入来源。而北京、天津等地春节期间经常出现"保姆荒"，于是天镇县就有了培训保姆进京打工的想法。

第一章　脱贫攻坚新样本

天镇保姆大学副校长富肖艳回忆说，2011年底，培训学校刚开始进行家政服务培训时遇到了不少阻力。"尽管是免费培训，但有的妇女以为培训学校是骗人的，甚至认为是来'拐卖'自己的，大多不愿意报名参加。"富肖艳说，"在实践中，我们还总结了天镇妇女走出去要过的'五关'——自身观念关、丈夫面子关、儿女理解关、村干部思想关、村民舆论关。"

为此，县妇联、县扶贫办和职业学校的工作人员一家一户地做工作。在动员过程中，村干部起到了很大的作用。2012年第一批保姆去北京时，米薪关镇油坊窑村有一户因为丈夫不同意，原本挺积极的妻子也犹豫起来了。村党支部书记冯玉先反复做工作，最终，村民同意"让老婆去试试"。刘伸屯村的村支书杨顺义更是以身作则，动员自己妻子带头走出去当保姆，最终带领全村30多名妇女当起了天镇保姆。

"在春节期间到北京给人家做保姆，一个月6000元，即使平时一个月也有三四千元的收入。"天镇保姆大学校长李春向记者表示，"因此我们提出了'春节走出去一个月，三口之家脱贫'和'一年工作得4万，一个家庭奔小康'的口号。这些年下来，我们差不多送出了3000多名保姆，为天镇县家庭增加了一个亿的收入。"

如今，天镇保姆职业培训已经摸索出一套符合实际的培训机制——初级、中级、高级培训班各10天，授课形式也采取了更接地气的老师讲授、视频播放和实操三者相结合的形式，内容涉及老年护理、面点、主食和家庭餐制作、母婴护理和保洁等方面。

来自吴家湾村的朱凤英是村里第一个外出做保姆的人，也曾经参加过初级班培训，接着又参加了中级班培训。"我就是想学东西，城里那么有钱的家庭都在努力赚钱，我也要多学本事提升自己。"朱凤英说。

截至2019年10月，天镇县共向太原、北京、天津输出保姆7800余人，年均收入3.5万元，实现劳务收入2亿元，并有8名天镇保姆走出国门，月收入万元以上。

旅游揭开
稻城神秘面纱

"我偷偷地告诉你,有一个地方叫作稻城,我要和我心爱的人一起去那里,看蔚蓝的天空,看白色的雪山,看金黄的草地,看一场秋天的童话。"电影《从你的全世界路过》中的这段经典台词,让"人间天堂""蓝色星球上最后一片净土"的稻城亚丁成为无数人憧憬的地方。

每年的秋季,正是四川省甘孜藏族自治州稻城县最美的季节,也是稻城旅游最热的季节。距离"十一"黄金周还有一个月,景区附近香格里拉镇仁村村民泽仁拥忠的民宿早早被预订一光,虽然旺季意味着劳作的繁忙和身心的疲惫,但是泽仁拥忠还是非常期待它的到来:他喜欢这种付出就有收获的感觉,也真实体会到发展旅游为自己生活带来的改变。

泽仁拥忠是稻城众多得益于发展旅游而脱贫的农民之一。2018 年,稻城旅游接待游客 415.51 万人次,旅游综合收入 41.44 亿元,入境游客数 11.14 万人次,连续 3 年游客接待年均递增 50%,综合收入年均递增 70% 以上。通过实施全域旅游发展战略,稻城直接或间接带动群众年人均增收 1200 元左右,旅游产业已经成为稻城县域经济发展的重要支撑,越来越多的贫困群众收获了旅游带来的"红利"。

▌**秋染稻城**　每年的秋季，正是稻城最美的季节，也是稻城旅游最热的季节（摄影/夏宏君）

村村因旅游而变

　　从约瑟夫·洛克笔下的"香巴拉"到《消失的地平线》中的"香格里拉"，稻城亚丁在世人眼中始终充满神秘色彩。

　　稻城地处"川滇藏"大香格里拉旅游区核心区，特别是南部的亚丁景区，以"三座神山"闻名世界，被誉为"香格里拉之魂"。壮丽的高原生态、震撼人心的冰川地貌、神秘的香格里拉文化、浓郁的藏传佛教和多彩的康巴风情完美融合，游客在这里可以欣赏到草原、河谷、原始森林、瀑布、高山湖泊、雪山等完美的高原生态风光，近距离观赏海拔6000米左右的三座极高雪山，《消失的地平线》中人间仙境的真实意境也在眼前徐徐铺开。

　　守着"绿水青山"，稻城却是"三区三州"的深度贫困县，2014年时全县精准识别贫困村55个，贫困户1266户，贫困人口5520人，贫困发生率

20.25%。如何让"绿水青山"转化为"金山银山"？立足稻城旅游发展，县委、县政府开始探索全域旅游助推脱贫攻坚"132"稻城实践，即按照"乡村围绕旅游建、产业围绕旅游串、风气围绕旅游变"思路，突出"党建一个引领"、实施"就业、产业、创建三个工程"，抓实"生态、精神两个文明"，聚全县之智，集全县之财，举全县之力，全力推进旅游扶贫。

香格里拉镇位于稻城县南部，距离亚丁景区37公里，扼守亚丁国家级自然保护区门户。泽仁拥忠所在的仁村就是香格里拉镇下辖的村子之一，良好的地理位置让仁村成为客流接待的主力军。从前靠种虫草、松茸为生的泽仁拥忠一家借助发展旅游的机会，将自家的房屋改造成了三层的藏式民宿，吃起了旅游这碗饭，生活因此发生了巨大变化。"以前每年收入也就两三万，现在是过去的四五倍，好的时候能达到十五六万。"提及生活的变化，泽仁拥忠很满足，他告诉《小康》杂志、中国小康网记者，每当旅游旺季到来时，一家人的精力都会扑在这家民宿上，"国庆节的房间网上已经都订出去了。"泽仁拥忠欢迎大家到稻城亚丁游玩，来他的民宿住一住，"我准备了酥油茶，给尊贵的客人们享用"。

距离稻城县城3公里的茹布查卡村一共20户，以前是远近闻名的贫困村。如今，村里8户人家搞起了温泉产业，剩下12户，政府也会每年发放6万元补贴。2015年，为了鼓励村民搞好温泉产业，稻城县委、县政府给村里已建设温泉山庄的村民每户补贴2万元进行改扩建。现在，村里的温泉房间间干净卫生、宽敞明亮、造型别样，走到哪里都能连上Wi-Fi。靠着这股"黄金水"，茹布查卡村从无人问津的小村子一跃成为温泉度假风情村寨，村里有了宽敞的马路、休闲小道、现代化旅游厕所，整个村子彻底变了模样。

蒙自乡自龙村距离稻城县城8公里，全村25户。"以前我们村很穷，村民没有挣钱的途径，吃的只有糌粑，只能靠挖点虫草、找点松茸为生。村里没水没电，路都是泥巴路，进出很不方便。"回忆以前，自龙村支部书记格绒登巴说道。2017年，为了让村民们真正脱掉贫困的帽子，县旅游局将自麦经堂旅游项目给了村里。村民们协商一致后，修缮了自麦经堂，挨家挨户收集了各类民俗物品，打造了自麦经堂传统民俗博物馆，整体出租给开发公司投入经营，租金每年分给全村 25 户村民。有了这项固定收入，村民们的生活得到了很大改善。越来越多的游客走进自龙，认识自龙，为自龙村的乡村旅游发展带来了新的机遇。如今，有政府的投资，村里通了电、通了水，路修到了村民家门口。自龙村摘下了贫困村的帽子，村民们也开始了新生活。

脱贫攻坚的稻城实践

自 1996 年将稻城亚丁划定为县级自然保护区起，稻城旅游发展进入脚踏实地的历史过渡期，先后经过自然保护区升格、探索学习盲从、开发建设规划、管理体制变革等 20 余年的探索实践，终于找准"旅游强县"的发展路子。

2018 年，亚丁景区游客购票人次首次突破百万大关，全县贫困人口围绕旅游直接和间接收入人均超过 6100 元，占总收入的 64%；省旅投集团对口帮扶木拉乡麻格同村的旅游扶贫案例，成为四川省唯一入选的"世界旅游减贫案例"。这主要得益于稻城全域旅游助推精准扶贫"132"稻城实践。稻城突出"党建一个引领"，实施"就业、产业、创建三个工程"，抓实"生态、精神两个文明"，成功创建了金珠镇、香格里拉镇 2 个国家级特色旅游小镇，加力建设所冲等 13 个旅游扶贫示范村。目前，还创建"乡村民宿达标户""星级乡村酒店""特色经营店" 67 家。

除了旅游受益，稻城还充分利用产业发展带动地区经济发展。近年来，稻城以"调结构、创品牌、重特色、建园区"为重点，加快培育和发展特色种养业，不断优化农牧产业结构，建成稻城藏香猪、仔猪供应基地 2 个，稻城藏香鸡孵化基地 2 个，村级扶贫加工车间 9 个，产业园区 1 个和田园综合示范村 1 个，通过"党组织＋企业＋专合组织＋农户"等模式，引进龙头企业 4 家，组建各类专合组织 84 个，成功申报稻城藏香猪、稻城飞鸡等地理标志产品，基本实现了乡乡有特色产业、村村有增收门路、户户有增收渠道。

通过"互联网+"战略，稻城县特产走出大山，走向全国，越来越多的人品尝到了"稻城味道"。2018年底，全县农牧民人均可支配收入从2014年的7555元提高到11877元，累计增长达57.2%；贫困人口人均纯收入从2014年的2253.75元增加到9527元，增长322.7%。全县及55个贫困村的贫困发生率均降至0，基本达到"户脱贫、村退出、县摘帽"标准。

"推动天文主题公园建设"写进了稻城县2018年政府工作报告中，即将为稻城的旅游发展再写上精彩的一笔。稻城独特的高海拔优势、优质的天文资源、丰富的旅游资源和独特的人文资源，吸引了世界各地尤其是科学界的广泛关注。随着高海拔宇宙线观测站（LHAASO）、子午二期、大型光学红外望远镜（LOT）三大国际天文科研项目等重大项目相继选址稻城，稻城将成为我国唯一的大天文观测集群。据介绍，四川稻城天文公园以"天文+文化+旅游+生态+扶贫"多向融合发展为引领，以特色小镇建设为载体，铸就"神秘香格里拉、梦幻星空之城"品牌，全面推动稻城旅游业转型升级发展，建设四川旅游扶贫示范区、国家天文科普教育基地、世界顶级天文旅游目的地。

第一章　脱贫攻坚新样本

宜君：
"普惠金融"接地气、服水土

陕西省铜川市宜君县是一座山城，曾经在陕甘边革命中占据重要地位。革命烈士刘晗初在这里传播马克思主义；刘志丹、谢子长等先辈以宜君为据点，进行革命斗争；薛志仁、张文秀等领导了雁门关游击支队，成为解放宜君的一支中坚力量。这里的一草一木都充满了侠骨柔情。

如今，以"金融服务创新＋金融知识扫盲＋便捷基础设施"为核心的农村普惠金融"宜君模式"诞生并获得推广，形成了可落地、可复制的普惠金融扶贫新模式。

如今的普惠金融扶贫"宜君模式"已从2016年刚落成试点时的"双基联动、三管齐下、三网覆盖"转变为以"金融服务创新＋金融知识扫盲＋便捷基础设施"为核心。3年来，宜君县不断在金融服务和金融产品上突破、创新，推出的"苹果贷""核桃贷""脱贫贷""惠农易贷"等20余种特色信贷产品相继落地，其中不乏全国首单苹果"保险＋期货"、铜川市首单玉米"保险＋期货"。据农行铜川分行党委书记、行长张少锋介绍，农业银行始终坚持"面向三农、服务城乡"的历史使命，依托"惠农e贷"产品，为五里镇农户授信贷款额度，有效地解决了部分农户生产经营资金短缺的难题，助推金融扶贫工作有序开展。

随着互联网科技、手机移动客户端的不断发展、进步，"宜君模式"的普惠金融也在与时俱进，当地不仅开发、上线了包含金融服务查询、预约、投诉等6项功能在内的"惠农支付服务平台",还积极推动中国银联"云闪付"APP上线精准扶贫项目,帮助铜川苹果等农产品实现在线销售。蚂蚁金服等新兴互联网机构也看准时机,先后在宜君开展了金融业务。

知识扫盲在于普及、宣传,在之前召开的县政府第九次常务会议上,宜君县长曹全虎表示,要加大宣传力度,提高贫困地区干部群众金融扶贫政策知晓度,宣传表彰先进,推广成功典型,营造良好氛围,助力全县脱贫基础更加坚实稳固。在2019年的"3·15"消费者权益日,宜君县就开展了主题为"金融消费权益日"的宣传活动,随后以"金惠工程"评估验收为契机,宣传总结金融宣传教育成果,并编制了一套读本。当地金融机构也以"专人包点定时"的方式面向村组群众开展金融帮教活动,采取"宣传+培训+体验"的宣教方式,将金融知识渗透到百姓的日常生活中。目前,宜君县共开展宣教活动60余次,宣传培训近4万人次,实现了金融宣教县、乡、村三级全覆盖,农户和基层干部受训超过80%。

从2018年的中国农业发展银行宜君支行完成揭牌,到2019年3月的中国工商银行宜君县支行正式营业,宜君县不断通过下沉金融机构来完善基础设施建设。

授人以鱼不如授人以渔,按照"五站统建、五员一体"的总体思路,当地农信联社设立了相对固定的"普惠金融综合服务站"和"绿色信贷标准化网点",实现对农户和残疾人等特殊群体信贷的"一站式"便捷办理,将贷款办理时间缩短至3天内。同时,宜君县农信联社对属建档立卡贫困户且有创业项目及创业意愿的农户,授信评级最高加15分,实施正向激励的信用救助措施。如今,宜君县已建成普惠金融综合服务站13个,实现了普惠金融乡镇级、智能终端设备村级、具有金融服务功能的金融站点行政村级三级全覆盖,实现了"基础金融不出村、综合金融不出乡镇"。

曹全虎表示,当前及今后一段时期内,宜君县的经济运行、脱贫攻坚等工作的重点都将锁定在建档立卡贫困户、制定金融扶贫规划和选准扶贫项目上。在搞好供需对接、降低信贷成本的同时,加强信用体系建设,在贫困地区开展信用户、信用村的创建活动,健全风险分散和补偿机制。

岜独村
秀出脱贫"独门绝技"

"岜独村位于上林县西燕镇北部，属于大石山区，资源极度匮乏，基础设施薄弱，没有村集体经济，社会事业发展程度低，是国家'十二五'期间整村推进扶贫村之一。"这是曾经在百度搜索"岜独村"的词条解释，"极度匮乏""发展程度低"这些词汇异常刺眼。2015年精准识别全村482户2187人，建档立卡贫困户205户861人，贫困发生率高达39.40%。

而今，走进岜独村，只见群山环绕，山下千亩果园收眼底，山上鸡舍牛棚一排排。正是脱贫攻坚大决战，让岜独村的命运发生了彻底改变，2017年底就实现了整村脱贫摘帽，成为"杧果村""蛋鸡村"，脱贫"明星村"，目前正朝着"旅游村"转变。

不走寻常路，找到新生机

卢英光年轻时曾到城里从事建筑工作，2014年下半年，他毅然回乡竞选并当上村支书，还参加粤桂扶贫协作培训，成为一名致富带头人。从他当选那时起，村党支部便开始想办法，要让岜独村发生改变。

2015年，全国脱贫攻坚战打响，岜独村迎来了强有力的后盾单位广西壮族自治区住房和城乡建设厅，还有住建厅派来的驻村第一书记柏挺。新鲜血

明星村 而今，走进岜独村，只见群山合抱，山下千亩果园收眼底，山上鸡舍牛棚一排排（图片/hellorf）

液带来新观念、新力量、新思路，这无疑助到卢支书一臂之力。从此他俩拧成一股绳，开始把发动党员带头发展产业作为突破口。为寻找合适的产业，村里的带头人几次到外地考察，请教专家，反复对比，决定不走寻常路，最终选定了四季蜜柚产业，该品种倒季节开花结果，经济效益好，本村气候土壤还适合种植。

品种选定了，村民还在疑虑观望，村党支部就发动全村党员率先带头种植，并采取党员"一帮一""多帮一"的结对帮带形式，将土地并块互换，土地平整后把小块并大块，实行统一指导，各组各户负责，带领全村群众发展四季蜜柚种植业。2016年全村就种植了1200多亩，为群众增收、全村脱贫摘帽打下了坚实的产业基础。

"种植了2年多后，柚果产业已辐射带动503户农户实现增收，占全村农户的 94%，其中建档立卡贫困户 198 户。2019 年全村有 1700 亩四季蜜杧要挂果，每亩挂果大约是 400 公斤。按照杧果每斤 3 元计算，年度杧果销售额预计达 300 万元以上。"因轮换新来没多久的驻村第一书记康勇介绍说。先后两任驻村第一书记接力向前冲，除了与村里一道发动群众扩大种植规模，又主动联系一家上市企业合作，共同打造岜独杧果品牌，并通过电商销售到全国各地。该村四季蜜杧产业在全县范围产生良好影响，巷贤镇等乡镇也种起了四季蜜杧，全县种植面积已超过 5000 亩，给更多的贫困群众带来收益。

引来蛋鸡下金蛋

为了进一步壮大本村产业经济，岜独村又充分利用大龙湖边缘山水生态优势，因地制宜，引来了蛋鸡，号称"金凤凰"，下"金蛋"。

2016 年，岜独村将琦润农业开发有限责任公司引入当地，开启了"龙头企业＋村集体＋贫困户"的模式。据了解，该项目总投资 1200 万元，占地 30 亩，该项目自 2016 年 12 月正式投入运营。

岜独村拿出 400 万的村集体经济补助资金入股该公司。对于贫困户而言，可以通过政策性产业奖补和小额贴息贷款的形式入股。据了解，目前已经有 109 户签约入股。按照合同，每年公司、村集体、参股贫困户三方进行利润分成。这种三方共同获利的模式也带动了村民"家门口"就业，蛋鸡产业进一步夯实了群众增收、全村脱贫摘帽的产业基础。

有了做产业的成功经验，该村又长短结合，注重能人示范带动，村集体和贫困户共同参与。先后发展了山水牛、食用菌、种桑养蚕等特色种养业和光伏发电等 4 个产业，加上四季杧果、蛋鸡两大产业，全村形成了 6 大支柱产业，培育出高强养殖农民专业合作社、生态果园种植专业合作社、唯裕桑菇食用菌专业合作社、众裕种桑养蚕专业合作社 4 个专业合作社，出现了 3 位认证致富带头人和 10 多位行业技术能手。群众增收渠道更多了，全村脱贫摘帽水到渠成。

为保证对村集体所有的土地、资金、资源等进行有效管理，实现保值增值，有力助推整村脱贫摘帽，2017年7月，岜独村严格按照自治区村民合作社管理暂行办法的规定，在全南宁市率先成立第一个村民合作社——岜独村村民合作社。

村民合作社通过采取自办、入股、委托经管等方式，筹措整合各类村级集体经济发展资金共480万余元，投入到四季蜜柑、蛋鸡养殖、山水牛养殖、光伏发电等项目中，既引领培育了产业、企业，又壮大了村集体经济。

据了解，2017年6月，岜独村整合投入50万元资金用于发展本村光伏发电项目，选用公共屋顶作为发电场地，在规范项目建设和验收的前提下，建立健全市场化、建管用相结合的运行维护服务机制，确保了项目长期正常运行，村集体经济从中获得年收益不低于5万元。村民合作社投入30万元在高强养殖专业合作社发展山水牛养殖，按照合作协议，岜独村村级集体经济每年从合作社获得投资额8%的固定收益。

2017年底岜独村脱贫摘帽认定时，村集体经济收入达34万元，远远超出当年该指标不低于2万元的脱贫摘帽标准。

村支部"双核驱动"

党的事业基层要夯实，村支部书记这一关键的考核选拔特别重要。岜独村选出了有公心又有致富本领的卢英光担任支书，又迎来了后盾单位眼界广干劲儿足的驻村第一书记，他们双核驱动，劲儿往一处使，全村党员群众都乐意跟着干。该支部始终坚持"双培双带"，把致富带头人中的先进分子培养成党员，把党员培养成致富带头人。如老党员李高强担任山水牛养殖农民专业合作社负责人；90后柑果产业骨干梁琦卜进入村"两委"班子并作为重点对象培养。新一届村"两委"班子年龄、文化结构较上一届明显优化，带富能力显著增强。村支部通过发挥龙头作用，发展产业带动贫困户参与，2017 年底实现了对全村贫困户 207 户 831 人的全覆盖，实现家家有增收门路、户户有致富渠道。

在引领产业发展的同时，村支部更不忘"扶志、扶智"，2017 年岜独村又创建了全南宁第一家农民讲习所（后更名为新时代农民讲习所）。驻村第一书记带头上台宣讲党的十九大精神，又多次邀请各类专家前来进行产业技术培训。村支部还抓住群众普遍关注的经济问题，加强领导，加强村务公开，让本村集体经济、各类扶贫资金运行管理更加广泛透明，村干讲话更"灵"了、群众干事创业更"爽"了。

2017 年底，全村脱贫 150 户 607 人，贫困发生率降至 1.31%，整村脱贫摘帽。支书卢英光开心写下"攻坚惠民万事兴，国策英明民富强"的对联。2018 年继续脱贫 5 户 16 人，贫困发生率缩减至 1.21% 以下。

整村脱贫摘帽后，借乡村振兴战略的东风，岜独村着力打造"一山一水一路一园"乡村旅游产业，努力实现岜独村未来"家园变公园"的目标。这些年在岜独村召开过全国培训致富能人现场会、全区产业扶贫现场会、南宁市党员干部现代远程教育学用工作现场会……岜独村荣获自治区级五星级党组织、上林县脱贫攻坚先进集体等称号。岜独村从一个偏远穷困山村俨然变成了一个脱贫"明星村"。前来考察调研、参观学习的团体络绎不绝。在接待了国际减贫培训研修班的成员后，蛋鸡厂工人杨姐兴奋地发了个朋友圈："在家门口认识了几个外国朋友，蛋鸡工人也和老外合影了，很开心！"

小米苹果打头阵，
助力米脂脱贫路

——

"米脂小米，色泽金黄、颗粒浑圆、质优味香、营养丰富；米脂苹果，色泽鲜艳、皮薄质脆、香甜爽口、绿色有机……"2020年2月29日上午，榆林市副市长、米脂县委书记王国忠在米脂县电子商务公共服务中心，通过今日头条和西瓜视频，向全国的网友推销米脂的特色农产品，并通过直播镜头，带着网友参观米脂县陕北小杂粮文化展厅和特色产品展馆，介绍米脂的风土人情和陕北农耕文化。

"新冠肺炎疫情不可避免地对我县经济的正常运行造成了冲击，尤其是对农产品的销售影响更大。"王国忠表示，"希望通过电商直播平台，将米脂的特色农产品销售到全国各地，助推脱贫攻坚，增加农民群众的收入。"

县委书记直播带货，米脂小米卖得火

2020年2月29日，王国忠在直播期间最高在线人数超135万，销售米脂小米超过2万公斤，销售额达30余万元。在各地县长、县委书记直播带货的大潮中，米脂县成绩优异。这样的销售成绩，离不开近年来米脂在电商领域积攒的深厚经验，以及全县不遗余力为米脂小米、苹果等特产所做的品牌宣传工作。

米脂昼夜温差大，土壤耕层深厚，土质肥沃并含有多种矿物质和微量元素，非常适合谷物生长，也是苹果生长优生区。

近年来，米脂县将小米种植、山地苹果栽植作为脱贫致富和农业发展的主导产业，制定了一系列的技术指导和奖励补贴措施，有力地促进了米脂县广大农民栽植山地苹果和种植小米的热情。截至2019年年底，米脂县小米种植面积超过12万亩，建成现代农业园区2个，加工销售龙头企业9家，专业合作社38家；山地苹果栽植面积达到22.5万亩，建成果园638个，挂果面积8万亩。2019年，米脂县谷子产量达到3.2万吨，加工能力达到6万吨，产值达到7.2亿元；山地苹果产量达到7.5万吨，产值达到3.8亿元。

同时，米脂以全国电子商务进农村综合示范县为依托，率先在榆林市建立县级电子商务公共服务中心，京东米脂特色馆、苏宁易购中华米脂特色馆陆续上线运行。从2017年的365万元，到2019年的1360万元，米脂小米"双11"网络销售额在3年内增长了3倍，且连续3年在全国百个贫困县中位居前列。米脂县已建成镇村电商服务站107个，注册电商企业74户，开办网店560余个，通过电商平台以创业带动就业1500多人，探索推出"电商+订单农业""电商+保险"等扶贫模式。2019年，米脂县共实现网络交易额3.45亿元，其中农产品网络销售额达到1.03亿元。

米脂县还利用电商发展，创新打造"米脂有礼"消费扶贫新模式。2018年至2020年连续3年在春节前举办年货会，将贫困户生产的米脂小米、山地苹果、黑豆、红小豆、粉条、米酒等多种特色农产品组成"米脂有礼"大礼包，积极动员社会力量购买，促进了贫困群众增收。

如今，米脂电商的龙头效应已经显现。由22名大学生创建的陕西青创联盟电子商务有限公司（属米脂县）积极开展电商扶贫，发展订单农业，形成"农户+企业+市场"的发展模式，2016年以来累计实现农产品网络销售额1.2亿元。

米脂县长高寒表示，通过"电商+订单""电商+消费""电商+旅游""电商＋保险"等多种形式的电商扶贫,"米脂有礼"消费扶贫模式产生了较强的带动作用。

为了更好地打响当地农产品的名气,主政者们纷纷亮相,为米脂小米和米脂苹果代言。2018年,高寒在北京宣传推介米脂山地苹果;2018年,王国忠应邀赴京做客五洲传播中心《中国推介》栏目,向全球推介米脂小米;2019年,王国忠在"一带一路"国际合作高峰论坛上再次推介米脂小米和山地苹果。

"我们希望通过消费扶贫,在帮助农民增收的同时,倒逼农产品提升品质,进而完善产业链,增强竞争力,使扶贫的公益行为逐步转化为市场的经济行为,最终走出一条可持续发展的产业强县之路。"王国忠信心满满地说。

"摘帽"不是终点,而是新的开始

2020年4月9日,米脂县将一面写有"扶贫援助解民忧 企业责任显担当"的锦旗送到了包神铁路集团神朔铁路公司负责人手中。这是对该集团以购代扶采购山地苹果,助力米脂县果农渡过难关表达的最真挚的感谢。

受新冠肺炎疫情影响,米脂山地苹果滞销,成为广大果农和贫困户的心病。县领导看在眼里、急在心上,主动联系定点扶贫单位国家能源集团,搭建起直销通道,通过消费扶贫的方式,帮助米脂县销售了库存山地苹果325.3吨,确保了全县贫困户稳定增收近200万元。

米脂县位于榆林市南部,无定河中游,"以其地有米脂水,沃壤宜粟,米汁淅之如脂"而得名,是"貂蝉故里、闯王家乡"。党中央转战陕北期间在米脂县杨家沟召开了著名的"十二月会议",这里也被称为"新中国曙光升起的地方"。全县总土地面积1212平方公里,辖8镇、1个街道办事处、206个行政村、5个社区,总人口22.3万人,曾是国家扶贫开发工作重点县、革命老区贫困县、吕梁山连片特困县,全县有贫困村87个,建档立卡贫困户

第一章 脱贫攻坚新样本

12159 户、32703 人。

新一轮脱贫攻坚以来，米脂县坚持以脱贫攻坚统揽经济社会发展全局，贯彻精准方略，紧盯目标标准，讲政治、改作风，抓关键、补短板，全方位、系统化推进脱贫攻坚各项任务落实。2019 年 5 月 7 日，陕西省人民政府发布公告，宣布米脂县退出贫困县序列。

"贫困县的退出不是一个终点，而是一个新的开始。对于贫困县来说，脱贫攻坚是一场持久战，巩固和提升脱贫成果，有效防止脱贫后返贫，才是真正打赢脱贫攻坚战的关键。"王国忠说。

王国忠告诉《小康》杂志、中国小康网记者，米脂县积极落实"两不愁三保障"要求。一方面，通过产业就业等措施，持续夯实不愁吃、不愁穿的基础，从 2019 年年底监测数据来看，脱贫户人均纯收入 3000 元以下实现了"清零"，6000 元以下的户数比上年度减少了 13.75%，10000 元以上的户数增加了 10%，收入稳步增长，"两不愁"基础进一步夯实。另一方面，在 2019 年 3 月通过退出评估验收基础上，米脂县进一步查漏补缺、实时监测、动态管理，确保"三保障"质量进一步提升。

义务教育阶段米脂县没有因贫辍学的学生，从学前教育到大学各学段建档立卡贫困学生资助政策实现全面覆盖，并均已落实到位。健康扶贫政策全面落实，签约服务质量进一步提升，全县建成标准化村卫生室 144 个，配备专职村医或公共卫生人员 280 名，206 个行政村卫生室服务普及率达 100%，消除了村级卫生机构和人员"空白点"；全县贫困人口参保（大病保险）率达到 100%，2020 年第一季度贫困人口住院补偿 952 人次，共计报销 417.78 万元。

此外，根据陕北地区农房在冬春冻融季节和暴雨过后容易出现安全隐患的特点，为确保住房安全，米脂县还进行动态监测，掌握信息随时认定，达到 C 级、D 级的立即启动危改程序。完善和提升三个集中移民搬迁安置点的基础设施与公共服务设施，为保障贫困群众安全饮水，米脂县还在集中供水、打井改建等问题上投入整合资金1158.3万元，启动实施巩固提升工程35处。

在脱贫攻坚战中，米脂走出了一条因地制宜的道路，"产业扶贫""残疾人脱贫""互联网+社会扶贫""电商扶贫"等典型经验得到社会各界的肯定，米脂县首创的"劳务奖补"方法被评选为"中国脱贫攻坚与精准扶贫十佳案例"，"农光互补"扶贫项目被评为"2019民生示范工程"。此外，米脂县先后荣获"中国十佳脱贫攻坚与精准扶贫示范县"、陕西省脱贫攻坚组织创新奖、榆林市脱贫攻坚特别贡献奖，青创联盟电子商务有限公司荣获"全国'万企帮万村'精准扶贫行动先进民营企业"，帮扶干部张雷威还被授予"2019年全国脱贫攻坚贡献奖"。

第二章

创新驱动引领高质量发展

CHUANGXIN QUDONG YINLING GAO ZHILIANG FAZHAN

高质量发展是 2017 年中国共产党第十九次全国代表大会提出的新表述，表明中国经济由高速增长阶段转向高质量发展阶段。

2018 年的全国两会上，李克强总理在作《政府工作报告》时指出，要"按照高质量发展的要求，统筹推进'五位一体'总体布局和协调推进'四个全面'战略布局"。

当前，高质量发展已步入全面实施阶段，推动高质量发展关键在落实。创新是引领发展的第一动力，我国改革开放40多年的实践表明，只有实施创新驱动发展战略，发展才有动力，经济才有活力，高质量发展才能有效落实，乡村振兴的产业基础才能夯实。显然，这里的创新驱动不仅仅指科技，还包括政策、环境、人才等各个要素。

近年来，各地都在不断加大改革创新力度，清除发展过程中的积弊和障碍，打开全新发展思路，激发高质量发展的活力。

"汽车城"嘉定：
17年后什么样

　　捧一杯香茗，在"沪上最美图书馆"中品味书香；举目远眺，远香湖的美景令人如痴如醉。在环湖彩色步道上悠闲地散步，或约上三五好友去保利大剧院享受一场国际级的视听盛宴。正是这里，动静相宜，有生活的闲适，也有工作的激情。越来越多的智能网联、精准医疗、AI企业入驻这座小城，年轻人尽情在这里挥洒青春，追逐梦想。

　　一曲产城融合的合奏曲正在上海市嘉定区奏响。《上海市嘉定区总体规划暨土地利用总体规划（2017—2035年）》（草案公示稿）出台，明确提出了"把嘉定建设成为大上海西北区域的现代化新型城市，打造汽车嘉定、科技嘉定、教化嘉定、健康嘉定、美丽嘉定"的发展愿景，至2035年，基本建成产城全面融合的世界级汽车产业中心、以高科技新兴产业为支撑的上海科创中心重要承载区、生态人文宜居的长三角综合性节点城市。

　　嘉定在原有"一核三区"的基础上，强化北部生态涵养与郊野休闲服务功能，形成了"一核四区"的功能布局。具体是嘉定新城核心功能区（包括新城及老城主要区域），承担全区的政治、经济、文化及社会服务等主要功能；北虹桥综合商务区，主动承接市中心城区的功能外溢，以文化、商贸、总部经济为主要导向，成为上海西部创新创业的先行区；科技城自主创新产业承载区，发挥国家级科研院所集聚和新型工业化产业示范优势，打造创新辐射能力强、开放度高的自主创新产业地区；国际汽车城产城融合示范区，以发展科技研发和高端制造为主的科创中心；嘉北生态涵养区，聚焦地区生态品质提升，形成服务嘉昆太地区的区域绿心，塑造嘉定的生态品牌。

其中，"汽车城"是嘉定最为知名的一个标签。嘉定汽车产业蓬勃发展，从简单制造业拓展为完整的汽车高端制造及服务产业链，并向新能源、智能网联方向转型升级。上汽集团与德国大众集团签署框架协议，双方将进一步深化合作，除引入奥迪品牌外，未来投产车型有望涉及新能源、智能互联移动出行服务等方面。此外，汽车产业也在谋求转型升级，"高精尖"元素汇入产业链。在新能源、智能网联技术不断发展的大背景下，嘉定汽车产业发展有了新动能。如今研发机构、互联网车企、汽车博物馆等纷纷落户嘉定。

近年来，嘉定着力推进产城融合，"汽车嘉定"品牌效应逐步显现，使得嘉定出现了不少"网红"地标，如保利大剧院、远香湖、嘉定图书馆、韩天衡美术馆等，让人们生活得有滋有味。

2019年，嘉定将新增2.3万个就业岗位，帮助230名长期失业青年就业创业，新（改）建10家标准化老年活动室，为3500家养老机构的老年人居住房间安装故障电弧探测器，为65岁以上老年人和60～64岁"1+1+1"签约居民提供一次免费健康体检，建设20个标准化智慧健康小屋，实现3.6万名征地养老人员医药费二次补差报销自动结算，建立30个村居委老年人标准化学习点。

小岗村：
"蹚路者"的故事未完待续

1978年，安徽省凤阳县小岗村的18户农民按下红手印，以"托孤"的形式立下生死状，签订大包干契约将土地承包到户。小岗村首创的农民自发的变革和地方各级干部敢于担当、善于担当实事求是精神的实践，得到改革开放总设计师的肯定，小岗人从此摆脱了饥饿困苦，也由此拉开中国农村改革以至改革开放的大幕。

实行"大包干"的第一年，小岗村的粮食总产量达到了13.3万斤，油料总产量3.5万斤，人均收入是1978年的400倍。在那个粮食极度匮乏的年代，党中央从这场史无前例的改革中看到了走向富裕的希望，这一制度逐渐推广到全国。

但小岗村并未躺在功劳簿上止步于现状，而是顺应时代发展的浪潮，一次又一次革着自己的命，在创新之路上一路狂奔。

三年大提升

改革开放40余年，小岗人坚持发扬小岗精神，勇于探索，用勤劳的双手建设美好家园。

2019年是全面建成小康社会的关键之年，安徽省凤阳县进一步推进"抓

▎**改革先锋** 小岗村顺应时代发展的浪潮，一次又一次革着自己的命，在创新之路上一路狂奔（图片／贾琼）

小岗带全县"战略布局，为全县农村发展起到良好的示范带头作用。小岗村通过土地流转、适当的规模化种植以及发展优质农业等举措，正在开启一场全新的农村改革。

"小岗村作为农村改革的主要发源地和农村改革试验田，为积极响应习近平总书记视察小岗时的殷殷嘱托，继续在农村改革发展中发挥示范引领作用，积极探索农村改革的新经验、新模式，奋力争当击楫中流的改革先锋。"小岗村党委第一书记李锦柱对《小康》杂志、中国小康网记者说，"2016年，凤阳县委、县政府提出了小岗村'三年大提升'行动计划，成立了以县委主要领导任组长的工作领导小组，县委专职副书记担任领导小组办公室主任，我兼任办公室常务副主任，负责日常工作和具体事务。领导小组确定了包括深化农村改革、推进产业发展、完善基础设施、发展社会事业、加强组织建设5大领域136项具体工作任务。"李锦柱表示，凤阳县和滁州市也分别提出"抓小岗带全县"和"抓小岗促全市"工作要求，从而确保小岗取得的成功经验和模式能够快速得到应用、复制和推广。

依托国家的乡村振兴战略，小岗村发展稻田养鸭、稻田养虾的绿色农业，上海农展会上，定价 68 元一斤的小岗绿色大米供不应求；开拓以"爱国教育"和"观光农业"为主题的现代化乡村旅游；借助淘宝、微店等互联网途径促进特色农产品外销；联合农业担保公司和中国农业银行为创业者提供信贷等资金支持……多种多样的改革举措既为小岗村的发展带来了改观，也为中国农村改革创新总结了经验。

如何持续释放发展活力？李锦柱表示，小岗村始终坚持问题导向，以改革为动力、向改革要红利，通过改革打破各种制约因素和瓶颈，积极探索拓展村民股权证书权能，充分激活要素资源，让股权证书发挥效益、释放活力，使"红本子"变成"活资产"。李锦柱举例道："为解决农民贷款无抵押物、无担保物的问题，我们通过深化农村集体产权制度改革，探索拓展土地承包经营权证和村民集体资产股权证权能。"

一是"农权贷"，以凤阳农村商业银行为贷款发放主体，向"大包干"带头人严金昌、关友江，新型农业经营主体创先合作社负责人周党之等 30 户农民，发放土地承包经营权抵押贷款 140.5 万元，并逐步从小岗村向全县推广。

二是"兴农贷"，由小岗村、凤阳融资担保有限公司和凤阳县农业银行按照 3：4：3 的比例分担贷款风险，设立额度为 8000 万元风险补偿基金。在全村授信的基础上，村集体为村民背书，村民以股权证为自己的诚信背书，每户村民的贷款额度为 3000 元～100000 元，贷款利率执行银行同期基准利率。

吹响新号角

凡是小岗村范围内从事生产经营的农户，经过县农行授信并将集体资产股权证质押给村集体经济组织（小岗创新发展公司），就可以申请贷款。农户可通过掌上银行 APP、柜面等多种途径办理借贷手续，贷款期限最长 1 年，可随借随还。截至 2019 年 8 月，已为符合条件的 30 户新型农业经营主体发放"兴农贷"300 万元，切实解决了农户融资难、融资贵难题。

党的十九大提出乡村振兴战略，吹响了农村发展的新号角。小岗村党委积极响应中央号召、抢先布局，2018 年 3 月，小岗村组织开展了"小岗要振兴，我该怎么办"主题大讨论，广泛征求全县和社会各界意见，研究制定了《小岗村乡村振兴实施方案》。2019 年，小岗村又研究出台了《小岗乡村振兴 2019 年度重点工作安排》，明确了 72 项具体任务。小岗村清醒地认识到，小岗村振兴必须走一二三产融合发展之路。一产做优，通过全域高标农田治理，大力发展现代生态农业和集约化高效农业；二产做强，通过打造小岗产业园，着力发展壮大农副产品深加工产业，总投资 10 亿元的盼盼食品项目已经投产；三产做大，着力打造小岗村 5A 级景区创建、培训教育和农村电商 3 个平台。2018 年，小岗村成功获批国家农业科技园区和全国乡村振兴示范村。

李锦柱表示，改革就是创新，创新也是改革，抓住了创新，就抓住了牵动改革发展全局的"牛鼻子"。

一是在农村集体产权制度改革方面，考虑到集体经营性资产较少，省市县向小岗村创新发展有限公司注入财政资金 3150 万元的情况，集体资产股份合作社以小岗村现有经营性资产和部分小岗村品牌折算无形资产 3026 万元作为合作社总股本与创发公司进行股份合作，占股 49%。这部分资产量化为个人股，村民所持股份参与收益分红。

二是在构建现代农业三大经营体系方面，围绕构建现代农业产业体系，大力培育新型农业经营主体，发展多种形式适度规模经营，先后培育新型农业经营主体 25 家。加快推进小岗产业园建设，发展农产品深加工，增加农产品附加值；大力发展乡村休闲旅游和电商经济，推动一二三产融合发展。围绕构建现代农业生产体系，全面改善小岗村农田水利基础设施条件，大力发展现代生态农业和高效农业，提升农业产业竞争力。围绕构建现代农业经营体系，大力培育新型职业农民，加快推进农机公司、育秧工厂、植保服务队、烘干中心"四位一体"的农机示范大院建设，健全农业社会化服务体系。

三是在创新发展体制机制方面，组建小岗村创新发展有限公司和旅游投资管理有限公司两个平台公司，分别负责小岗村 5A 级景区创建和加强小岗村品牌保护与利用，引入专业团队参与管理运营，深度挖掘小岗品牌价值，扩展营销渠道，显著提高小岗村品牌的美誉度、影响力。将"互联网＋大包干"新模式，和红色旅游特色融入创意农业、观光农业和休闲农业之中，以此带动一产、促进二产，并发展壮大村集体经济。通过多种方式和渠道培育创新发展动力、塑造更多优势引领发展，努力做到人无我有、人有我强、人强我优。

2018 年，小岗村开始推行"互联网＋大包干"的发展模式。在小岗村主干道上，可以看到每家每户的门口都贴了二维码，只要扫一扫就可以进他家的网店里直接采购。村民不需要去找产品，不需要找物流发货，这些都是由凤阳小岗科技有限公司统一去做。"我们这个平台是专为农民打造的一个农产品上行的平台，给农户的网店和城市的消费者建立一个直通渠道。目前我们开通了 300 多家，效益好的农户一年有 2 万多元的收入，收益平均每月有一两千块钱。"凤阳小岗科技有限公司总经理王辉说道。

改革创新
催生顺德奇迹

———

无论是政改还是经改，顺德一直都是我国改革的试验田。十几年前的省管县试点、近年行政大部制改革，它都是首批试点城市之一。改革，一直都是顺德最强大的发展动力、最核心的竞争优势、最鲜明的城市特征。也因此，连续7年间"顺德现象""顺德模式""顺德奇迹"应运而生。

"在粤港澳大湾区建设背景下，村级工业园区改造是集约发展的必然选择，也是'顺德制造'智能化的必由之路。"广州现代城市更新产业发展中心执行院长江浩分析称，如今顺德以智能化为突破口，探索转型升级之路。

改革创新写进基因

在顺德博物馆的"顺德人顺德事"展厅的资料里可以清晰地了解到顺德历史脉络。1452年，划出南海东涌、马宁、鼎安、西淋四都三十七堡及新会白藤堡置顺德县，以大良为县城。从此，顺德便以独立建制的行政区进入历史。"顺德"寓意"顺天之德"。

改革开放后，顺德人敢为天下先，从解放思想到社会主义市场经济的发育，到推进产权改革释放市场活力，再到政府率先转变政府职能，进行社会体制综合改革……顺德40余年改革发展的每一步，都走在了全国前列，踩准

敢为人先 顺德40余年改革发展的每一步，都走在了全国前列，踩准了大方向的每一步，闯出了一条"敢为""先行"之路（摄影/梁伟雄）

了大方向的每一步，闯出了一条"敢为""先行"之路。

改革开放之初，大批居住港澳的乡亲回顺德，带的礼品多是电风扇等家用电器。顺德人敏锐地发现了这一商机。因缺设备、少技术、没工业基础，于是顺德人到处取经。从电风扇开始一路发展到电冰箱、空调，顺德"社队工业"迈出了第一步。

1983年9月，在顺德容桂镇的一个镇办企业简易工棚里，工人们用手锤与手锉等简陋工具，"敲打"出国内第一台双门电冰箱。而20世纪80年代进入风扇制造业的企业美的，也是从生产加工风扇零部件起步。全球最大的微波炉制造企业格兰仕，之前仅是一个生产羽绒服的小加工厂。

与同期上海、南京、沈阳等国内轻工业重镇或老工业基地相比，顺德只是一个偏处岭南一隅的小农业县，20世纪70年代，其工业制造基础几乎为零。但最后的"王者"为何是顺德？

曾任顺德市委宣传部副部长、佛山市委党校副校长的何劲和说道："这正是顺德人敢想、敢做、务实的具体表现。我们这里是水乡，人多地少，如何更好地利用有限的资源？比如，顺德的先辈在宋代就创造性地发明了闻名世界的'桑基鱼塘'，这是顺德人千百年来从实践中总结出来的生态循环耕作模式。这就是顺德人的'基因'。"

顺德是侨乡，改革开放前，海外侨胞就大力支持顺德兴办实业；改革开放后，海外侨胞和港澳同胞回乡投资办厂，引领顺德的"三来一补""三资"企业等行业步向繁盛，促进顺德现代工农业的发展，为今日的"顺德制造—中国骄傲"打下坚实的基础。

在一次次"自我革命"的改革中，顺德坚持解放和发展社会生产力，坚持社会主义市场经济改革方向，一跃成为"广东四小虎"之首，到2018年连续7年位居"全国综合实力百强区"之首。顺德实践成为"改革和开放相互促进、相得益彰"的有力注解。

辉煌四十年

20世纪80年代，顺德辉煌的工业化成就在很大程度上由县、镇两级政府推动，政府唱主角，既是投资主体，又为企业贷款提供担保，同时通过减免等优惠措施扶持企业成长。这个时期，超过1000家公有制、集体所有制企业基本上是由县、镇两级政府支持，提供担保向银行贷款搞起来的。以乡镇企业为主的顺德经济，随着市场逐步成熟，暴露出的问题日益增多，体制改革迫在眉睫。

1993年3月，顺德农行和信用社对全市乡镇企业进行调查后，提供了一份题为"辉煌的成就 惊心的包袱"的报告：全市有259家企业处在破产边缘（当时顺德市属企业和乡、镇办企业共978家），所欠银行21亿元贷款成为不良资产；1990 年底农行和信用社的镇办企业呆滞贷款占贷款总量的 17.2%，金额为 2.1663 亿元，1993 年 3 月底即上升到 35%，金额达 9.695 亿元。

"政府作为投资主体，政企合一，不可避免地带来政府有限投资能力与无限投资饥饿的矛盾，政府有限利益与无限责任、风险的矛盾，这些交织在一起，潜伏着日益严重的危机。"顺德再现敢为人先的勇气，"蹚雷区"，大胆启动企业产权制度改革。

北京大学国家发展研究院院长姚洋做的第一个实地调研就是在 20 年前的顺德，"顺德是一个非常神奇的地方，一个小镇上出现了两家世界 500 强企业，可以说是中国县域经济的奇迹"。改革要给地方自主权和试验的空间，因为基层的干部对改革存在的问题有更深刻的感受和认识。姚洋回想起当年在顺德调研时发生的一次有趣的对话，他问当时的顺德县相关负责人："你们这样对国有企业进行改革，不怕承担国有资产流失的风险吗？""那位负责人告诉我，我们进行的国企改革是'止血工程'……"姚洋说，基层干部能切实地感受到国有企业的负担太重，当时的国企只有不停地输血才能活下去，所以必须改革，改革后反倒把国有资产保护起来了，因为"止血"了。

经过二三十年的发展，改革的阵痛对于顺德来说，已渐行渐远。但顺德并没有停滞不前，而是继续以改革创造着奇迹。

如今又多了一个热词"科技顺德"，顺德区经科局局长柯宇威在接受采访时表示，建设科技顺德是一个系统工程，区经科局将重点在做好科技创新布局、大力培育科技创新主体、支持企业优化升级、以招商引资培育新产业、强化金融服务实体经济等 5 大领域进行推进和突破。同时，顺德将在未来三年连续投入 15 亿元支持科技创新和技术改造，力争实现国家级创新平台的零突破。

柯宇威说，顺德从 2018 年起至 2020 年，每年投入 5 亿元共计 15 亿元进行科技创新和技术改造。据介绍，这笔投入主要用于高企培育、企业研发机构建设、创新团队引进、科技信贷风险补偿金、知识产权、异地科技孵化平台、科技创新券等方面。

在招商引资方面，柯宇威表示，除了继续推动原有的传统优势产业做大做强，接下来将充分发挥专业招商公司和异地招商机构的作用，重点瞄准智能制造、生物医药、新材料、新能源等领域，力争引进一批投资规模大、科技含量高的重大项目。主营收入5亿元以上工业企业研发机构建有率100%；高企增至942家；新增950台应用机器人；军民融合产业蓄势待发；储备超40个科技创新团队和企业；美的成功并购德国库卡；成功引入深圳大疆、天劲、沃特玛等一批重点项目……

"腾笼换鸟""扩笼壮鸟"，通过村级工业园区改造，"顺德智造"走向台前。全球工业机器人四大巨头中，三家已落户顺德。本土的利迅达、美的等机器人系统集成应用企业也异军突起。德国汉诺威机器人学院还在顺德成立了海外分支机构——佛山机器人学院。顺德以智能化为突破口，探索转型升级之路。"在粤港澳大湾区建设背景下，村级工业园区改造是集约发展的必然选择，也是'顺德制造'智能化的必由之路。"广州现代城市更新产业发展中心执行院长江浩分析。

产业升级，人才是关键。顺德引进博士超400名，确认高层次人才10461名；广东工业设计城超额完成聚集8000名设计师；与13所高校开展全面合作。这些年，顺德创新体制机制，改善营商环境，"筑巢引凤"，每年投入50亿元发展重大科技项目，支持引进创新型人才；兴建广州大学城卫星城，吸引高端人才定居；斥资70亿元，修建广州南站至顺德大良的地铁，方便人才流动。

"说到底，创新驱动就是人才驱动，智能制造必须有人才支撑。"顺德区区长彭聪恩说，"要想继续领跑，顺德还得培养和引进更多高层次人才！"

衢江：
产业创新酝酿"蝶变"

主板上市企业1家，作为全区经济引擎的经济开发区规上企业75家……单从传统意义上的"大宗企业"总量发展来看，这个地方实在难以成为关注"焦点"。不过，若你将目光转向这里近年来产业发展的系列成绩，绝对会让你刮目相看。

"凤凰涅槃"在这里得到有力见证，新技术、新产业、新业态在喷薄而出，地处浙江省衢州市的衢江区，近年来正以传统产业转型升级为突破口，不断增强产业竞争力，以"新、特、优"产业为主攻方向，努力形成工业经济新的增长极。

转型升级激发工业新活力

"没有工业的发展，就没有衢江的今天。唯有转型发展，衢江工业才有出路。"在2019年3月份衢江区召开的全区工业大会上，区委书记周向军点出了"发展经"。衢江经济开发区同时也是全区经济建设主阵地、招商引资主平台、财政收入主渠道，集聚了全区八成规模企业。

"衢江工业仍处于发展阶段，我们的产业创新体现的是一种'断腕'的精神，即转型升级。"区委副书记、区长朱素芳表示，近10年来，衢江区面临一

融合发展 衢江区推动一二三产业融合，不断增强地区产业竞争力

轮轮洗牌，为了实现可持续发展，开发区整体关停、搬迁了 49 家化工企业，以及部分玻璃拉丝、电磁、传统建材企业，直接影响 1/3 以上工业产值。

在此基础上，衢江经济开发区积极开展"清零"行动，以无证无照、无安全保障、无合法场所、无环保措施的"四无"企业（作坊）为重点，全面深化"低散乱"块状行业整治提升，倒逼企业转型升级。

聚焦"2+2"产业，不断推动特种纸、机械装备制造两大现有主导产业高端化、智能化，加快培育新材料、水产业两大潜力产业，打造高端水和乳制品的区域性生产基地，谋划推进航空产业园项目，加快建设省级产业创新示范区。

在主导产业上，仙鹤特种纸、夏王纸业的高档特种纸技术装备领跑全国，产能全球领先，仙鹤成功在主板上市，志高机械入选中国工程机械制造商 30 强，日新电气成为省"隐形冠军"。

"从卖'铁'时代的传统制造，到开发智能变电站在线检测类产品等行业隐形冠军产品，再到正在部署的科技型电网服务商，日新始终依托科技创新推动企业发展。"日新电气企业管理中心主任周宁在采访中回答十分坚定，"我们对自己的定位是科技创新型公司。"

据了解，日新电气每年的研发投入占营收比重均不低于6%，同时还积极寻求与高校开展各类科研合作，仅2019年企业就已立项17个创新型项目。目前，日新电气已拥有1项发明专利，40多项实用新型专利，19项软件著作权。正是基于这样的底气，日新作为一家中小型企业，已承接北京大兴机场、杭州地铁等多项大型工程。

同时，通过综合发挥石灰石资源优势和区域市场优势，衢江重点开展上方镇钙产业整治提升，让传统灰钙产业成功转型为发展纳米活性碳酸钙等"双高"型钙产品的科技环保产业。

在传统企业依靠科技创新实现转型升级和高质量发展的同时，一大批特色产业、新兴产业也喷薄而出。总投资10亿的华凯科技、12亿的中财管道、15亿的宝红建筑、36亿的环嘉通恒、73亿的抽水蓄能电站等企业或项目陆续在衢江落地。

此外，衢江还将特色小镇的培育创建作为加快推进产业集聚、产业创新和产业升级方面的重要抓手，推动人才、资金、技术向特色小镇集聚，光导小镇、农业生态循环小镇等逐渐兴起。

优化营商环境形成产业集群

发展民营经济，优化营商环境至关重要。2018年8月，《小康》杂志、中国小康网发起了"中国营商环境满意度大调查"，并推出"中国营商环境百强区县"排行榜，衢江位列第四。

"打造工业强区，要聚焦服务企业和引领企业两个领域，突出抓好'5+5'十件大事。"在衢江区工业大会上，周向军明确指出，要围绕服务企业推进"最多跑一次"改革、推进工业园区体制改革、建设企业"4S服务中心"、建设企业用工平台、开展企业家素质提升工程，围绕引领企业实施企业登高"1120"计划、推进企业股改上市、抓好数字经济"一号工程"、推进"低散乱"企业整治及僵尸企业处置、建好小微企业创业园。

从企业投资项目"最多跑一次"改革抓起，衢江区以审批制度改革为突破口，实现"最多跑一次"事项占比达 99.2%，其中进驻行政服务中心的 551 项事项，全面推行"一窗通办"，办事时限平均缩短 28.8%，群众满意率达 100%，"最多跑一次"改革名列全市前茅。

在建设企业"4S 服务中心"方面，衢江发挥"店小二"精神，提供"全过程"服务。"目前，我们已开通了电力服务、机电电子维修、免费法律咨询、中央食堂等服务。"衢江经济开发区负责人介绍道。

位于衢江经济开发区的浙江锴睿新材料科技有限公司，是一家创新型企业。总经理蔡建臣是衢州学院博士、副教授，也是衢州从北京化工大学引进的塑料机械及塑料工程博士。

蔡建臣培养本科生，这也为当地培育起了科研储备力量。利用科研人脉优势，蔡建臣还热心为科研单位和企业牵线搭桥，打通企业科技人才脉络。

创业不易，但蔡建臣依然感激，他说："我们的厂房有 2 年免租期，在税收上衢江经济开发区也给予了一定优惠，这对于创新型的中小企业而言是很大的帮助。"

"康养衢江"书写产业新篇章

衢江区还以大健康、大农业为支撑点，同步发展针灸康养、运动康养、田园康养、森林康养、民族医药康养等特色产业，推动一二三产业融合。

以"针圣故里"闻名的衢江，近年来正围绕"衢州有礼，针灸圣地"的品牌，着力打造中国（衢江）中医针灸传承创新试验区，逐步完成从"一根针"到一个产业的华丽转身。

2013 年 11 月，中国工程院院士、当代针灸泰斗石学敏曾在衢江区邀请下来此考察，为杨继洲题词"中华第一神针"，并设立院士工作站。此后，我国针灸领域的领军人物张缙、方剑乔、陈华德、薛立功、施茵等众多院士、专家工作站先后落地衢江。

通过承办世界针灸康养大会（已成为永久性常设会址）、世界针灸减肥大赛、中国（衢江）中医康养产业博览会等国际赛会活动，衢江区"针灸圣地"的品牌更加深入人心。

如今，衢江区将针灸康养融入休闲、旅游、医疗、养老、运动、养生等健康服务新理念，形成了一个多元组合、产业共融、业态相生的商业综合体。

衢江区以大花园建设为统领，在环境整治的基础上，推动农业产业转型升级，带动"农业+康养+旅游+文化"产业的深度融合发展。位于莲花镇的盛世莲花农业观光园，是一家集现代农业、观光旅游、休闲体验、科普教育等功能于一体的国家4A级旅游景区。园区核心规划面积约9.96平方公里，总投资8亿元，规模化种植了四季瓜果、蔬菜等优质农产品，是杭州G20峰会重要食材供应地之一。

"依托完善的农业基础设施，我们成功引进26家现代农业龙头企业。"园区相关负责人介绍，通过"企业（农场）+农户"模式，园区带动当地群众1万余人实现家门口就业，农民通过出租土地、土地入股、园区就业，成为手拿"三金"（租金、薪金、股金）的产业化工人，亩产效益高达数万元甚至10万元。

不仅如此，衢江区还与安徽中环投资集团、中国建筑设计院合作，总投资约50亿元，面积1万多亩，同步推进规划设计、水田垦造与新农村建设，建立新田铺田园康养综合体；串联衢南生态康养旅游带、衢北放心农业休闲带，形成田园康养风光圈；加快千年农夫小镇建设，打造田园康养休闲区。

据初步估算，衢江区大健康产业产值已突破20亿元。接下来，衢江将继续围绕"活力新衢江康养大花园"的目标，以针灸康养、田园康养、运动康养、森林康养、民族医药康养等为载体，打造我国大健康产业的新模式、新业态。

人才助力昆山
"弯道超车"

以"科创之城·预见未来"为主题的2019中国昆山创业周虽然刚刚落幕，但昆山的科技创新却仍在进行时。在福布斯中国发布的"创新力最强的30个城市"最新榜单中，总排名第11位的昆山成为该榜单中全国首个县级市。很难想象，此前，连续14年位居全国百强县首位的昆山最大的短板之一却是科技资源。如何在短时间内实现科技创新赶超？昆山探索出一条属于自己的路径。

击破产业痛点

2019年是昆山自主建设产业科创中心一周年。近年来，昆山坚持用科技支撑创新，在科技部发布的"全国首批创新型县（市）建设名单"中，昆山位列其中，并提出要在全国率先建成具有县域特点的科技创新中心。

科创转型是实现高质量发展的关键。作为全国县域经济发展的排头兵，昆山以国家提出的"科技支撑产业发展"作为建设主题，提出在2020年，县域经济转型升级取得重大进展，率先构建以创新驱动为主要特征的"新苏南县域经济发展模式"，并基本建成创新体系健全、创新要素集聚、创新效率高、经济社会效益好、辐射引领作用强的国家创新型县（市），形成可复制、

科创热土 昆山坚持用科技支撑创新，并提出要在全国率先建成具有县域特点的科技创新中心

可推广的科技支撑产业发展的县域高质量发展样板，打造创新示范标杆。

由此，昆山主动抢抓国家创新驱动发展战略和长三角一体化战略机遇，携手粤港澳台，在国内率先提出打造具有国际影响力的国家一流产业科创中心。2019年7月，由昆山发起成立的长三角·粤港澳共创昆山云孵化联盟正式揭牌运营。据昆山市委组织部副部长、昆山市科创办主任陈青林介绍，成立该云孵化联盟旨在联合一批长三角、粤港澳大湾区具有科创资源、产业资源、赋能资源的优秀孵化器、众创空间、创业服务平台，引进一批符合昆山发展需求的产业化科创项目及优质早期科创项目，促进昆山与两大区域实现创新链、产业链、价值链三链联动。

此外，昆山在聚焦产业痛点的同时，着力于连接供需两端，助力精准对接合作。针对当前5G技术、智能网联、工业云互联等产业热点，昆山创业周活动不仅搭建了供与会嘉宾进一步体验5G技术的体验厅，还设置了多场专题研讨、招商活动以及企业与科研院所的学研联合对接,通过聚焦当前的产业热点、难点和未来的发展方向,助推产业新旧动能转换。

昆山市科学技术局副局长陈岚表示,欲建立国家级的产业科创中心,需加快完善以企业为主体、市场为导向、产学研深度融合的技术创新体系,使企业成为创新决策的主体、研发投入的主体、成果转化的主体。2019年3月,百余家企业在昆山政府带领下,出资16.8亿元,向全球发布了在运营、生产中遇到的上千项技术瓶颈清单,希望通过高校院所技术转移、国际先进技术导入、军民融合技术双向转化、大企业大科学工程协作分工等路径,滚动实施千项产学研合作项目,攻克百项"卡脖子"技术难关,打造10项国际领先水平技术项目。

截至2019年8月,全市有省级以上孵化载体38个、研发机构196个,先后组织企业赴南京、上海、哈尔滨等地开展成果对接活动2237次,达成合作意向574项,签订产学研合作协议274项。高新技术企业突破1000家,高新技术产业产值占规模以上工业比重达46.4%,全社会研发投入占比达3.2%,科技进步贡献率达64.1%。

昆山市委书记杜小刚表示,为推动经济转型升级、实现高质量发展,昆山正在全力建设具备县域特点、具有国际影响力的昆山科创中心,并着力推进以科技创新为核心的全面创新。但想要达到既有总量第一的排名,更有质量最高的内涵,昆山离不开人才科创这个引领高质量发展的主引擎。

人才贡献率超五成

正如杜小刚所说,当下的昆山比以往更渴求人才,人才科创将成为昆山发展最具标识度的特色品牌。面对新一轮科技革命,昆山正在通过一系列政策、改革举措吸引海内外优秀人才前来创新创业,加速科技成果转化。两年前,昆山市政府出台人才科创33条政策,将人才细化为八类。2018年,昆山进一步深化人才战略,提出了人才科创"631"计划。该计划规定,昆山将资源分成三份,其中六成用于建设一批工程技术中心、企业技术中心等企业研发平台,以及培育人才科创"森林";三成用于打造国家级产业创新平台,构筑人才科创"高原";集中一成资源攻坚科技创新"无人区",奋力攀登人才科创"高峰"。

"昆山从心底里尊重知识、尊重人才、尊重创造。"昆山市委组织部副部长、昆山市人才办主任陈青林说。2018年,昆山两大"头雁团队"分别拿到高达一亿元的项目资助,这一动作也促使昆山成为全国首个亿元人才政策落实兑现城市。获得支持的是阎锡蕴院士团队和南策文院士团队,前者开创了全球纳米酶及铁蛋白靶向药物载体领域,在昆山实现了成果转化及产业化;后者致力于全固态锂电池技术开发,国内首条固态锂电池量产生产线在昆山正式投运。

安居才能乐业,昆山市制定了相应的《昆山市高层次人才享受医疗保健服务实施办法(试行)》《昆山市高层次人才子女入学管理办法(试行)》等政策,为高层次人才配偶就业、子女入学、人才及家属落户等提供优质服务。同时,为加快打造集人才服务、交流、成果展示、资源开发于一体的人才发展服务中心,昆山高层次人才"一站式"服务整合了20多个职能部门的服务清单,形成"专人、专线、专窗"服务机制。

昆山的人才吸引战略频频发出却并不止步,2019年7月,昆山市再次发出征集2019年姑苏领军人才计划区域重点产业专项的通知,经过前期征集和汇总,区域重点产业专项初步拟定为"先进制造与自动化"和"电子信息"两个产业领域。根据此次人才计划,昆山目前着重吸纳创业领军和创新领军两种人才。此外,为打造人力资源区域合作协同发展战略布局,深化海峡两岸融合发展,拓展两岸青年交流渠道,在创业周期间,昆山还举行了"协同发展·融入未来"第二届海峡两岸、长三角人才合作交流大会。同时,昆山还举办一系列两岸青年创业项目路演、两岸青年实习就业研讨会、两岸青年精英人才招聘会等活动，并发布"台湾青年就业创业白皮书"，促进一批两岸项目合作。

截至2019年8月，昆山已拥有国家级领军人才120名，昆山头雁团队2个、头雁人才1名，江苏省双创人才117人、江苏省双创团队16个，姑苏人才171人、重大创新团队2个，昆山双创人才532人、双创团队18个，人才资源总量37.82万人，人才贡献率超过五成，人才指数在福布斯中国大陆最佳商业城市排行榜中连续五年位居县级市第一；人才综合竞争力保持江苏省县（市）第一。

据昆山市人才办副主任陈成介绍，未来，昆山将进一步发挥人才工作机制灵活、创新创业生态优越、创业服务体系完善、生活配套环境宜居等优势，强化产业、资本、技术、人才的对接，为海内外优秀人才提供施展才华、实现价值的广阔舞台。

昆山正在全力建设具备县域特点、具有国际影响力的昆山科创中心，并着力推进以科技创新为核心的全面创新，从而推动经济转型升级、实现高质量发展。

江阴：坚守产业强市，抢占高质量发展"制高点"

地处长三角城市群几何中心的江阴，是长江下游新兴滨江工业港口城市和交通枢纽城市。江阴素有"中国制造业第一县"之称，庞大优质的实体经济集群及优秀企业家队伍，是江阴最宝贵的财富。如今，江阴有17.4万家市场主体，其中企业有5.8万家，从事制造业的企业达到2.1万家。在全国县域经济与基本竞争力排名中，江阴连续16年蝉联榜首，100多家企业成为各类行业细分领域的单打冠军，20多种产品的市场占有率雄踞全国同行第一，长期位列中国工业百强县（市）第一位。

江阴以全国万分之一的土地、千分之一的人口，创造了占全国二百四十分之一的地区生产总值。江阴拥有占全国百分之一的上市公司、五十分之一的中国500强企业、三十分之一的中国制造业500强企业。

无论产业结构怎样发展升级，无论在资本经营上如何风生水起，为江阴经济发展注入活力的始终是实体经济。

近年来，江阴坚定实施产业强市首要战略，加快传统制造业向中高端挺进，做强做大战略性新兴产业，打造"组合拳"，让"江阴造"更具魅力。

▎**魅力江阴** 近年来，江阴坚定实施产业强市首要战略，加快传统制造业向中高端挺进，做强做大战略性新兴产业，打造"组合拳"，让"江阴造"更具魅力（摄影/宁颖）

"中国制造业第一县"的发展内核

2019年年初发布的"2018无锡纳税百强企业"名单中，作为无锡重要增长极的江阴，依然表现抢眼。纳税百强前十位，江阴企业占据"半壁江山"。

纳税排行榜无疑是最有力的数据。作为江阴高质量发展的一个精彩"缩影"，列入无锡纳税百强企业名单的江阴企业亮点纷呈。海澜集团和中信泰富特钢集团位列第二、第四。值得一提的是，这两家企业分别是无锡第一家、第二家千亿级企业。在高质量发展的新时代，"千亿级"正日渐成为江阴企业军团的一大特色，成为带动区域发展的强劲引擎。

江阴被誉为"中国制造业第一县"，得益于其自改革开放以来在制造业领域的专注与坚守。进入高质量发展的新时代，如何根据时代发展特色进行

第二章 创新驱动引领高质量发展

适时调整，进一步丰富"中国制造业第一县"的时代内涵，事关江阴未来的发展。在"2018 无锡纳税百强企业"名单中，我们欣喜地看到，"新制造"正成为一大亮点。名列其中的远景、双良、法尔胜等企业，正以"新制造"为新发展内核，开启了江阴制造业升级的新探索。

"产品＋售后服务""产品＋增值服务""技术营销服务＋产品""全生命周期服务＋产品"……近年来，以真空换热技术为核心，双良深耕节能节水核心领域，通过掌控"微笑曲线"中高端研发和现代营销的"两端"笑傲市场，引领服务型制造业市场新需求。目前，双良服务型制造业务占业务总额的比例为 40%。尝到服务业制造甜头的双良人稳步进军"云端"，构筑全生命周期服务。在"互联网＋"时代，由双良自主打造的云平台已应用到数百家国内外用户的 1000 多台能源设备中。

面对激烈的行业竞争，远景集团将业务重心逐渐由智能风机转向能源物联网平台和生态系统。客户通过能源物联网平台的各项服务，实现新能源资产的全生命周期管理和风险评估，远景能源也借此打开了新能源行业的"平台服务经济"之门。目前，远景能源依托智慧风场资产和能源管理平台，已将业务逐步扩展到其他新能源资产管理领域甚至传统能源，如火电和水电领域。未来 3 年内，这家充满时代特色的新制造企业，将跻身于江阴千亿集团行列。

值得一提的是，截至 2018 年 10 月，全省共有三家国家服务型制造示范企业，双良集团和远景集团三分占其二。在其背后，很多江阴企业已经意识到：要探路"新制造"，必须通过紧紧维系着主业基础的转型升级来形成新的市场竞争力。未来，将有越来越多的江阴制造业企业积极发展与制造业紧密相关的科技服务、金融服务、信息服务、工业设计、电子商务、检验检测等生产性服务业，实现新制造驱动新发展，形成新时代江阴高质量发展的亮丽风景。

自 2016 年提出产业强市首要战略以来，江阴市党委政府推行的"店小二""急郎中"式的上门服务，完善的产业扶持政策，让企业家信心十足，广大企业"快马加鞭"。

从出台"暨阳英才计划1+6"新政，到"四个100亿"产业发展基金"产业强市30条""科技创新20条""重塑'江阴板块'新优势29条""高质量发展30条"等一系列惠企举措全面实施，数据显示，产业强市政策实施3年多来，江阴共出台10个产业强市配套文件、数十个专项资金管理办法，产业引导效果十分明显。一次次的政策聚焦，让政策更加精准，让广大企业更加满意，让江阴实体经济发展的环境更加优良、氛围更加浓厚。

在2018年度全市重点骨干企业座谈会上，一组亮眼的数据令人振奋：全市规模以上工业企业达到1469家，开票销售超百亿企业达到19家。全市有10家企业入围"中国企业500强"，12家企业位列"中国民营企业500强"，17家企业跻身"中国制造业企业500强"，5家企业名列"中国服务业企业500强"。

高质量发展含金量十足

33.4%、43.9%，这两个数字刻画着新时代江阴产业经济的创新活力。在2019年3月27日召开的江阴一年一度的"千企大会"上，无锡市委常委、江阴市委书记陈金虎用一组数据描述了江阴丰富的创新资源：全市高新技术产业产值、新兴产业产值占比分别达到33.4%、43.9%，拥有高新技术企业384家，全国科技型中小企业482家；全市千人计划人才达到34人、双创计划人才66人，人才总数达到36.5万人，拥有诺奖得主研究院6家、院士工作站51家，累计获批省级以上工程技术研究中心等企业研发机构350个。

创新，企业才会有出路。在创新精神引领下，江阴的产业体系不断优化，产业集群不断壮大，产业园区越做越强，"江阴板块"独树一帜，涌现出以华西村为代表、以吴仁宝为楷模的时代先锋、诚信榜样和"三创"（创业、创新、创优）典型。

第二章　创新驱动引领高质量发展

2018年，江阴实现地区生产总值3806.18亿元，按可比价格计算，同比增长7.4%；实现规模以上工业产值6059.13亿元，同比增长15.5%，增速创8年新高；固定资产投资与工业投入分别同比增长5.6%和10.7%；以美元计价的进口与出口分别同比增长15.4%和17.2%，实现到位注册外资9.51亿美元……在不少亮眼的数据中，体现高质量发展含金量的税收占比尤其引人关注。

2018年，江阴市重点骨干企业总数达到427家，其中入库税金1000万元以上工业企业达到287家，入库税金800万元以上的服务业企业达到140家。重点骨干企业开票销售同比增加19.2%，占全市企业的49%；入库税金同比增加11.2%，占全市企业的56%。

"坚定做强做大实体经济，在经济发展高质量上实现新突破，深入推进产业强市首要战略、创新驱动核心战略，加快提升产业的资源整合力、技术创新力、品牌影响力和辐射带动力，加快构建江阴经济长远发展的战略优势。"陈金虎明确了下阶段推进实体经济高质量发展的转型路径。

"近年来，江阴坚持把竞争优势建立在创新优势上，持续加快产业链、创新链双向融合，着力推动'第一动力'裂变为'最强动力'，让创新成为高质量发展的'加速器'。"陈金虎说。

据陈金虎介绍，为了提升江阴技术创新能力、产业发展水平和市场竞争力，江阴深化落实科技创新20条、创新发展16条，以及大力实施暨阳英才计划，设立3亿元人才专项资金，深化产学研合作，加速科技成果转化，加快高层次人才引进，形成以高新技术产业为先导、优势产业为支柱、现代服务业相配套的现代产业新体系，把创新优势变为竞争优势。

3年来，江阴市高新技术企业由256家增加到384家，万人有效发明专利拥有量由14.1件增加到21.3件；获得中国工业大奖2个（法尔胜、双良），中国质量奖1个（阳光集团），国家级服务型制造企业2家（全省共3家），成功入选全国首批创新型县（市）建设名单。

创新发展引领慈溪
"爬坡过坎"

在 2018 年公布的《中国工业百强县（市）、百强区发展报告》中，浙江省宁波市慈溪市上榜入围，位居全国第六，全省第一。作为我国民营经济活跃的区域之一，目前慈溪市市场主体总数达 16.2 万家，其中工业企业 1.8 万家。

实际上，近年来，受内外环境影响，慈溪市发展正处于"爬坡过坎"的转型期，也碰到了一些问题与挑战，如传统产业企业多，产品良莠不齐、更新换代慢、科技含量低，导致企业家做实业的信心不足，不敢投入，甚至有的企业"脱实向虚"，出现"两链风险"。

面对制造业转型焦虑，慈溪正立足产业实际，从"量大"逐步走上"质强"的高质量发展之路。

产业转型升级，让"强改革"成为可能

素以工业立市的慈溪，不仅在家电业与顺德、青岛"三分天下"，还头顶"轻纺基地""轴承王国""打火机世界"等诸多光环。慈兴集团生产的高端汽车轴承年出口居国内同行第一，浙江卓力电器集团有限公司电熨斗产销量占全球约四分之一，公牛集团有限公司的电源插座年销售额可达 90 亿元……在这

第二章　创新驱动引领高质量发展

智能制造　走进慈溪市万能电子有限公司的生产车间,伴随着隆隆的机器声,一台台自动化设备正飞速运转,万能电子的自动化改造是慈溪发展智能经济的一个缩影

样的产业基础上,如何发挥原有产业优势,加快高质量发展步伐?

"对标宁波'246'万千亿级产业集群,我们正聚焦'123'千百亿级产业集群强导向。"据慈溪市市委书记高庆丰介绍,近年来,慈溪结合现有产业优势,加快"123"千百亿级产业集群培育,力争到2025年,培育形成智能家电1个具有国际影响力的千亿级产业集群,关键基础件、汽车制造2个国内领先的五百亿级产业集群,生命健康、高端装备、新材料3个具有全国影响力的百亿级产业集群。

蓝图已经绘就,关键在于落实。围绕建设成为"246"万千亿级产业集群示范区的目标,慈溪推进实施产业集群提质、重大项目引领、动能培育提升、创新驱动提效、名企名品培育、制度改革提速六大"4.0"专项行动，领跑高质量发展。

2018年以来，慈溪把推进制造业转型升级作为高质量发展的突破口，制定实施《慈溪市全面改造提升传统制造业实施方案（2018—2020年）》。

方案重点对家用电器、机械基础件、汽车零部件、轻纺化纤四大传统支柱行业进行改造提升，通过强化"互联网""大数据"等新技术新业态应用、发展先进装备制造业和生产性服务业等举措，致力于全面激活提升传统产业的生产力与竞争力。

与此同时，随着"亩均论英雄"改革持续推进，慈溪市把淘汰落后产能与高效盘活闲置厂房有机结合，通过实施企业分类综合评价，实行要素配置区别对待政策，开展产业争先专项行动等一套"组合拳"，引导企业深挖内部潜力，不断提升亩均效益。

"此外，我们还启动实施了块状传统产业整治提升工作三年行动，针对亩均万元以下的小微企业，2018年我们整治、淘汰'低小散'企业（作坊）2000家以上。"慈溪市经信局技术改造与进步科施光立介绍道。在此基础上，以工业地产开发为引领，龙头企业、专业公司、村集体组织等多元化主体积极参与的小微企业园区开发建设局面已经形成。

目前，慈溪市已累计建成小微企业园10个，占地面积1528.5亩，建筑面积77.9万平方米，集聚小微企业近1000家，年产值近50亿元。

智能制造为慈溪助力

走进慈溪市万能电子有限公司的生产车间，伴随着隆隆的机器声，一台台自动化设备正飞速运转，在万能工匠车间显示屏上，实时传输着每位操作员的生产状态、生产数量、生产效率等数据信息。

作为一家电源线生产企业，万能电子自2011年起便开始自主研发电源线

第二章　创新驱动引领高质量发展

设备，前后投入 2000 多万。2014 年 2 月，由万能电子自主研发的国内第一台 6 合 1 电源线自动化生产线正式投入生产，一台设备的操作人员从原来的 6 个减少为 1 个，效益提升 50%。

"2011 年我们产品的合格率是 95%，而到 2019 年由第四代自动化设备产出的产品合格率达到 98%，日产能从原来的 7000 多上升到 1 万。"在总经理余孟达看来，万能正是通过智能技术的更新换代实现了企业制造和企业经营的高质量。

万能电子的自动化改造是慈溪发展智能经济的一个缩影，近年来，通过实施智能制造"个十百千"工程，慈溪引进组建了 3D 创新设计研究院、浙江小家电创新设计院、环杭州湾智能产业创新服务中心等若干个智能经济研究院，培育选树了 10 家智能经济行业龙头企业，精心打造 100 家智能制造示范企业，实施千家规模以上企业智能诊断、改造"两个"全覆盖行动。

在提供智能化改造服务上，慈溪更倾向于与本土企业合作。两年来，慈溪培育了 42 家智能制造工程服务公司，投入 3.7 亿元财政资金，撬动企业技改投入近 100 亿元。目前累计完成智能化改造规模以上企业 1200 余家，基本实现规模以上企业全覆盖，有效帮助企业降低了成本，提高了劳动生产率。

如今，站在互联网大数据的风口，慈溪也通过推进"制造业＋互联网"融合发展，赋能家电、机械基础件、汽车零部件、轻纺化纤四大重点传统产业集群，探索出了家电智能嫁接、"众车联"全产业链、"众模联"产业升级等多种版本。

作为中国最大的汽车零部件产业互联网平台，"众车联"集云集采、供应链金融、云物流、大数据、智能制造等于一体，全面赋能汽车产业链；由慈溪市模具创新中心创办的"众模联"平台，其全国首创性在于开放式的"内网＋外网"协同共享，集政、产、学、研、用、金、介七位一体；慈溪人方曙光的智能家电共享平台——"魔蛋"，通过对家电产品的智能化改造，带动家电代理商升级，使慈溪家电融入全国智能家居产业大市场……

企业抢机遇的奥秘

实现高质量发展的关键是创新驱动、追求传统产品的不断升级完善、达到国际一流产品的同等水平、做好别人做不好的产品、将企业标准与上下游企业共享……在强有力的科技创新推动下,作为创新主体的慈溪企业,正不断为传统产业注入新血液,激发出转型升级新活力。

从铜冶炼到炉渣脱硫,成立于2004年的宁波太极环保设备有限公司通过自主研发钢渣脱硫技术,用"以废治废"的理念成功地解决了当前工业烟气污染、固废综合利用、盐碱沙荒地改造等世界级难题,成功打造出区域循环经济产业链条模式。"目前,全国应用太极环保生产的可利用钢渣脱硫的装备已达到300多套,每年可消耗钢渣150多万吨,减排二氧化硫70万吨。"总经理史跃展介绍道,借助国家"一带一路"倡议的东风,太极环保还探索出"成套装备走出去"模式,开拓越南、塔吉克斯坦等国家的工业烟气治理市场。

同样,以品质著称的浙江超超安全阀制造有限公司41年来销售了近1亿个安全阀,却始终保持"零投诉、零事故"。在董事长丁小根看来,"靠的就是严守质量标杆,不断精益求精,创新升级"。

值得一提的是,近年来,慈溪还着力打造生命健康、新材料和高端装备三大新兴产业,目前发展态势良好,2018年三大战略性新兴产业实现产值243.1亿元,同比增长18.5%。

在企业自主创新的同时,作为全国首批入选创新型县(市)建设名单的城市,慈溪正深入实施创新DNA工程,积极打造上林科创走廊,抓好规模以上企业研发机构三年全覆盖,加快"1+6"产业创新综合体建设,重点打造中科院慈溪中心、浙大慈溪材料研究院等高能级产业研究院,以企业出题、院校出智、联合攻关的方式,构建产学研联盟。

传统化工城市宜都
在"拆"上做文章

2018年年底的一天，宜都市枝城镇，随着一声巨响，湖北香溪化工有限公司宜都分公司一万多平方米的电石石灰窑装置被整体爆破拆除。枝城镇化工产能占到宜都市近七成，自从宜都市启动《化工产业专项整治及转型升级三年行动方案》以来，该镇已经累计关停化工企业两家，实施搬迁入园两家。

拆，是宜都沿江化工企业转型的开始。数据显示，2018年一年，宜都市强力推进27家化工企业"关改搬转"；新洋丰、华阳等一批化工企业搬迁到新建的化工园。宜化楚星、华新水泥、鄂中化工等一批企业的技改项目顺利实施，全市完成技改投资134亿元。

2019年年初，宜都新材料新能源产业项目暨宜昌市2019年1月重大项目集中开工仪式在宜昌化工园宜都园区盛大举行，首批总投资193.55亿元的10个项目集中开工，标志着宜都化工企业"关改搬转"和新材料新能源产业项目建设迈入实施阶段。

湖北省宜都市，上锁巴楚山地，下引江汉平原，长江清江环抱，巴楚文化交融，素有"楚蜀咽喉""三峡门城""鄂西门户"之称。历史悠久、风景秀丽、资源丰富、交通便捷的宜都，一直坚持工业强市不动摇，主动适应新常态，奋力追求新作为，县域经济始终走在全省前列。

香溪化工整体爆破拆除，新材料新能源产业项目集中开工，一破一立的背后,是宜都市加速推动高质量发展、促进新旧动能转换、实现跨越提升的集中体现。

作为一座传统化工城市,宜都市近年来全力推动产业转型升级,坚持优化存量资源配置和扩大优质增量供给"双轮驱动",加快推动产业向更高层次迈进。为此,宜都市加快传统产业改造升级,出台化工产业专项整治及转型升级三年行动方案,强力推进化工企业"关改搬转",逐渐形成沿江 1 公里保护红线。制订工业企业技术改造三年行动计划,设立 3000 万元技改专项基金。与此同时,宜都市精心培育壮大战略新兴产业。实施战略性新兴产业三年倍增计划,加快工业信息化、智能化、绿色化建设,大力发展高端装备制造、生物医药、新材料、低碳环保等战略性产业,加快推进东阳光创新药和仿制药、山城水都冬虫夏草、氢阳新能源储氢材料、山东国瓷陶瓷电容系列产品、江苏容汇基础锂材料、华阳化工紫外线吸收剂等重大项目建设。除此之外,还突破性发展康养产业。依托山水资源优势,加快清江康养产业国家实验区建设,聚焦山城水都健康城、青林康养小镇、三江生态新城、柑橘国家农业公园、荆门山生态文化城等项目建设,打造中部地区康养中心。

宜都市积极布局新能源新材料产业发展,引来一批新能源、新材料"新贵"企业纷纷落户,带来的是迅速崛起的氢能源、锂电材料、生物医药等新兴产业集群。2019 年 3 月 28 日,国内首批常温常压下液体有机储氢材料——"储油"在宜都化工园问世,吸引了全国乃至全世界的行业目光。据氢阳能源有限公司总裁刘波介绍,氢阳储氢材料项目 2017 年 11 月正式落户宜都,项目全部建成后,预计总投资将达 30 亿元,可年产 100 万吨液体有机储氢材料("储油")。从生根发芽到开花结果,以氢阳能源为代表,一个个新兴产业项目正在不断刷新宜都的产业版图,逐步成为宜都转型升级、实现高质量发展的重要支撑。

第三章

营商环境新高地

YINGSHANG HUANJING XIN GAODI

作为发展生产力、涵养软实力、锻造竞争力的核心内容，营商环境日益成为一个国家、一个地区、一座城市吸引投资、集聚要素的先决条件。

营商环境是指伴随企业活动整个过程（包括从开办、营运到结束的各环节）的各种周围境况和条件的总和，包括影响企业活动的社会要素、经济要素、政治要素和法律要素等方面，是一项涉及经济社会改革和对外开放众多领域的系统工程。2019年十三届全国人大二次会议上的《政府工作报告》5次提到了营商环境。"激发市场主体活力，着力优化营商环境"作为十个方面的重要工作任务之一被提了出来。

优质的营商环境，成为地方经济发展硬环境和软环境的综合体现，是吸引力、竞争力，更是创造力、驱动力。优化营商环境将成为中国实现高质量发展的重要力量。如今，越来越多的地方按下了推动营商环境发展的快进键。

"朝阳模式"：
新办企业极速领照

作为世界银行营商环境评价中国的样本城市之一，北京市一系列优化营商环境改革已经走在全国前列，其中，朝阳区在"放管服"和优化营商环境工作中的创新做法被全市推广。

北京市朝阳区委常委、常务副区长马继业表示，2019年，朝阳区围绕国际化服务、文化科技创新服务、政务服务、企业家服务、优质教育服务等"五大品牌"，着力打造优化营商环境"朝阳模式"，其中在企业开办、不动产登记和办理建筑施工许可等方面的创新性改革更为突出。

新办企业"照章税"最多3小时

2019年6月，一家摄影公司申请企业开办业务。办事人员在北京市企业登记"e窗通"平台完成执照、公章申领操作，市场监管部门审核通过后，上午10点多到达朝阳区市场监管局登记注册大厅，仅用时9分钟就领到了营业执照和公章。而在企业开办业务流程优化前，办事人员需要分别在工商、税务窗口排2次队、用3天时间进行办理。

这样高效便捷的服务全部有赖于企业开办的"朝阳模式"。2019年5月，朝阳区设立了13个全流程综合窗口，将原有的9个环节精简为1个，为企业

▌**标杆示范** 朝阳区在"放管服"和优化营商环境工作中的创新做法(摄影/宁颖)

提供任意窗口"无差别"精细服务。细分企业开办的4种类型,实现全国首例企业开办精准服务。

根据服务流程,企业在"e窗通"完成执照、公章及发票申领的操作,且市场监管和税务部门已审核通过的情况,等候时间不超过20分钟;企业在"e窗通"完成执照和公章领取,但未办理领票业务,随后又通过电子税务局申请发票的情况,等候时间不超过20分钟;企业在"e窗通"仅完成执照、公章申请操作,且市场监管部门已审核通过,企业现场领取执照/公章,并申领发票的,等候时间不超过50分钟;企业申请人到政务大厅现场提交企业开办材料,并现场领取执照、公章、发票的,等候时间不超过3小时。

在办理建筑施工许可方面,对于简易低风险工程,朝阳区通过优化再造行政审批流程,审批总时长由原来的137.5个工作日内办结,压缩为最快8

个工作日内为建设单位发放规划许可、施工许可等办理结果，以"减事项、减环节、减材料"推动了政务服务速度和质量双提升。

马继业表示，这些改革力度很大，但都必须在法律的框架下进行，比如在一些涉税事项办理方面，国家税务总局要求的步骤并没有减少。朝阳区在流程优化的基础上，把以前由企业办事人员做的很多事项改由服务大厅工作人员代办，同时强化事中事后监管，大大提高了行政效能。下一步，朝阳区将加快推进政务服务"掌上办、自助办、智能办"，用实实在在的工作成效让企业和群众感受到朝阳营商环境的显著变化。

除此之外，朝阳区政务服务中心还新设了"朝我说"意见征询专区（台），由一名常设人员专门接待企业及群众反馈，并配置首席代表"一键呼"、满意度双屏互动终端等设备，为企业、群众提供"暖、快、优"服务，同时完善无障碍服务及中英语音互译智能服务，提升人性化、国际化水平。

不动产登记"一窗受理、同窗出证"

"原来买房，缴纳税费、排队预约、办理过户，至少也要跑两趟才能办好，没想到这次半天就办好了。"一名购房者在朝阳区不动产登记大厅窗口快捷办理完手续后感慨地说。

作为北京市优化营商环境的新探索，2019年朝阳区首创了"一窗受理、内部流转、即时办结、同窗出证"的不动产登记模式。朝阳区不动产登记中心开设31个综合窗口，将所有涉税业务纳入；划分出综合窗口登记五种类型，全面简化合并登记环节；实现登记人员代征税费，精简材料，压缩办理时限，最快45分钟即可核发不动产权证、完税证明及发票，真正实现了"立等可取"。

《小康》杂志、中国小康网记者走访朝阳区不动产登记大厅时看到，办理不动产登记实行"一窗受理"，群众到达大厅后，引导人员主动上前服务，第一步是取号，然后至窗口递交材料，之后，不动产缴税及登记的受理、审核、收费、发证，所有事项都在一个窗口完成，窗口办理时限全面压缩至半天之内。

等待时间减少的背后，是办理环节的简化与合并。据朝阳区不动产登记中心相关工作人员介绍，目前已将"申请不动产登记及缴税"环节与"缴费领证"环节合并。举例来说，对于占窗口业务量80%以上的，已经网签且已通过税务预审的存量房转移登记业务，以前申请人需要分别向税务、登记部门申请，现在只需在一个窗口申请，办理时限从原来的2小时压缩至45分钟以内。

新模式推行后，综合窗口扩充至31个，是原来的5倍多，日均受理量由原来的60件增至300余件。不仅如此，朝阳区不动产登记大厅还率先提供自助查询、自助缴费、自助制证等自助服务。市民通过审核并在网上缴费后，在不动产制证一体机上轻扫身份证，并输入简单的个人信息，两三分钟就能拿到房产证。

"软硬兼施"服务总部经济

朝阳区作为北京市的经济强区和对外交往的重要窗口，近年来，依托良好的产业基础和区位优势，实施总部经济带动战略，初步形成了多中心、多层次、多功能的总部经济体系，有效推动了区域经济的转型升级。

2019年，朝阳区制定出台《北京CBD高精尖产业指导目录》，同时参考世界500强企业名单，共挑选引进400余家企业，德勤、佳能（中国）等一批优质企业相继入驻北京CBD。

截至2019年上半年，朝阳区跨国公司地区总部达到122家，约占全市总数的70%。拥有总部企业888家，占全市总数的22.4%。特斯拉、惠普、雷诺、斯伦贝谢等知名跨国企业均在此设立区域性总部，苹果中国、默沙东、戴姆勒、霍尼韦尔、沙特阿美、西门子、雀巢等国际知名企业的研发创新机构聚集朝阳。2018 年，总部企业共计实现区级收入近 200 亿元，总部经济已成为朝阳区经济发展的重要支撑。

除了政策引导，CBD 区域高标准城市建设也成为优化营商环境的重要措施。作为 5G 商用示范首选地，北京 CBD 于 2019 年实现 4～5 个 5G 应用项目落地，对区域百余座重点商务楼宇进行 5G 技术的介绍与部署，打造信息化、高端化、智能化楼宇，推动智慧楼宇体系建设。在营商环境软件提升上，北京 CBD 管委会通过凤凰计划已为 23 家企业申报近 100 名人才引进需求，并提供人才公租房、商务班车等普惠性人才服务，提高人才在北京 CBD 工作与生活的便利性，给人才以归属感、认同感。

据介绍，朝阳区建立了外商投资重大项目清单制度，朝阳区将注册资本 3000 万美元及以上的新设、增资项目，注册资本 1000 万美元及以上的符合本市高精尖产业结构的新设、增资项目，以及涉及北京市服务业扩大开放综合试点开放措施的项目列入清单。通过定期走访，解决重点项目推进过程中遇到的问题。

问需于企、问计于企，朝阳区还通过"区领导—部门—街乡"三级走访服务企业机制，集成市区两级政策，为 117 家发展前景好的高精尖企业量身定制"服务包"。

朝阳区商务局相关负责人表示："一直以来，朝阳区重点支持各类总部企业在科技、文化等领域积极探索创新，鼓励总部企业设立研发、销售、资金集中运营、结算等功能性机构并开展实体化运营。坚持'引进来'与'走出去'相结合，大力吸引跨国公司地区总部和国际研发总部在朝阳区落户发展。同时，深化'放管服'改革，释放总部企业发展活力，营造良好的营商环境，不断培育开放发展新优势。"

在佛山，
办事只进一扇门

《粤港澳大湾区发展规划纲要》提出，粤港澳大湾区要打造具有全球竞争力的营商环境。作为珠三角改革开放前沿的重要先行城市、广东省规划的特大城市之一、粤港澳大湾区世界级城市群的重要一员，佛山，正在对标最高最好最优，深化营商环境改革。

2019年7月上旬，佛山市召开市委全面深化改革委员会第二次会议，佛山市委书记、市委全面深化改革委员会主任鲁毅强调，要深入推进佛山市优化营商环境综合改革。会议要求，要深刻认识深化营商环境改革的重大意义，对标最高最好最优深化营商环境改革，在优化全市营商环境上下更大功夫，持续深化"放管服"改革，破除不合理体制机制障碍，维护规则公开透明、监管公平公正，推动佛山在建设市场化、法治化、国际化营商环境上走在前列，为实现全市经济高质量发展提供坚强有力支撑。

打造国际一流营商环境，是佛山市面临的重要任务。

"佛山大幅削减和不断优化调整审批事项，能取消的坚决取消，能下放的及时下放。"佛山市长、市委全面深化改革委员会副主任朱伟表示，党的十八大以来，佛山市取消审批和管理服务事项969项，全市90%以上行政许可、公共服务事项下放到区、镇（街）两级。同时，大幅减税降费、"放水养鱼"，近两年累计减轻市场主体负担超过630亿元，不仅促进已有市场主体的发展，还催生大量新的市场主体，市场主体数量从37.5万户增至66.4万户。

佛山在全国率先实施"一门式一网式"政务服务改革，将原来分散在不同部门的1169个事项整合集中到一个窗口办理，实现企业群众办事"只进一扇门""只上一个网""最多跑一次"和"全天候不间断服务"，等候办理时间压缩至15分钟以内，审批时间平均缩减80%以上。深化商事制度改革，在全国率先开创"5+5"商事登记制度改革模式，实现开办企业全流程5天内办结；推行365天24小时网上服务，90多项服务事项通过自助终端随时办，营业执照实现5分钟全自助办理。

佛山市委党校法学教研部副主任李利先表示，2019年3月，第十三届全国人民代表大会第二次会议通过的《中华人民共和国外商投资法》，统筹兼顾国内、国际新形势，针对性化解投资开放过程中的新矛盾，为全球外资治理新范式的建立贡献了中国智慧。最高人民法院出台的《最高人民法院关于修改〈严格规范民商事案件延长审限和延期开庭问题的规定〉的决定》等司法解释，充分发挥司法职能作用，为营造稳定公平透明、可预期的营商环境提供有力的司法服务和保障。这些法律制度是打造良好营商环境的基本遵循，佛山要打造国际一流营商环境，就必须落实好这些法律制度。

佛山在制定有关营商环境建设的地方性法规时，也应重视调研，听取民营企业家的诉求，及时修订制约民营经济发展的法规和政府规章，及时清理与"放管服"改革要求不一致的文件。

在李利先看来，公平竞争是市场经济的核心，公正监管是公平竞争的保障。应改革完善公平竞争审查和公正监管制度，加快清理妨碍统一市场和公平竞争的各种规定和做法，用公正监管管出公平、管出效率、管出活力。此前被媒体问及"在改善营商环境中遇到的困难是什么"时，朱伟表示，切实降低制度性交易成本和制造企业生产经营成本，帮助企业抵御发达国家的制造业回流及劳动密集型企业流向东南亚等新兴发展中国家的双重挤压是佛山优化营商环境面临的最大挑战。为了破题，佛山多措并举，如深化"放管服"

服务、推行主题式联办服务、推行标准化无差别服务等。

要服务好企业、服务好企业家、服务好市场，打造一流营商环境，必须要做到一视同仁地对待所有市场主体，把构建亲清新型政商关系作为优化营商环境的重要抓手，进一步优化体制机制改革。在这一点上，佛山市委市政府有着清醒的认识。

第三章　营商环境新高地

温州为民营经济
打造最优"生态圈"

"与第一稿相比，新版本充分吸收了我们企业家的意见和建议，有了很多变化。"浙江中立集团负责人詹显光提及"温州市瓯海区促进智能锁产业发展十条政策"时感慨万千，通过这次参与涉企政策制定，他感受到当地为改善营商环境所做的努力。

温州是中国改革开放先行区、民营经济先发地。数据显示，目前温州民营企业数量占总量的99.5%，全市在册市场主体达96.9万户，相当于每10个温州人中就有一个经商办企业。如何创造良好的营商环境，成为温州这座靠民营经济"起家""发家""立家"的城市面临的重点问题。

"在'有效市场'与'有为政府'之间找到最佳结合点，形成政府与企业间的同频共振。温州正以创建新时代'两个健康'先行区为主要抓手，奋力推进非公有制经济的健康发展和非公有制经济人士的健康成长。"在温州市委书记陈伟俊看来，区域竞争的实质是发展环境的竞争，"我们参照世界银行标准，以企业和群众满意为最高追求，聚焦企业准入、生产、经营、退出等全周期，打造一流营商环境，让温州市场更好地承载高端要素集聚、优秀企业成长"。

▌四通八达　夜幕下的瓯越大桥（摄影/赵用）

土地可以再"挤挤"

营商环境的构成十分多元，既包括土地、设施、资金、人才等"硬环境"，也包括有利于企业发展的政务环境、投资环境、市场环境、法治环境等"软环境"。

"政府比企业更清楚，一些'硬环境'不改善的话，产业也会面临瓶颈。"康奈集团副总裁吴圣能表示。

2019年8月29日上午，在温州市鹿城区，康奈的划裁料车间里，两台切割机正在工作中——通过操作屏排版要切割的形状，由机器臂自动扫描切割。据康奈相关车间负责人介绍，这样一台机器相当于4名切割工人的效率。除了提高效率，机器还可以检测到一张完整皮革中皮质的细微差别，让皮质更精准对应相应鞋子部位的需求，让皮革物尽其用。

第三章　营商环境新高地

"鞋革行业是传统行业，但康奈正通过品牌升级、技术创新、信息化建设、智能制造，蝶变为一家具备核心技术的鞋企。"吴圣能如是说。

应对产业瓶颈，政府早有规划。2014年，温州将鞋业正式列为五大支柱产业之一，并推出了多个产业提升规划文件，包括《鞋业产业提升发展规划（2014—2020年）》《鞋业产业提升发展三年行动计划（2014—2016年）》《关于进一步促进鞋业产业提升发展的若干意见》《鞋革制造业改造提升实施方案（2018—2020年）》等，明确了努力建设成为国际鞋业时尚设计中心、智造中心、展销中心的目标，并指明了强化创新设计、名企培育、技术改造和创新营销模式的发展方向。

"为了企业的发展，土地可以再'挤挤'。"鹿城区委书记姜景峰曾用挤牙膏的比喻形容企业用地。

在产业聚集空间布局上，经过近3年的"大拆大整"，温州中国鞋都鞋革城所在地鹿城区，将腾挪出的新空间进行了鞋料市场的重新规划。随着河通桥鞋料市场拆迁、黄龙商贸城改造等，越来越多的鞋材商家搬到了中国鞋都鞋革城，集聚效应、规模效应逐渐显现。同时，国家市场采购贸易方式试点落户鹿城，也为中国鞋都鞋革城成为国际化市场采购中心奠定基础。

政府是企业的"娘家人"

2011年爆发的民间借贷风险，曾促使温州上下对经济金融问题再思考，政府推出一系列具有引领性的、支持民营企业发展的金融组合拳。

"那次的经历让我感到，政府就是我们企业的娘家人。"在永嘉县瓯北塘头工业区，浙江芙蓉印务有限公司总经理李干周感慨良多。这家工厂是李干周父亲在1997年成立的，最早的主营业务是鞋盒印刷，运营一直比较平稳。2010年8月，由于企业扩张过快，股东退出，企业对外担保链代偿出险，随后几年间一直面临着高额的贷款压力。其间，他的父亲被查出胃癌晚期，因病去世。

"负债2.4亿时，每次路过彩票店，我总会去买一注彩票，期待着能中一次大奖。"李干周回忆说，自己在2013年作为新法人代表接管企业，一上任就面临着巨额债务要偿还，"父亲临走前要我还清每一笔债务，我把所有的房产相继变卖，甚至和新婚不久的妻子一起搬进了厂子里。"

李干周说，那时候他常常从办公室的窗子向下望，甚至曾有过轻生的念头，但每次想到家人和员工，这个念头又缩了回去。他知道，如果企业破产，会直接引发4家担保企业连带代偿风险，这4家企业信用担保金额为4000万元。若这4家企业受到影响，会间接触发到永嘉县30多家企业的间接担保链问题，同时350名员工也将失业，100多名残疾职工也将流入社会。

孤注一掷的李干周主动联系了政府相关部门说明情由，永嘉县处置办主任陈丐法很快就介入其中，县金融办也当即批了一笔应急转贷资金。

随后，陈丐法又主持召开关于芙蓉印务有限公司信贷有关问题专题协调会。在李干周看来，这次协调会成为企业起死回生的关键转折点，"永嘉县金融办多次指导我们如何化解民间借贷风险，协调县政府将我们列为县级重点帮扶对象，协调温州市银监局将我们列为市债委会重点帮扶对象。永嘉县地方税务局为我们减免房产税37万，县里还派遣营商专员专门协调解决我们碰到的困难"。

通过政府的精准帮扶和企业员工的不断努力，芙蓉印务近3年发展得越来越好。2018年，芙蓉印务主营产品销售收入1亿5775万元，比2017年同期增长52.12%，创税1051万元，同年还被评为永嘉县巨龙企业、县工业领军企业等。

"既把握尺度，又注重温度。在守住底线的前提下，全面推行柔性执法，灵活变更执行措施，从而盘活全局。"永嘉县委书记王彩莲表示。

据了解，为了营造政府是企业"娘家人"的良好氛围，温州一方面在全省率先建立政策性融资担保公司、企业帮扶"白名单"，出台无还本续贷等金融服务实体经济 14 条，打通民营企业融资渠道；一方面组织开展政银企对接签约会、金融服务进民企、金融机构万人评议等活动，引导银行业做出降低利率让利民营企业"六不"承诺。2018 年，温州贷款余额突破万亿，成为浙江第三个存贷款"双万亿"城市；不良贷款率 1.29%，降至 2012 年温州金改以来最低水平，在全省率先实现突围。

让现有企业上规模上台阶

2019 年 5 月 30 日，工信部第一批 248 家专精特新"小巨人"企业名单结束公示，浙江朝隆纺织机械股份有限公司、浙江金石包装有限公司两家温州企业名列其中。

专精特新"小巨人"企业是中小企业中的佼佼者，指专注于细分市场、创新能力强、市场占有率高、掌握关键核心技术、质量效益优的排头兵企业。

对温州而言，虽有近百万户市场主体，但规模以上企业只有 4600 多家，个体工商户占了绝大多数，市场结构比例相对不协调。为此，温州提出大力实施百企上市、千企上规、万企上云"三上"计划，让现有企业加快上规模上台阶，让更多市场主体早日走上规范化的现代公司发展之路。同时，全力培育"隐形冠军""单项冠军"企业，力争在"百亿规模"企业、"独角兽"企业培育上取得突破。

很多企业家感慨地说，政府不再单纯从税收等优惠入手，而是从企业需要出发，政府服务升级让企业有了更广阔的成长空间。

上述两家企业就是其中的受益者。位于瓯海区的浙江朝隆纺织机械股份有限公司自主研发的双组分热风生产线技术，让非织造布复合产品有了更多性能和功能拓展，打破多年来进口依赖，实现国产替代。"有了领先的技术，更要有足够的发展空间。"浙江朝隆纺织机械股份有限公司负责人表示。

就在不久前，企业还在为产能受限而犯愁。温州在开展"万名干部进万企"活动时得知了该情况,驻企服务员立即联系相关部门着手研究供地,并帮助企业"代跑"审批,在签订供地合同的 70 天后便正式开工新建厂房。新厂房建成后,产能可以实现翻番。

"在得知我们正寻求与高校合作时,政府主动帮助我们对接。"浙江金石包装有限公司办公室主任吉娟说。乐清市委人才办牵头,通过研究院资助、人才住房、子女就学等方面政策支撑,促成其与国家纳米科学中心合作,共建国家纳米科学中心(金石)纳米材料合作实验室。如今,由该实验室研发的易揭盖产品已经实现规模生产,一经推出立即在国内外展销会上成为焦点,收获了大量订单。

和金石包装一样,在温州创建新时代"两个健康"先行区的进程中,浙江和睿科技半导体科技有限公司、浙江诺金电器有限公司等越来越多的企业崭露头角,为温州发展注入了强劲的动能。

数字显示,2018 年,温州市"个转企"3530 家,新注册民企 4.4 万家;新增上市企业 4 家、高新技术企业 391 家,新增数均居浙江第二;新增"隐形冠军"培育企业数、"专精特新"培育企业数、"小升规"数三项指标均位居浙江第一。

莱州：
当审批链条越来越短

"叮叮，当当……""嘶嘶嘶"不同频率的机器声，在莱州结力工贸有限公司整洁明亮的车间里奏响了一首雄壮的交响曲。

"尽管经济面临下行压力，但公司 2019 年的运营情况还不错，不仅订单不降反增，而且还顺利推出了拥有自主知识产权的 ASP 钢塑复合保温瓦、增强合成树脂瓦等多种新型建材。"看着一片片屋面瓦从挤塑车间生产线下线进入下一道工序，莱州结力工贸有限公司副总经理王庆江直言，"公司发展到今天这样的地步，和政府关怀帮扶、贴心服务息息相关。"

王庆江的感慨，正是莱州企业家们的共同心声。近年来，山东省莱州市以"放管服"改革和"一次办好"改革工作为重点，推动营商环境不断优化提升。2018 年，莱州签约新旧动能转换中心、侨商双创园等重点项目 64 个，总投资 710 亿元；鲁达技改、高铁防水板材、石器小镇等 78 个超过 5000 万元项目开工建设，完成投资 112 亿元；持续推进商事制度改革，大力简化程序、压缩时间，新发展市场主体 1.1 万户，新增民营经济注册资本 125.7 亿元。

"一枚印章管审批"

莱州市位于山东省烟台市西部，在 2018 年《人民日报》发布的全国综合

聚集财富 优良的营商环境就像绿水青山一样，能让投资创业者自由呼吸、让财富聚集生长（摄影/贾琼）

实力百强县、绿色发展百强县中，分别位居第33位、第25位。

"环境就是竞争力。优良的营商环境就像绿水青山一样，能让投资创业者自由呼吸，让财富聚集生长。当前各地招商引资竞争已从土地、税收等政策优惠逐步转向营商环境的比拼。特别是当前莱州正处于爬坡过坎、转型升级的关键时期，需要更大力度吸引人才、资金、技术等生产要素集聚，需要更大力度培育壮大市场主体，需要更大力度激发创新创业活力。"在接受《小康》杂志、中国小康网记者采访时，莱州市委书记于宁表示，要赢得主动、抢抓机遇、加快发展，优化营商环境就是制胜之道、根本支撑。唯有在改善营商环境上求"进"，才能实现经济增长上的"稳"。为此，莱州市始终把优化营商环境作为抓发展的关键举措，努力把莱州打造成行政审批事项最少、办事效率最高、服务质量最佳、营商环境最优的城市之一，为推动高质量发展提供坚强保障。

第三章　营商环境新高地

2018年12月14日，对莱州优化营商环境工作而言，是个值得纪念的日子。在这一天，莱州市行政审批服务局正式揭牌成立，标志着莱州相对集中行政审批权、实现"一枚印章管审批"工作进入了实质运行阶段。

"推进相对集中行政许可权改革是转变政府职能、优化营商环境的重要举措，是行政审批制度改革的全新探索和重要方向。"据莱州市行政审批服务局局长吕俊峰介绍，莱州市委、市政府对此高度重视、超前谋划，一方面按照"国内一流、省内领先"标准，加速推进新政务服务中心建设，为行政审批服务局提供一流的硬件条件；另一方面加快机构建设，整合市政务服务管理办公室、各相关部门行政许可职能，组建莱州市行政审批服务局，作为政府工作部门；同时，按照"调硬人、硬调人"的标准，从市直部门、单位选调能力强、素质高的业务骨干充实到行政审批服务队伍中。

据悉，按照行政许可和公共服务事项"应进必进"的原则，已将涉及21个部门的126项行政许可事项划转到市行政审批服务局，同时将税务、社保、公安、不动产登记以及水、电、气、通信、金融等276个公共服务事项、相关中介服务事项纳入中心集中办理，基本实现了企业和群众"进一扇门，办所有事"。

2019年8月7日，《小康》杂志、中国小康网记者实地探访了莱州为民服务中心，大厅内除设有常见的办事窗口外，在一楼大厅的左侧设有一个特殊的座席——局领导值班柜台。"为民服务，老百姓反映最多的一件事就是找不到拍板做主的领导。为此我们特别制定了局长（主任）帮办台工作制度，专门设立了这样一个特殊窗口，局领导现场解答老百姓的各种疑难问题。"谈及该柜台的设置，吕俊峰言语中颇有几分自豪。

优化营商环境没有最好只有更好。为实现政务服务"国内一流、省内领先"的总目标，莱州以"一次办好"为主题，制定了"三年创新工作规划"。2019年为"奠基之年"，要求完成新政务服务中心硬建设，建立完善政务服务工作运行体系，创建省级文明单位，达到烟台市一流县级政务服务标准。

"目前，各项工作进展顺利，取得了阶段性成效。"于宁进一步解释道，一是新的为民服务中心建设加快推进，按照行政许可和公共服务事项"应进必进"的原则，计划将与企业、群众生产、生活密切相关的349项政务服务事项全部纳入中心集中办理，全面实行政务大厅"一次办好""一窗受理"，于2019年"十一"前交付使用。二是对标先进地区，进一步完善优化营商环境体制机制，出台了工程建设项目"四办"服务、"拿地即开工"、企业登记"审核合一、一人通办"、"窗口无否决权"、申请材料证照双向免费邮寄、全天候即时应需服务等制度，当好服务企业的"店小二"。三是深化流程再造，推进关联事项"一链办理"，压缩全链条审批时限。以企业开办为例，国家提出3个工作日完成目标，而莱州市经过流程优化后可以压缩到4个小时。

掏真心、出真招、用真力

"把商招进来了不意味着万事大吉，如何用后续支撑服务体系让企业更好地经营，是优化营商环境最关键的一环。"国家信息中心中国区域发展研究院秘书长刘波在实地考察了莱州营商环境后表示，期待莱州市在"放管服"改革尤其是其中"服"的环节上取得更大突破。

其实，对于这个问题，莱州市委市政府也是深有体会，一直在探索新型服务模式。

为进一步引导广大企业坚定永不止步、做大做强的信心、决心，充分激发各类人才扎根莱州、创新创业的激情活力，2019年5月，莱州重磅发布了《护航企业发展实施意见》，针对传统企业、中小企业、科技企业、上市挂牌企业、"四新"企业等五类企业，明确了企业管理升级、企业人才招引、企业技术提档、企业安全提升、专业平台搭建、金融助企育种、营商环境保障、政策法律惠企"八大工程"26条具体护航措施，首批筛选了260家企业进行重点扶持，用实际行动再次表明了莱州市委、市政府全力支持企业、服务企业的鲜明态度和坚定决心。

近年来，莱州市一直把企业培育、人才引进作为推动全市高质量发展的重中之重，先后出台了制造业强市40条、企业上市挂牌20条、招才引智20条、创新驱动行动计划等多项扶持政策，累计兑现奖补资金8600多万元。这些政策"大礼包"含金量十足，既解了经济之渴，又暖了企业之心，有力推动了莱州企业做大规模、做优结构、做强实力。目前，有27家企业在区域股权交易市场挂牌，28家企业跻身省级"单项冠军""瞪羚企业""隐形冠军""专精特新"企业行列。

莱州市还重点打造了"三支队伍、两个平台"服务团队，即依托北京亚投智库姜赞博士团队，打造一支现代企业管理提升队伍；依托中国机械设计总院李永兵博士团队，打造一支高质量发展标杆企业队伍；依托山东华信清算重组集团管理团队，打造一支为困境企业解困队伍；依托海尔集团"海创汇"团队，打造企业管理咨询平台；依托莱州市星联恒中小企业公共服务中心，打造中小企业公共服务平台，为企业规范发展、创新发展、破难发展提供"保姆式"服务。

在于宁看来，服务企业要掏真心、出真招、用真力。"让权力真正回归到服务的本质，甘做服务企业发展的'店小二'，真正发自内心地、无私地、真诚地、无怨无悔地为企业服务，像尊重科学家一样尊重企业家、关心企业家、爱护企业家，让他们在社会上有地位、政治上有荣誉、经济上有实惠，一心一意创业，聚精会神创富。"

新乐的"中介超市"
到底什么样

———

前不久，河北华居房地产开发有限公司负责人王先生因置地需要办理土地可研立项审批手续，通过新乐市行政服务中心的"中介超市"，他随机选择了一家工程咨询有限公司，在行政服务中心方便快捷地一站式办结了审批事项。

新乐市隶属河北省会石家庄，是河北省县级文化经济强市。为打造新乐市一流营商环境，构建全面开放、竞争有序、规范高效的中介市场，2017年底，新乐市在河北省率先成立"中介超市"，并建立"中介超市"基础数据库。全国各地各行业有意在新乐市开展业务且符合行业资质范围的中介服务机构，均可入驻新乐市行政服务中心"中介超市"数据库，在资质许可范围内，"无障碍、零门槛"开展业务活动。

通过设立"中介超市"培育和规范行政审批中介服务市场，新乐市为客商和群众提供公开、透明、便捷、高效的中介服务平台。目前，第一批涵盖规划、环评、工程咨询、工程造价等11个类别的31家优质中介机构已经入驻"超市"。

"中介超市"大有可为

新乐市行政审批局副局长丁凯军接受《小康》杂志、中国小康网记者采

第三章　营商环境新高地

中介超市　为给客商和群众提供一流的服务，2017年底新乐市决定成立"中介超市"，并建立"中介超市"基础数据库（摄影／郭煦）

访时表示，为给客商和群众提供一流的服务，2017年底决定成立"中介超市"，并建立"中介超市"基础数据库。

为体现"公平、公正、公开"的市场竞争原则，新乐市组建由行政审批局牵头、纪委监委及相关职能部门专业人员参加的审核小组，由中介机构向新乐市行政审批局提供相关资料，经审核小组审核后，在新乐市政府网站上以挂牌等信息公开方式，公布方便投资项目业主自行选择开展相关服务的中介机构。

中介服务是行政审批的关键环节，行政审批中介服务市场是否有序，直接影响着营商环境、影响着办事群众的心情。但在部分行政审批中，需专家评审或第三方中介机构出具报告，由于办事群众往往不知道申报材料怎么写、流程该怎么办，同时又怕找上门来的中介机构资质不够甚至上当受骗，造成反复咨询、被动选择等问题，既影响了办事效率，又影响了群众心情。

为此，新乐市把规范中介服务作为优化营商环境的重要突破口，在深入调研的基础上，探索建立了专家库和"中介超市"，凡是依法设立、依法经营的中介机构均可申请入驻。对申请入驻的中介机构，由纪委监委、审批服务、市场监管等部门组织专家，对其资质、信用记录等依法依规严格审核；只有审核通过后，中介机构才能上线开展业务，让办事群众与中介机构合作更放心。

在"中介超市"操作过程中，首先是严格管理，对入驻超市的所有中介机构，严格实行"三统一"制度，即统一服务承诺时间、统一规范收费标准、统一服务行为标准，促使其规范执业行为、提高服务质量。其次是规范运行，对选取中介机构的方式，分为自行选择、随机抽取和"网上竞价+随机抽取"三种方式。第三是信用评价，由业主或委托人对中介机构服务履约的质量、时效、态度、收费和规范5个方面，分别按满意程度进行等级评价；对不满意的视为不良信用记录1次，2年内有3次不良信用记录的，取消其入驻中介超市资格并列入"黑名单"。

从拼"关系"到拼信誉、拼服务。在办理评审或出具报告等有关事项中，群众完全享有自主权，既可以选择"中介超市"内的机构，也可选超市以外的中介机构，管理人员不得做任何指定、限定。"通过公开透明运行，阻断部门和个人利用中介服务谋求不正当利益的行为，这样既避免了我们的工作人员犯错误，又促使中介服务机构经营观念发生转变，使一些打算靠垄断经营的'红顶中介'没有了市场，由过去的靠关系承揽，变为靠实力营销，最大限度保障委托人的利益。"新乐市行政审批局局长张平说。

"中介超市"的设立，除了办事群众受益，中介机构也在"超市"中找到了更广阔的舞台，申请入驻的情绪高涨。河北丰土人工程咨询有限公司负责人介绍说："入驻'中介超市'后，我们的主要精力由拉关系、跑门路更多地转为提高自身信誉和服务质量，通过合理的竞争拓展了业务领域，提升了公司效益，实现了双赢。"

精简环节、压缩时限

事实上，新乐市除了建立"中介超市"优化营商环境，在深化"放管服"改革方面也有一系列具体举措。新乐市委书记李志勇接受《小康》杂志、中国小康网记者采访时表示，新乐市坚持把精简审批环节、压缩审批时限作为"放管服"改革的重中之重，着力推动审批提速、服务提质，全面激发发展的活力和动力。

具体工作中，新乐市重点围绕"三个转变"推进"放管服"改革：一是由"进多个窗口"向"进一个窗口"转变。以前，由于审批事项分散在各个窗口，不少群众一天下来只能跑一个窗口办一项手续。鉴于此，该市整合内部资源，实行"受审分离"全科政务服务模式，将受理窗口由原来的28个窗口压减至6个，压缩78%，由前台综合受理、后台分类审核，推动"一人一窗一类事"向"进一窗口、办所有事"转变，优化了审批流程、提高了审批效率。二是由"跑多次"向"跑一次"转变。为减少群众跑腿次数，该市对204项行政审批事项进行认真梳理，编制了"最多跑一次"审批事项清单，清单中共涉及146项，占全部审批事项的71.57%。特别是实行"审批集约化"，改串联审批为并联审批，重点产业项目审批由250个工作日压缩至35个工作日，企业平均开办时间压缩至1.1天，在石家庄市排名第一。三是由"见面办"向"网上办"转变。为有效避免办事群众重复提交办件材料、节约行政资源和办事成本，该市大力推进"网上审批不见面"，目前204项行政审批事项中，网上审批事项有156项，占全部审批事项的76%，办事群众打开政务服务网，即可申报各类行政审批事项。同时，积极推广"云窗办证"APP，实行个体工商户全程电子化登记，个体工商户登记由3个工作日压缩到1个工作日，有力激发了发展活力。

新乐市中元牧业有限公司是新乐市优化营商环境具体举措的受益者。该公司总经理助理柴治国接受《小康》杂志、中国小康网记者采访时表示，该公司在2015年考察多地以后，最终选择落户新乐市，新乐市相关部门在土地流转、项目审批等方面压缩时间使项目顺利落地。

新乐市在扎实开展深化"双创双服"工作中，推进"放管服"改革，促使新乐市多个重大项目招商落地。新乐市发展和改革局局长秦晓鹏表示，截至目前，2019年共引进中垦流通·农产品智慧物流园项目、中小微企业产业升级聚集平台项目、年产12万吨苏打水及果汁饮料项目、年产150万条新型电热毯项目、年产5万套智慧路灯项目、自动化榨油设备生产项目及精酿鲜啤设备生产项目等7个项目。

"1—7月，共完成投资37亿元，占比61.7%。列入石家庄市重点项目14个，总投资132.5亿元。其中，计划开工4个，续建项目4个，前期谋划项目6个，全年计划投资17亿元，完成投资19.95亿元。"秦晓鹏说，"下一步，要切实优化发展环境，进一步改进工作作风，大力优化办事流程，不断提高服务质量和效率，打造公开公平、高效运转的投资环境和营商环境。"

秦晓鹏表示，争取年内61个市重点推进项目完成投资131亿元，其中，37个计划开工项目确保全部开工建设，完成投资95亿元；18个续建项目加快推进建设进度，确保13个项目竣工（或部分竣工），完成投资36亿元；6个前期项目加快完善前期手续。

为企业提供
101% 的超值服务

"闻香识淮安，人间好家园。茶香迎远客，酒香染红颜""吃了蒲菜长鱼龙虾宴，忘不了锦绣淮安"。一曲在网络上大火的《香溢淮安》勾起了众多离乡淮安人的乡愁，同时也让这座位于苏北中部、紧邻大运河的"宝藏城市"为更多人所知。

淮安自古以来便因其在漕运中重要的地理区位一度商贾繁荣。明清两代，淮安扼漕运、盐运、河工、邮驿之机杼，进入鼎盛时期，与扬州、苏州、杭州并称运河沿线"四大都市"，素有"漕运襟喉""九省通衢"之称。而今，这座城市正在以崭新的姿态迎接各方来客，打造全国营商环境样板城市。而淮安区更是积极"领跑"、综合发力，力争用营商环境的"绿水青山"换高质量发展的"金山银山"。

一小时立等可取来之不易

"淮安农耕文化重，相对于苏南经济发达地区，工业基础滞后，属于后发地区。因此，淮安地方经济的发展很大程度上需要借助外力。"淮安区招商服务中心副主任杜苏仁向《小康》杂志、中国小康网记者坦承，在招商引资方面，比如经济基础、产业基础配套等领域，淮安相较苏南地区也存在诸

▎**古镇今貌**　淮安自古以来便因其在漕运中重要的地理区位一度商贾繁荣

多不足之处,"因此,只有通过打造一流的营商环境,才能逐步改善淮安的经济发展状况。"

"对于淮安区来讲,优化营商环境工作既任重道远又异常紧迫。"淮安区委书记徐子佳表示,"近几年,淮安区迎来历史难得的发展黄金期,有着弥足珍贵的后发优势、生态优势、区位优势。同样的政策、同样的区位、同样的机遇,到最后就看政府服务好不好、信誉高不高、环境优不优,所以我们迫切需要优化营商环境,营造宽松发展氛围。"

政策环境、治安环境、服务环境……优化营商环境涉及方方面面的工作。为增强优化营商环境工作的协同性、针对性、有效性,2019年2月,淮安区在全省率先成立了营商环境优化办公室,作为区委直属机关,统筹负责全区营商环境建设工作。为保证政策的落地执行,区纪委监委和营商环境优化办密切配合,实现人员定期交流,业务定期沟通,强化明察暗访,对不作为、慢作为的4个乡镇和部门在全区营商环境建设大会上视频曝光，形成有力威慑。

企业创办、运行，速度是关键。为优化营商环境，江苏省提出了高于全国行政审批速度的"3（开办企业3天内办结）+5（不动产登记5天内办结）+30（建筑施工许可证颁发30天内办结）"的要求。据淮安区行政审批局副局长马俊彪介绍，淮安区通过减少办事环节和提交的材料、优化办事流程，不仅达到了江苏省的要求，某些审批事项还快于全省要求。"以企业设立登记为例，从2018年起我们即采用政府购买服务的方式，免费为企业寻找中介机构代办，审批效率得到了大幅提高，审批时间也由过去的十几天缩短至1—2天。"马俊彪表示。

2019年7月18日，记者在一个工作日走访了淮安区政务服务中心。服务中心内人头攒动，来办事的人摩肩接踵。服务中心一共有三层，不仅集中了各个政务办事窗口，中国工商银行和出入境管理部门也在服务中心设有办事窗口。服务中心一层入口处设有咨询服务台，3名佩戴红色绶带的志愿者正在为办事群众耐心解答。

来到服务中心二层，淮安区不动产业务受理窗口前一块醒目的宣传板吸引了记者的注意——不动产登记业务受理后可以在1小时内现场领证。淮安区政务服务中心主任、行政审批局局长陶正东在现场接受记者采访时表示："从2017年开始，淮安区就开始尝试在不动产业务受理窗口实行住建、税务和不动产登记管理部门连署办公和后台材料深度共享，通过不断磨合和尝试，才有了后来1小时立等可取的高速度。"

2018年11月，淮安区正式在政府官网宣布，不动产受理窗口可以提供"当场受理、当场办理、当场缴费、当场领证"的"最多跑一次"服务。在陶正东看来，这是对群众的承诺，也是对行政审批工作改革的倒逼。"当场办理，对我们的工作提出了挑战，但只要做出这样的承诺，我们一定会兑现。"

"想办又不敢办"的事情怎么办

变身"店小二"更好地服务企业，是打造良好营商环境的关键。为此，淮安区提出了"提供101%的超值服务"的理念。为了能为企业、群众办事提供"不打烊"的政务服务，淮安区政务大厅及部分窗口部门实行预约、延时工作制。此外，淮安区在招商引资过程中还实行投资建设项目"项目长"制度，为重大项目提供全程帮办、代办服务。为切实帮助企业解决发展难题，淮安区建立了政企直通互动平台和"帮帮群"，以畅通企业诉求表达渠道。据悉，全区600余家规模以上企业已全部进群并进入平台。互动平台自成立以来共受理企业咨询280余次，帮助企业解决实际问题58个。

江苏康乃馨织造有限公司是一家位于淮安区的酒店布草供应企业，企业客户遍及全球。康之欣染业有限公司是其旗下专注于染业的子公司。据康之欣染业有限公司总经理周玉海介绍，此前因为下大雨导致位于季桥的毛巾漂染厂下水管道堵塞，企业无法正常生产。在向政府反映这一情况后，山阳街道办迅速行动，并在勘察后给出了答复，解决了企业的燃眉之急。"与过去相比，现在明显能感受到营商环境的改善。反映的问题政府都会尽量解决，即使一时解决不了也会给出解释。"周玉海说。

企业经营需要面对复杂和瞬息万变的环境，是否能灵活处理监管和审批等问题，关系着企业的生存。就在前不久，一件小事让淮安区交通运输局运管处处长梁军犯了难。淮安福兴祥物流公司是一家经营生鲜物流业务的公司，为解决高温天气蔬菜水果易大面积腐烂变质的问题，购入8辆东风牌柴油冷藏车。但根据国家最新规定，所有当年7月1日以后购入的货车必须公示燃油能耗，公示准备期需要30天，非经公示无法办理营运证。

企业着急用车，但依新规营运证却一时办不下来，"想办又不敢办"，一件小事考验着执政者的智慧。好在，区营商办的一张函让梁军吃下了定心丸。原来，根据物流公司的申请，区营商办向交通运输局发函说明了企业的情况，请交通运输局考虑企业困难，妥善处理企业诉求。最终，通过办理临时运营证的方式，福兴祥物流公司的问题得以解决。

"提供101%的超值服务"不仅需要"急企业之所急"，还需要"想企业之所想"。如何打开销路是企业普遍关心的问题，淮安区采取了"政府搭台、企业唱戏"的策略，助力企业拓展销路。2018年8—9月，淮安区政府带领康乃馨织造有限公司参加了在南京举办的江苏省纺织服装节，有力提升了企业影响力。"参加展会我们一点都没操心，直接带着产品去就行。"康乃馨织造有限公司企业管理部主任李发勇说。

如今，淮安区正凭借其优质的营商环境、独特的地理区位，成为越来越多企业的选择。据悉，2017年以来淮安区累计签约亿元以上项目153个、开工亿元以上项目108个、竣工亿元以上项目67个。以淮安区电子商务产业园招商引资情况为例，从最开始圆通物流的"探路"，到"三通一达"企业陆续入驻，目前全国前十名快递企业已有9家落户淮安区电子商务产业园。其中，中通物流还将在淮安区建设全国最大的全自动化、智能化产业园。

在徐子佳看来，"开放包容，诚赢未来"，致力于打造全国营商环境样板城市的淮安区，必会成为成就企业、成就梦想的时代高地！

石油城蝶变：
春风"正度"玉门关

——

甘肃近年来经济发展挑战巨大，在"2018年度全国综合实力百强县"中甘肃无一县市入榜。

甘肃省玉门市，正是西部资源枯竭型城市的典型代表。翻开"羌笛何须怨杨柳，春风不度玉门关"的历史长卷，在近百年中华民族的奋斗史中，玉门依旧赫赫有名——凭借新中国第一口石油井与走向全国的几代石油人，玉门再次被载入史册。

位于甘肃省县域经济发展前列的玉门市，享受过资源红利后，面临着经济转型的巨大挑战，而优化改善营商环境，则成为"去石油"时代后吸引"金凤凰"的重要砝码。

国家信息中心区域发展研究院秘书长刘波表示，"中国县域营商环境研究"课题组首站调研甘肃玉门有着特殊的意义，作为以石油而兴的玉门，正面临着资源枯竭型城市转型的重任，而玉门自下而上的"一处跑、跑一次"行政审批制度改革，为改善营商环境带来了实际性作用，它对西部及中国欠发达地区有着典型的借鉴意义。

▌ "去石油"化　玉门在"去石油"时代改善营商环境,吸引"金凤凰"

"该取消的取消,该下放的下放"

走进宽敞整洁的玉门市民中心服务大厅,滚动大数据分析平台精准显示着每一个经办事项的负责人、用时及整体数据。在项目联合审批服务区的柜台前,工作人员耐心地和企业主沟通着各项事宜。

"持续深化'一处跑、跑一次'行政审批制度改革,纵深推进以减事项、减材料、减环节、减时限和容缺审批为主要内容的'四减'一容缺改革,优化审批流程,压缩办理时限,努力把我市营商环境做到全省、全国最优。"在接受《小康》杂志、中国小康网记者专访时,玉门市市长何正军对玉门继续优化营商环境的改革举措做了介绍。

首先是放权。近年来，玉门市全面落实"三集中三到位"改革任务，着力推动政府治理体系"减权、清权、放权、晒权"。

"三集中三到位"改革举措一是整合审批职能，在建成的市民中心服务大厅将全市40个部门的167名"首席代表"和窗口工作人员全部集中到大厅办公，代表市政府和部门履行行政审批职责，有效解决了审批分散、环节多等问题。二是层层充分授权，市政府率先放权，向12个部门下放需市政府常务会议研究决定和市政府市长审批的事项；玉门全市各部门向窗口"首席代表"下放授权行政审批类事项572项，由"首席代表"行使审批决定权和审批专用印章使用权，做到了群众和企业办事"一窗完成审核，一章终结审批"。三是强化科技支撑，建立"互联网+政务服务"平台，开发行政审批软件、电子监察平台和"爱玉门"APP，501项审批类事项实现了网上和手机客户端查询、填报、预约办理。

据了解，玉门对所有审批和公共服务事项进行逐条逐项梳理核查，将办理时限在3个工作日以内的事项压缩为即办件，办理时限在7个工作日以内的事项压缩到1个工作日办结。定期通过大数据分析平台对群众和企业办理事项情况进行分析，主动查找办事堵点问题、堵点环节，将审批和服务事项分为即时办结、半日办结、一日办结、多日办结4种类型，对外公布《玉门市最多跑一次办事目录》，接受服务对象的监督和质询。开展减证便民行动，先后取消100项办事环节需提交的证明，减少办证材料534项、办证环节1323个，减少72项审批事项容缺办事要件140件，为办事群众和企业节约时间约944个工作日。通过落实四减举措，行政许可事项减少，提前办结率达到80%以上。其他审批类事项承诺期限内办结率达到98%，公共服务事项当日办结率达到100%。

何正军表示，行政审批制度改革后，审批程序简化了，以前是业主围着部门一家一家跑，现在是部门内部自己跑，除了项目并联审批、容缺办理，还有青春助跑团帮办代办、市长助跑热线、找茬办公室联动办公，群众业主进一家门、办多家事，大大提高了效率，方便了业主。

在调研组走访几家企业的过程中，企业主均对玉门"一处跑、跑一次"的行政审批改革给予了高度评价，表示此举大大方便了企业"落地"需求，以往很多时间精力花在各项审批上，造成企业迟迟不得开工，现在完全没有这种担忧。

规划先行，想企业所想

玉门是中国首个千万千瓦级风电基地的主战场。而国家首批20个光热示范项目中，4个落地玉门，总装机25万千瓦，成为获得示范项目装机量最大、数量最多的县市。目前，玉门光热小镇规划建设启动，产业配套能力进一步增强。甘肃远航太阳能光热支架热镀锌生产线项目、玉门鑫能熔盐塔式光热发电项目、玉门中能峰频大规模网侧储能项目等相继开工建设。

新能源产业发展得益于自然资源优势，玉门产业发展布局的另一面则侧重之前传统能源产业作支撑和延续。依托基础配套优势和产业集聚效应，玉门形成了石油化工、煤化工、精细化工等产业集群。玉门建化工业园区现已聚集煤化工、精细化工、黑色和有色冶金、建材非金属、选矿铸造、光热光伏等循环经济产业，落户省外企业30余家。园区规划初期就修建了污水处理厂，入驻企业必须要有完备的安全和环保设计方案，严苛的理念反而增加了企业对政府的信任度。

酒泉亚佳化学有限公司由连云港市金阳化工有限公司投资建设，总投资3.8亿元。董事长严金堂向记者介绍："我当时是看中了几点来投资的。第一是这边的污水处理厂基本建好了，我们自己厂里能循环再利用一部分；第二方面是雅居乐环保集团的废物填埋跟危废焚烧；第三是环评这块，它把农业、重金器、医药、精细化工都纳入在里面。我们看完以后，就决定投资了。"

建化工业园区管委会副主任孙云峰向记者表示："我们招商最成功的经

验之一就是规划先行。规划是指导园区产业发展的方向。在做园区发展规划的同时，再做园区区域环评规划，一方面，它符合国家的产业政策发展的需求，另一方面要符合区域的大环评。"

后续支撑服务体系亟待建设

营商环境的改革优化更重要的还有"管"和"服"代表的支撑服务体系的建设。

"行政审批改革做到了改善营商环境的第一步，即把商招进来，但是进来了不意味着万事大吉，如何用后续支撑服务体系让企业更好地经营，是优化营商环境最实际的一环。"刘波表示。

近年来玉门建立服务、融资、创业三大平台，并深入开展"四帮一联"活动和助推民营经济发展"五个一"主题活动，将全市43户规模以上民营企业全部包挂到26个政府部门。同时，通过"助保贷"、小微企业互助担保贷款等金融产品，为小微企业成功融资。除此之外，政府还建立了"个转企"动态名录库，指导55户个体工商户转型升级为企业，支持非公经济发展，非公经济组织之间互帮共建、互为市场的机制进一步健全。

玉门先后制定出台了《关于推进大众创业万众创新的实施意见》等一系列促进民营经济发展的政策文件；设立3000万元工业发展基金；全面开展小微企业"助保贷"融资信贷业务。为助推县域经济快速、高质量发展，玉门市按照"政府引导、市场主导、利益共享、风险共担"原则，设立县域发展基金，支持重点县域经济发展项目。

"玉门行政审批制度改革的魄力有目共睹，成效也显而易见。对产业规划有前瞻思维，对企业服务真诚到位，希望玉门可以成为西部优化营商环境的样本，从而助推西部营商环境改善。"刘波表示。

营商
就是"赢"未来

——

"把政府的目标和人民的目标、企业的目标统一起来,把宁乡的优势和政策的优势、市场的优势叠加起来,把发展的机遇和发展的主体、发展的要素集结起来,致力把宁乡打造成为全省营商环境最优的一个县级市,把宁乡经开区、宁乡商新区打造成为湖南省营商环境最优、生产成本最低的工业区。"在湖南省长沙市宁乡市委书记周辉看来,优化了营商环境就是赢得了宁乡的未来。

2018年,宁乡正式启动营商环境建设工程。2019年该市将"营商环境优化年"活动作为首要任务来抓,紧紧围绕"营商环境优化年"建设主题活动,突出问题导向,创新工作举措,着力培育流程最优、效率最高、成本最低、服务最好的营商环境,全力打造投资洼地、创业福地和发展高地。

处处为企业着想

"我刚刚拿到了营业执照,非常顺利,跑一次就行了。"2019年9月9日,市民王俊杰在宁乡"市民之家"政务中心接受《小康》杂志、中国小康网记者采访时说,现在办理相关证照非常方便,政府还给免费提供了一套公司印章。记者看到,他手里拿着一个装有4枚公章的小袋子。对此,他高兴地说:

打造高地　宁乡正在打造创业福地和发展高地

"虽然对于我们开公司的企业来说,这点钱算不了什么,但是让人很暖心。"

宁乡市发改局负责人杨红秀告诉记者,现在政府以购买服务的方式,为新开办企业免费提供首套4枚印章,原来企业自费需要180元一枚,现政府采购4枚才280元,实现了企业开办"证、照、章"同发,一年节约生产成本约180万元。

记者在采访中还了解到,就在政务中心的各个办公区域,推行打印、复印、印章的"三印"免费服务。全面取消窗口打印复印收费,由各窗口提供免费服务。多名受访者表示,复印打印用不了几块钱,但如果这里没有提供这项服务的话,如果带的资料不齐全,就得跑到外面去,这很费时间和精力。他们都对政府的这项服务点一个大大的"赞"。

融资难对于许多中小企业来说，是一个普遍存在的问题，而银行贷款或循环贷款是多数中小企业首选的融资方案。"我身边好几个企业主因为银行贷款到期，需要先还原贷款再新贷出来，这样就需要资金过桥，但这却让很多企业在不得已的情况下，只能在外面高利息找过桥资金，大大增加了企业的融资成本。再有一个重要风险就是银行重新放款的时间有很大的不确定性，时间拖得长，就得付一大笔利息。"一位企业老板对记者说。

杨红秀表示，为了更好地解决中小企业融资难，宁乡市委市政府特意安排了4000多万转贷资金用于企业"过桥"，以解燃眉之急。为了用好用活转贷资金，政府出台《宁乡市转贷应急周转资金管理办法》，全力支持生产经营正常、贷款即将到期而还贷出现暂时困难、符合银行信贷条件且银行同意续贷的企业，目前已开展转贷业务23笔，完成转贷额度2.43亿元。

为降低工业企业的开办成本，从2019年5月1日起，宁乡着力创建无收费园区，对园区内市本级有权限制定收费标准或调整收费范围的城市基础设施配套费和城市生活垃圾处理费，实行工业项目"零收费"；对法律法规明文规定不能取消或免除的防空地下室易地建设费和水土保持补偿费，由园区代缴；对服务性收费即工业项目报建报监过程中以前需要缴纳的审批中介服务费、施工图审查费、测量费、规划服务费、区域水土保持方案编制费等费用，实行政府购买服务，由审批部门或属地园区承担。截至2019年9月，已有32家企业受益，预计全年可为企业减轻负担近5000万元。同时，推进"多测合一"，整合分散在原国土、规划、住建等部门的测绘事项，实行"一次申请、一次测绘、一次收费"，一般建设工程测绘服务时间从15天压缩为5天，服务性收费总额减少50%以上。在实现政府和园区本级对工业项目"零收费"的基础上，宁乡正在研究解决工业项目建设阶段还存在的水、电、燃气、供热的开户、施工收费和临时使用收费问题，以及工业项目报建过程中环评、安评、能评、水土保持方案编制收费问题，争取让企业有更多的获得感。

提升营商环境发展未来

作为一个县级市的宁乡，拥有上市企业 14 家，年纳税企业超过一个亿的也有 3 家。"就这样一个县级市的企业规模，已是国内很多地级市都望尘莫及。"国家信息中心中国区域发展研究院秘书长刘波对《小康》杂志、中国小康网记者说。

楚天科技股份有限公司是一家生物科技企业，该公司总裁商务助理、行政办主任戴丝告诉记者，公司是在宁乡从几个人的作坊发展到今天的上市企业，年纳税已超过一个亿。"我们能在宁乡成长起来，跟当地的政府官员及地方优惠政策、好的营商环境不无关系。"而记者在宁乡格力电器发现，本来很大的生产基地仍在扩张。杨红秀说："像格力电器完成了一期的投资，接着二期、三期的投入，这一定是对宁乡的营商环境的认可。"

2019 年以来，不仅仅是领导重视，宁乡市还在进一步健全机制，优化营商环境工作全面展开。2019 年 2 月 13 日，长沙市产业项目建设年暨营商环境优化年工作推进大会召开后，宁乡立即召开市委常委会会议和市政府常务会议研究贯彻落实，并成立了以市委书记为组长的工作领导小组，明确市委常委、统战部长钟利仁具体负责营商环境优化年活动的日常调度。通过召开市委常委会会议、市政府常务会、专题调度会等形式研究各大专项行动的实施方案，目前，已下发的文件有《宁乡市"营商环境优化年"工作推进方案》《关于落实〈宁乡市"营商环境优化年"工作推进方案〉的实施方案》《关于开展"三比三看"大竞赛活动的通知》《宁乡市创建"无证明城市""无收费园区""无跑腿审批"实施方案》等十几项文件，市领导多次听取和调研营商环境优化年整体推进情况，将任务再落实、责任再强化、措施再细化，要求各责任单位履职担当，各专项工作有序展开。

宁乡市优推办出台《重点商圈户优化营商环境实施方案》，推出坚持党建引领、注重部门协调、引导社会参与等五大举措，创新党建、法律、教育、健康、政策五大"服务包"工作模式；经开区完成"三集中三到位""一网四清单"建设，成立蓝月谷创新产业投资基金、融资担保公司和信贷风险补偿基金，成为长沙市第一个成立信贷风险补偿基金的国家级园区；高新区创新性地将党建进企业、办好民生实事、行政效能审批同千人帮千企结合起来，开展"四大专项行动三十件实事""四大民生工程三十件实事"，全方位推进优化营商环境工作；市司法局按照"市场主体轻微违法经营行为首违免罚试点单位"工作要求，积极跟踪对接，宁乡成为湖南省首违免罚试点城市……诸多的改善措施不断推出。

"2018年是宁乡营商环境建设的启动年，2019年是推进年，2020年是巩固年，2021年是优化年！"宁乡市委常委、统战部部长钟利仁对《小康》杂志、中国小康网记者说，下阶段，宁乡市将继续把优化提升营商环境作为加快政府职能转变的突破口，以营商推进方案为抓手，力促工业企业高质量高速度发展。

汇川：
企业落地"全程代办"

2019年,《小康》杂志社联合国家信息中心成立"中国县域营商环境研究"课题组,研究制定"中国县域营商环境调查评价指标体系",并遴选出试点县市进行调研评价。"2019中国营商环境百佳试点县市"落地贵州省遵义市汇川区。

这个荣誉让汇川区突出重围,成为了焦点,人们对这匹营商环境建设中的"黑马"刮目相看。

一站办、一窗办、全程代办

汇川区地处"一带一路"和长江经济带核心腹地,是贵州省重点打造的"1+8"国家级开放平台,是贵州省列经济强区,是对外开放的前沿窗口,在地理位置、资源禀赋、交通条件、基础配套设施、生产要素等硬环境方面,在融资、优惠政策、干部作风、服务质量、办事效率等软环境方面都具有一定的优势。

贵州省大数据产业已打下良好的基础,汇川区与遵义经济技术开发区实行"两块牌子、一套人员"的运行机制,开发区高新技术产业园(大数据电子信息产业园)规划占地面积4131亩,已建好标准化厂房70万平方米,入

第三章　营商环境新高地

■ "黑马"突围　"2019中国营商环境百佳试点县市"落地贵州省遵义市汇川区

驻企业40余家，已形成一定产业基础。而在政务优化方面，汇川区目前已实现水电气报装申请"一站办"，招商引资企业落地"全程代办"，人社、公安、税务业务"一窗办"，企业开办时间仅用2.5天。

汇川区营商环境建设局副局长刘德美向《小康》杂志、中国小康网记者介绍道，在企业没有签订投资协议前，由招商部门对接，随时了解掌握企业的投资热度，一旦企业在投资协议上签字后，项目代办服务中心派专人全程为企业代办各类行政审批许可手续。同时为企业提供信息咨询、政策咨询、法律咨询等。

"代办服务解决了企业对当地情况不了解、对政府办事程序不了解等问题，极大节约了企业的办事时间，降低了企业的办事成本。"刘德美表示，比如2018年招商引资的企业伟创重工，签约后代办服务中心安排专人负责为其代办手续，积极协调解决各类问题，避免企业负责人多次往返河南和汇川的情况，快速高效为企业办理了各类审批手续，协调解决了落地过程中的困难，让企业在汇川的项目签约当年就建成投产。

汇川区重视招商，更重视企业落户后的跟踪服务。2018年10月新成立的贵州泰义威印务有限公司，不到一个月，便完成了从落户到投入生产的所有流程。

贵州泰义威印务有限公司副总经理刘艳丽说，2018年10月初，他们就有了在汇川区办企业的想法，一是看到了汇川区这个国家级经济技术开发区的硬件设施，二是看到了汇川区领导对企业发展扶持的决心。2018年10月末，在政府的帮助、扶持下，贵州泰义威印务有限公司开始了整条生产线的生产。

在公司办理落户期间，汇川区政府通过优化办事程序，在注册、生产厂房、用工、住宿、消防设施等各方面开辟"绿色通道"，帮助贵州泰义威印务有限公司尽快投工投产。不仅从用房上给了企业很大的帮助，还在车间外道路的铺设上，帮企业解决了困难。

受益的除了企业，还有群众。

近年来，汇川区积极开展政务服务标准化建设，推动政务服务向镇（街）、村（居）延伸，在村（居）大力开展"全程代办"服务，打通服务群众"最后一公里"。

大连路街道航天社区高龄老人贺才根，家中只有儿媳一人照料。享有高龄补贴的他每季度要进行一次审核，由于行动不便，自己无法办理，儿媳赵光敏又不懂办理流程，社区工作人员便上门服务为他办理相关业务。赵光敏说，当他们有需要的时候，就请社区工作人员来帮忙，工作人员经常来看望老人家，非常关心他，并帮忙照顾。大连路街道航天社区针对辖区内老、弱、病、残等行动不便的特殊群体，充分发挥社区网格工作人员作用，采取代办、上门服务等工作方式，让群众真真切切感受政务服务"全程代办"带来的便利。

"放管服"改革下一步

在优化营商环境的过程中，汇川区有着不少创新的举措。刘德美表示，一是政务服务"不出村"改革。加强基层阵地建设,规范实体大厅窗口设置、配置完善设备设施,全区14个镇(街道)、135个村(社区)均建设有政务服务中心和便民服务站,覆盖率达100%。梳理编制服务事项目录统一公布,并将目录事项全部纳入服务大厅集中办理,加强镇(街)、村(居)政务服务业务培训,基本实现将政策咨询、低保办理、农机补贴、养老保险缴纳、新农合医保、老年证办理、户籍户政管理、居住证明、计生证明、林木采伐与运输、高龄补贴等与群众生活密切相关的事项整合纳入政务服务大厅(便民服务站)集中办理,让群众有事"一站"办,办事"不出村"。

二是推动集成套餐服务。印发了《汇川区人民政府政务服务中心关于开展"集成套餐服务"的实施方案》,梳理"集成套餐"办事服务指引,在区政务大厅设置"集成套餐服务"窗口,陆续推出了"大数据电子信息产业、军民融合高端装备制造产业、特色食品轻工业和红色旅游大型酒店服务业"四大产业套餐以及"新办纳税人登记套餐""纳税人变更税务登记套餐"及"发票套餐"三项税务套餐共43项套餐服务,实现一次申请、一套资料、一次办结,切实方便了企业和群众办事。

三是建设"五民社区APP"便民服务平台。依托贵州政务服务网相关信息及功能,探索将政务服务网向手机终端延伸,搭建便于群众操作的操作界面,推动"互联网+政务服务"向基层延伸,打造"五民社区"便民服务平台,整合资源,让广大基层群众享受到无差别的优质政务服务,让群众通过手机政务服务APP,实现全程网办,随处可办。

四是推动"红色代办员"试点建设。充分发挥基层党组织战斗堡垒作用,充分发挥广大党员作用,拓展政务服务代办范围,深化基层政务服务"全程代办"工作。立足实际先行先试,选取部分街道、社区作为试点,开展"党建+政务服务"试点建设工作,深化基层政务服务代办工作,以社区单元网格为主,组建党员志愿者服务队伍,明确网格责任人为所在网格政务服务的红色"代办员",为居民群众提供代办服务,主动到老年人、残疾人、大重病患者等特殊弱势群体家里，开展上门"全程代办"服务，受到了广大群众的一致好评。

"汇川区近年来在营商环境上取得了一定的成绩，得到了企业和群众的认可，尤其是在压缩办事时限和提升服务质量上取得了长足的进步。但是营商环境没有最好只有更好，我们的营商环境和先进地区仍有很大的差距，需要不断努力。"刘德美说道。下一步工作中，汇川区将持续深化"放管服"改革，贯彻落实市委建设黔川渝结合部中心城市战略部署，紧扣营商环境指标，围绕"优化流程、压缩时限、降低成本、提升服务"的工作重点，坚持问题导向和需求导向，聚焦痛点难点堵点问题，列出清单，提出方案，挂账整改，以集中整治、政策兑现、提升服务、营商环境"555"工程为抓手，着力打造优先优惠的政策环境、便捷高效的政务环境、保障有力的建设环境、规范有序的市场环境、公平正义的法治环境"五大环境"，全面建设"行政审批最少、办事效率最高、政府服务最优、营商成本最低、创新活力最强"的一流营商环境。

第四章

乡村振兴承载中国梦

XIANGCUN ZHENXING CHENGZAI ZHONGGUOMENG

2017年10月18日，习近平总书记在十九大报告中指出，要实施乡村振兴战略。乡村振兴战略是中国共产党"不忘初心、牢记使命"的信念体现，是全面建成小康社会的重要举措，是实现美丽中国梦的重要途径。

乡村振兴战略明确了乡村发展的新任务。党的十九大报告中提出全面实施乡村振兴战略的20字总要求："产业兴旺、生态宜居、乡风文明、治理有效、生活富裕。"

近年来，全国各地把实施乡村振兴战略摆在优先位置，以实干促振兴，农业农村经济活力明显增强。在全国范围内，已经有了多个优异先进的模板。这些成功案例依托各自的自然资源禀赋、社会经济发展水平、产业发展特点及民俗文化传承等条件，对未来我们国家的美丽乡村建设有着巨大的积极影响。

正如习近平总书记所言，农村现代化既包括"物"的现代化，也包括"人"的现代化，还包括乡村治理体系和治理能力的现代化。乡村振兴要坚持农民主体地位，尊重农民意愿，调动亿万农民的积极性、主动性、创造性，不断提升农民的获得感、幸福感和安全感，这正是乡村振兴的核心要义。

京郊北郎中
探索乡建良方

———

相传明朝永乐年间，京北顺州西北域，瘟疫横行，生民饱受疾苦，时逢一过路郎中发大慈恻隐之心，将医病草药倾于村中四眼井内，生民奔走相告，聚而饮之，始救一方百姓。为纪念郎中功绩，此地命名"郎中村"，因位于顺州西北，故名"北郎中"。

顺义区赵全营镇北郎中村围绕"美丽乡村建设和打造都市型现代农业升级版"这个发展目标，大力发展都市型现代农业，打造高颜值的村庄环境，吸引百余家企业入驻。村中发生了翻天覆地的变化，也逐渐探索出一条高质量发展的美丽乡村建设之路。

"京郊第一股份村"：带领村民奔上致富路

北郎中村是镇域规划中的重要节点和中心村，2018年10月8日，经地方推荐和专家审核，农业农村部将北郎中村推介为"2018年中国美丽休闲乡村"。

一进入北郎中村，整齐规划的房屋、宽阔的道路以及两侧笔直的绿化树等映入眼帘，不愧为"北京最美乡村"。实际上，北郎中没有采取大拆大建的方式，而是按照街道改造景观化、基础设施城市化、配套设施现代化、景

集体分红 2018年,北郎中村民人均可支配收入达4.1万元。除了工资收入,村民还有"土地钱""老人钱"和"分红钱"等诸多补助(摄影/陈秋圆)

观打造生态化、土地利用集约化的总体思路进行统一规划设置,如今村容村貌明显改观。

　　乡村的健康发展离不开环境的改善。北郎中村修建了环村公路,共计12万平方米;道路两侧的绿树成荫,绿化成果有目共睹;疏通村内水系和坑塘,建设水循环系统;污水处理系统连通每家每户;垃圾处理则朝着减量化和无害化方向努力,每家每户门前有2个垃圾桶,实行垃圾分类管理,不再像以前那样随手就扔,而是由专人负责来清运,再由镇里边来拉运,区里边负责垃圾处理。通过一系列环境治理"组合拳",北郎中村的生态环境明显好转,街道整洁,空气质量进一步改善。

第四章　乡村振兴承载中国梦

不仅环境改善了，村民的钱包也鼓起来了。据统计，北郎中村共816户、1646人，土地面积4500亩。2018年，村民人均可支配收入达4.1万元。除了工资收入，村民还有"土地钱""老人钱"和"分红钱"等诸多补助。"村里的老人，男的60岁、女的55岁及以上，每年得到的土地分红约8900元。除了国家的补助，村委会还会再发放800元补助，且每个季度还会增加。"北郎中村委会副主任梁臣向《小康》杂志、中国小康网记者介绍道。

分红、补助，这一切的背后，源于北郎中走上了一条集体经济和股份合作制的致富路。

被誉为"京郊第一股份村"的北郎中村，在1993年就走上了股份制发展的道路，一个标志性事件是1996年北京市北郎中农工贸集团的成立。该集团由村集体、村民和企业员工共同出资组建，整合村里的资源，进行集团化、规模化的生产。村民入股，既可以风险均摊，又可以得到分红。慢慢地，由养猪、农作物种植发展延伸出来的花卉种植、农副产品加工配送等项目渐渐成形。如今北郎中形成了以种猪、花卉、籽种、农产品加工、仓储配送、休闲农业和现代服务业为主的产业结构，而且不断根据乡村自身发展、政策引导和市场需求进行调整。

村民收入中的"土地钱""分红钱"，就包括村民以土地流转参股等形式，享受企业带来的经济效益，以股份合作制形式组建的北郎中农工贸集团经营资产达到5亿元，其"北郎中"商标市值达5亿元。"村里所有的企业都是股份合作制企业，是我们集团下属的企业、子公司。"北郎中农工贸集团副总经理刘雪利说。

从产业发展规划图上，可以清晰地看出北郎中村的布局和结构。中心是村庄，由内而外，各大产业则分布四周：双创基地、现代产业配套服务区、花卉产业、标准化蔬菜基地、林地、现代农业、农业籽种产业等。

北郎中的产业结构分为四大块。一是以种猪、种苗、花卉为主。种猪场积极采取向外发展模式，达到年出栏5万头规模；种苗，包括果蔬种苗和花卉种苗的培育；花卉产业则有占地 1000 亩花木中心，主要有绿化花卉，服务于绿化工程，还有高档花卉，如进口的蝴蝶兰和鲜切菊等。

北郎中花木中心成为 2008 年北京奥运会、2009 年花博会及国庆 60 周年庆典花卉供应商之后，北郎中花卉的品牌效应凸显出来。目前北京市场上 30% 的蝴蝶兰都产自北郎中，蝴蝶兰种苗年产量已达 50 万株规模；鲜切菊年产量已达 350 万株。花卉产业还搭上电商的快车，北郎中拥有自己的花卉电商平台"24H 鲜花"，平台的注册会员约 3 万人，年销售额达 5000 万元。

二是大力发展以产业化、信息化、标准化、品牌化为一体的特色优质农产品生产基地，加快以电子商务为龙头的农产品流通体系的建设。"我们有农产品加工园，对里边的企业，我们根据北京市产业结构调整来进行疏解，引进符合区域发展规划的企业。"刘雪利介绍，北郎中村有市级的定点屠宰场、食品厂、3 万平方米的农产品储藏保鲜库和农产品配送中心，打造了自己的物流体系。

三是大力发展以生态农业为基础、以农业文化为核心、以传承郎中文化为特色、以健康养生为主要内容，与现有产业、美丽乡村建设相融合的观光休闲农业。

四是加快北郎中创业创新基地建设，发展现代服务业。区政府挂牌的双创基地，目前已经入驻了 100 多家企业，主要是中小科技型、创业型企业。

现代农业升级版：绿色发展走向健康路

近年来，北郎中村围绕"美丽乡村建设和打造都市型现代农业升级版"这个发展目标，从"发展绿色经济、营造绿色环境、奉献绿色产品、共享绿色生活"的发展理念出发，确定"生产、生态、生活、示范"四位一体发展定位，大力发展都市型现代农业，促进一二三产业有机融合、协调发展。

种猪是北郎中村的传统产业，但随着非首都功能的进一步疏解，北郎中村传统产业亟须转型。刘雪利说："早在2016年我们就有了将种猪场外迁的想法，去内蒙古敖汉旗进行考察，2017年就签订了协议，建立现代化种猪场，如今一期工程已经开工建设。"未雨绸缪，启动种猪场搬迁及养殖小区的疏解清退工作，腾出土地引入新型业态，这是北郎中村全面推进都市型现代农业转型升级的重要一步。

疏解旧产业的同时，北郎中村大力发展现代化的农业，借助高科技手段减少生产成本以及对于环境的影响。

在5000平方米的智能温室里，从国外引进的鲜切菊品种繁多，有曾获得金奖的绿宝石，还有红丹特、紫丹特、亚里士多德等品种。据介绍，北郎中村花木中心与北京农林科学院和北京市园林科学研究院等科研单位合作，不断引进新品种、新技术，发展精品花卉和高档花卉。2009年，引进蝴蝶兰生产线；2013年，花木中心还与荷兰菊花育种公司合作，全面启动了鲜切菊出口基地项目。在这座智能温室中，装上了物联网系统，电脑可以自动调节温度、湿度等参数，能调整生物最佳的生长状态，生产管理实现了智能化和标准化，从而提高花卉的产量。2019年春节期间，北郎中村举办首届迎春花展，短短一个月的时间就接待游客5万余人次，实现门票收入150余万元，并带动了周边村的采摘、农产品展销等业态的发展。

不仅花卉，蔬菜大棚也摇身一变成为了智能化工厂，棚内采用臭氧消毒、二氧化碳发生器、智能补光灯等措施，温度、湿度、二氧化碳都有实时监测。园区内，除了能体验到物联网精准的"田间管理"技术，还能实现对农产品的全程追踪。例如，市民只要扫一扫农产品上贴的二维码，产品的产地、食用方法、联系电话和购买信息等便一目了然。

智能化温室是打造"智慧北郎中"的一大举措。"智慧北郎中"建设紧紧围绕生产、经营、管理、服务展开，包括物联网环境监测及智能化控制、产品质量追溯和视频监控系统，实现生产过程的全程监控。除了技术上的保障，北郎中还有一支治安巡逻队伍，保障村里的安全。

点农为金，
永联再写新传奇

四十多年前，这里只有泥沙和芦苇，今天，取而代之的是江南小镇、花园工厂、现代农庄的美丽景象。

在江苏省张家港市，有一个全国闻名的"明星村"——永联村。几十年来，永联人凭借不断创新走出一条"以工业化牵引带动城镇化建设，进而全面实现农业现代化"的发展道路，书写了苏南乡村振兴的传奇故事。

雷打不动年夜饭：永钢因人而兴

在永钢集团老员工、永联村经济合作社党总支书记蒋志兵记忆中，每年的除夕夜都是永钢人最开心激动的时刻，因为老吴书记会和他们一起吃年夜饭，给他们发红包。有人甚至为了这顿年夜饭，特意把回老家的车票订到除夕之后。

人们口中的老吴书记就是吴栋材，永联村第五任党支部书记、永联村历史上的灵魂人物。"以工兴村、轧钢富村、并队扩村、炼钢强村"——永联村乡村振兴前三十年的故事，正是在他的带领下书写完成的。

时间回到1970年，那一年，永联由江滩围垦建村，最初只有254户人家。建村后的前7年，当时的沙洲县（张家港市前身）南丰公社先后派了四任党

以工兴农 永联人都明白,永联村真正脱贫致富,走的就是"以工兴农"的发展道路。图为永钢集团(供图/永联村)

支部书记,都没能解决村民的温饱问题,这里始终是全县最小、最穷、最落后的村子。

1978年,改革开放的那一年,已过不惑之年的吴栋材被上级派到永联村,从此他扎根这里,再没有离开。年龄大一些的村民还记得,当初老吴书记是骑着一辆永久牌自行车来到永联村的,他向永联的老百姓承诺,要做"永久牌书记",不做"飞鸽牌书记"。敢闯敢干,这位经历过抗美援朝战争的老兵,为永联村带来了一股不一样的冲劲儿。就在这一年,吴栋材带领村民开垦了50亩低洼地养鱼,搞起了副业,并将鱼塘周边的土地垫高种粮食。下一年年底,永联村村民不仅解决了温饱问题,还第一次获得了年终分红。

"无农不稳,无工不富。"吴栋材认识到,永联村要真正脱贫致富,必须走"以工兴农"的发展道路。20世纪80年代初期,苏南地区很多农村陆续建造楼房,"楼上楼下、电灯电话"成为当地农民生活的真实写照。盖楼需要大量钢材,永联村党委班子敏锐地意识到,一个巨大的商机就在眼前。几经周折,吴栋材找到一家国有企业,买了一台二手轧机,斥资30万元办起了永联轧钢厂，这就是永钢集团的前身。轧钢厂生意红火，不断扩大规模，到1997年已经成为全国同类企业中的佼佼者。

2002年到2003年，亚洲金融风暴余波仍在，又赶上非典，永联人自筹资金10多亿元，用341天时间打造了一座百万吨炼钢厂，创造了中国冶金史上的奇迹。永钢集团从此跨入大型联合型钢铁企业行业，年产能达到800万吨，产品覆盖普钢、优特钢。2018年，永联集团实现销售收入380亿元，利税80亿元。

吴栋材非常重视人才的作用，提出"五湖四海，三教九流，有为有位，无为让位"的人才战略，这也成为永联人才源源不断的秘籍。

永钢集团党委副书记、副总裁张刘瑜1994年大学毕业，是当年第一批来到永钢的大学生。"当时一起来的一共6个人，最终只有我留了下来！"张刘瑜这一待就是二十几年，没有再离开。回忆在永钢的这些年，张刘瑜坦言，他根本没有想到，自己一个外乡人可以成为永钢集团的高管。"五湖四海用人"，这组数字应该是最好的说明：现在，永联村党委班子7人，只有一个永联人；干部队伍451人，只有29个永联人；永联集团员工11000人，只有1473个永联人。

为了让人才引进来、留下来，永联村党委班子花费了很多心思。既是永联人也是永钢人的蒋志兵，是这一过程的见证者和亲历者。为了留住人才，永联村投资6亿元，为永钢的外地员工建设了2200多套公寓房，生活设备一应俱全。永钢的员工来自全国几十个省份，永联村的图书馆订购了这些省份的报纸，让身在异乡的员工能够通过这些报纸寄托思乡之情……每年的除夕夜是永钢人最盼望的时刻，老吴书记来到永钢的职工食堂，和外地员工一起跨年，吃年夜饭，席开几十桌的壮观场面让蒋志兵说起来还很是激动，"很多人为了这顿年夜饭，宁可过了年再回家，也要在这里过除夕"。这个习惯一直保持到现在——吴惠芳接任村党委书记后，依然年年和永联集团的员工一起吃年夜饭跨年，蒋志兵认为这种情感上的交流是激励员工们的"核动力"。"杀伤力非常大！"蒋志兵笑称。

对人才的重视上，现任永联村党委书记吴惠芳与吴栋材的理念一脉相承。"产业要兴旺，人是第一位因素，我们引才用才，强调的是人的高素质，同时还有人的积极性，二者结合才能发挥作用。如何调动人的积极性？让经营者、管理者、劳动者持有一定的股权，是有效的激励办法。"成立于2013年的永联精筑建设集团是由永联村项目建设部门转制而来，仅用了5年多时间就成长为江苏省建筑百强企业，秘诀正是吴惠芳提到的"激励"：在永联精筑建设集团，永联村控股60%，剩余40%允许经营管理团队参股，这一方式充分调动了经营管理团队的积极性，也成就了企业的快速发展。

红红火火天天鲜：一二三产业因集体而兴

"乡村振兴，产业兴旺是基础。但是不能以永钢集团的兴旺来替代永联村的产业兴旺。永联村的产业兴旺，更重要的是要体现在我们农村一二三产业的融合发展上。"在一次采访中，现任永联村党委书记吴惠芳这样阐述他对于乡村振兴、产业兴旺的理解。

2005年，在父亲吴栋材的多次劝说下，吴惠芳回到永联村，从一名军官变成了一名村干部，被村里人亲切地称为小吴书记。同样有着当兵经历，参加过对越自卫还击战和1998年抗洪的吴惠芳拥有和父亲一样的魄力，但却多了更多超前的理念。小吴书记的到来，为永联村注入了新的发展理念，也翻开了永联发展的新篇章。

正是吴惠芳回来的2005年，永联村抓住国土资源部城乡建设用地增减指标挂钩试点的机遇，搬迁了3600户散落在田间地头的村民住房，新建了小桥流水、田园风情的永联小镇，村民们就此搬进小镇的公寓居住。也是从2005年开始，永联村以每亩每年1300元的标准将村民手中的8000亩耕地集中流转到村集体，实行机械化、规模化、市场化经营。

不仅如此，土地流转了，解放了劳动力的农民有了更多发挥自己才能的舞台：有人到永钢工作，或者去其他企业打工，既有财产性收入又有工资性收入；有人当上了养殖大王、种植大王，获得村里给的巨额奖励；还有人成了创业明星，在农民创业园中实现着自己的创业梦想。

如今，永联小镇是国家 4A 级景区、江苏省首批田园风情小镇，和升级改造后的农耕文化园一起成为长三角市民喜爱的乡村旅游目的地，每年游客达到 100 万人次以上，实现旅游收入 1 亿元。而通过耕地集中流转建起的粮食基地、蔬菜基地和养殖基地，则成为永联经济发展的新增长点。

目前，永联村粮食基地的 3000 亩地已经实现生产管理精细化，动动鼠标就能实现田间智能灌水、排水，忙碌的收获季节，只需 12 个人就能完成所有农活儿。值得一提的是，永钢集团生产过程中产生的多余蒸汽，还可以通过管道输送到粮食基地，为育秧房和粮食烘干屋提供热能，并为蔬菜大棚和养殖大棚供暖，既节约了能源，也降低了成本。

天天鲜是永联注册成立的一家生鲜配送公司，旗下有 6 个生产基地、9 家生鲜超市、1 个物流配送中心、1 个电子商务平台，年产值超亿元，并且已在新三板挂牌。每一天，天天鲜都会将来自永联村粮食基地、蔬菜基地、养殖基地的产品源源不断送到市区，送到市民的餐桌上。

种植养殖、加工、销售配送、旅游，围绕"农"字，永联村的一二三产业融合日益成熟。

建设永联小镇，集中流转耕地，永联何以不断创新发展理念？关键一点就是有强大的村级集体经济支撑。永联村集体经济的源泉，则是永联村持有永钢集团 25% 的股份，永联人更是亲切地称之为"共产党为人民栽下的永久摇钱树"。正是这 25% 的股份，每年为永联村带来 1 个亿的收入，成为集体经济的强大后盾。

目前，永联村实现"四个 99%"：99% 的村民享受到了城镇居民的生活环境和条件；99% 的耕地实行了集约化、规模化、市场化经营管理；99% 的劳动力实现了就地就业；99% 的村民享受到了比城镇居民更加优越的福利和社会保障。

  永联村村头的"金手指广场"上,永联村标志性雕塑"金手指"在阳光下闪闪发光。据介绍,这个"金手指"名为"创造",又名"白手起家"。它有三层寓意:一只创造之手、一只共享共建之手、一只松紧有度之手。整个拳头没有完全握紧则象征永联村有发展的空间及余地。未来的永联村,也正应了这拳头的寓意,拥有无限的可能与希望。

看东梓关
变身"网红村"

"东梓关在富春江的东岸,钱塘江到富阳而一折,自此以上,为富春江,已经将东西的江流变成了南北的向道……"在郁达夫笔下,东梓关是一个恬静、悠闲、安然、自足的江边小镇,民风淳朴。

陆运的兴起,水运的衰落,让曾是富春江水上关隘的东梓关,经历了一番从富裕繁盛到冷落寂寥的沉浮。如今,随着美丽乡村建设工程的不断推进,这个有着1500多年历史的江南古村正逐渐走向复兴。

2017年,位于杭州市富阳区场口镇的东梓关村因为一组照片爆红网络,古朴雅致的村落民居吸引游客、学者、设计师们纷至沓来,这里成了名副其实的"网红村"。

集"颜值"与"实力"为一体

凭借"杭派民居"的"颜值"和"气质",东梓关村从传统古村落华丽转身为旅游目的地爆款,是一个典型缩影。

什么是"杭派民居"?2014年,杭州提出要创建一批"杭派民居"示范村,计划用3至5年时间,培育一批具有杭州特色的农村新型业态。

在开展历史文化古村落保护工程的同时,东梓关也成为杭州地区首个

▎**网红爆款** 凭借"杭派民居"的"颜值"和"气质",东梓关村从传统古村落华丽转身为旅游目的地爆款

"杭派民居"示范村项目。

"现在农村很多房子的建设要么没有秩序、五花八门,要么千村一面,缺少特色。"富阳区人大办副主任叶建华介绍,为了避免出现这样的情况,当地政府决定先由村集体统一征地,并特别邀请了"gad绿城设计",对46户农民回迁安置房进行统一规划、设计、建设,力求完整地呈现地方传统风貌。

据了解,一期的46户安置房共有4种户型,拼合成12栋楼。不同于我们印象中传统的江南水乡建筑,东梓关的新民居采用了现代的设计语言,以抽象的屋顶线条和外实内虚的界面处理塑造传统江南民居的神韵和意境。

在满足"好看"这一最基本的条件之外,当地村民更关注的是房子的实用性和经济性。

对于设计师孟凡浩而言,最大的难题无疑是设计理念与村民观念的差异。为了尽可能满足村民们个性化的需求,孟凡浩团队前期进行了细致的走访和问卷调研。

在空间规划上，根据当地村民的意见，房屋保留了前后院和天井。"除此之外，当时不少人提出要有灶台，要有储藏农资和农具的空间，要有停电瓶车的地方等，最后都保留了下来。"村民许佳回忆道。

考虑到村民的经济承受能力和今后的可推广性，房屋在设计上也充分控制了成本，材料尽可能本土化，现采现用。据介绍，基于120平方米宅基地的三层小楼，每平方米价格约1300元，每栋房屋的造价为40万元左右。

如今，走在盛夏时节的富春江边，一幢幢鳞次栉比的乡间村居，神似吴冠中画笔下的江南水乡，与田园风光交织成一幅极具生活气息的水墨画卷。

与此同时，东梓关村百余幢遗存的清末民初建筑，如郁达夫小说《东梓关》中提到的"许家大院"、"春和堂"药房，张绍富创立的"东梓关"骨伤科医院旧址等修缮如故的历史古迹，与新式"杭派民居"互相映衬，更显千年古村的厚重与生机。

"空心村"变"民宿村"

实际上，在最初的计划里，东梓关沿江25亩地范围内危旧住房统一征迁，村民将被安排搬进镇上的公寓，享受更好的配套及住房设施。这也意味着，原本就已面临"空心"的村子将更加冷清。

面对不少村民都不愿意离开的僵局，同步启动的"杭派民居"试点项目有了新的转机。此后，东梓关的"一炮而红"引来了众多关注的目光，更让村民们开心得合不拢嘴。

村民赵小儿是A-20幢的住户，也是民宿"栖迟"的主人。提起最初搬到新居时的情景，她还经历了一番内心的波折，"第一眼看见效果图的时候，虽然觉得很美但仍有些怀疑，甚至建造过程中也完全没有来看过"。

因为要照顾上了年纪的父母，原本居住在富阳城区的赵小儿一家三口回到了东梓关,"以前村子里都见不到几个年轻人,所以我们也不怎么愿意回来,那时候对安置在这里并没有抱太大希望"。

抽完签,分了房,家家户户都热热闹闹装修了起来,东梓关也因为一组全景航拍照,成功在网络上走红,这让赵小儿在看到美丽乡村建设成果的同时,也起了开民宿的心思。

《诗·陈风·衡门》有云:"衡门之下,可以栖迟。"在东梓关,"栖迟"也正如诗经所述,每天都吸引着四方游客来此游息。"现在,我们每天可以在院子里种种花,享受生活的同时还能接触来来往往不同的人,真是以前没想到的。"赵小儿感慨道。

据了解,"杭派民居"在建设之初,就明确"以增加农民收入为根本",并与民宿经济相结合,"目前一期的这 46 户新居,已有 22 户人家开了民宿"。村党总支书记罗江伟介绍,在美丽乡村建设和民宿经济的带动下,村里不少年轻人都从外面回来了。

A-18 幢民宿"梓墅"的主人许佳也是其中之一。作为土生土长的东梓关人,许佳还记得小时候村子里的热闹景象,经由水路经商往来的人和向"骨科圣手"张绍富求医问诊的人络绎不绝。

"村子慢慢萧条后,年轻人都出去打工了,直到美丽乡村建设工程实施以后,很多人才陆陆续续回来。"原本早已定居富阳城区的许佳一家五口,也选择了回归乡村。

刚开始做民宿的时候,许佳也只是单纯觉得可以提供住宿交个朋友,但随着村子发展越来越好,"一方面越来越想和大家分享东梓关村民的幸福感,另一方面也想通过提供旅游线路和活动规划的配套服务,吸引更多游客来带动村集体经济发展"。

如今,东梓关村在发展民宿经济的同时,还为村子里提供了不少就业岗位,许佳分享说:"像我们民宿需要烧饭或打扫卫生,都会找村里的阿姨,一次支付 200 ~ 300 元。"

"卖风景"也要"卖商品"

民宿经济的发展是美丽乡村建设的附属产物，在富阳区委书记朱党其看来，实现乡村振兴、发展美丽经济、促进农民增收，产业是根本。

2018年，朱党其在调研东梓关期间，提出了"十个一"的产业发展思路，即建造"一个小型鱼市场"，开设"一批特色江鲜菜馆"，每年举办"一场富春江江鲜大会"，开设"一批各具特色的民宿"，种植"一批地方特色的花卉苗木"，营造"一个乡村味十足的环境"，建造"一个小型骨伤康复中心"，成立"一个强有力的领导团队"，建设"一个小型旅游接待中心"和"一个小型会议场所"。

"未能抛得富春去，一半勾留是江鲜。"因东梓关依富春江而立，江鲜资源丰富，一年四季中，白鲈鱼、刀鱼、鳊鱼、鲢鱼、江虾、铁壳秤砣蟹等江鲜层出不穷、鲜美无比。

利用东梓关在外知名度不断攀升的机遇，场口镇在2018年国庆节期间创新推出江鲜大会这一节庆活动。短短八天时间，吸引游客37万人以上，旅游总收入超过1000万元，上千人直接受益，创造了乡村旅游的一大奇迹。

2019年7月1日，首届富春江开渔节也在东梓关开启，"渔文化"成为这里最鲜明的印记。如今，不少村民摆起了小摊，自发地做起了生意，有的卖小吃，有的卖蔬菜瓜果，都有了可观的收入。

"接下来，通过进一步丰富古村业态，拉长产业链，实现'村'与'园'、卖商品与'卖风景'的互动融合，把'人气'转变成'财气'，真正使'颜值'转化为'产值'。"叶建华说。

王村：
五千万打造"精神王国"

"前些天刚带着小孙子去了趟三亚。如今生活好了，每年暑假我们都会出去度假，孙子挑地儿，我们掏钱！"在自家宽敞的两室一厅福利房中，田士宝和老伴儿韩惠荣跟《小康》杂志、中国小康网记者细数着这些年村里的变化和村民的好日子。

在天津市西青区大寺镇王村，像田士宝和老伴儿居住的这种福利房，村民几乎每户一套。家家都有福利房，按月领取养老金，考上大学有奖励，看病有医保还能二次报销……经过十几年的努力，王村人过上了"干有所为、老有所养、少有所教、病有所医"的幸福城市化生活，成为远近闻名的"示范村""文明村"。

集体经济保证"红利反哺"

从天津市中心开车向南，沿着主干道延长线行驶约20分钟，拐上一条小路，便能看到指路牌上"金龙花园""峰山药王庙""金龙鑫苑""金龙国际村""利达钢管""王村音乐广场""文体活动中心""王村别墅"的字样，王村到了。迎面望去，绿树成荫、小楼成排，一大片生态宜居区映入眼帘，这片蓝顶绿茵的村居，就是王村人建成的新家园。

精神物质双丰收　在跨入小康生活的今天，王村既要做物质的富翁，也要做精神的贵族（摄影／田建）

暑热难耐，下午的金祥园很安静，一排排小高层沐浴在阳光下。这是王村专门为村民建设的福利房小区，按照"每人30平方米的份额"，王村村民几乎家家户户都能分到一套这样的福利房。而王村人幸福生活的新篇章，正是从搬出平房，住进楼房开启的。

王村位于天津市西青区东南部，全村共700余户，村民2160人。20世纪80年代，王村开始兴办村办企业，生产销售钢材，获得了村集体经济的"第一桶金"。随着城市发展，地处城乡接合部的王村地域优势日益凸显。村两委班子凭借敏锐的市场嗅觉发现了新的商机，使用土地资源进行招商引资，与投资单位合作开发建设宜居工程；同时积极盘活村里的闲置资产，对村属集体企业实行股份制改革，股份制企业每年向村集体交纳企业用地租赁费。靠着一系列举措，王村的集体经济发展驶入快车道，村子的"钱袋子"鼓了起来。2018年，王村实现创收2000余万元。

有钱了，村两委班子想到的第一件事就是，如何让集体经济发展的"红

第四章 乡村振兴承载中国梦

利"反哺民生、造福村民。从哪儿开始做起呢？村两委班子决定，就从最基本的衣食住行中的"住"开始——让村民搬出平房，住进楼房，成了王村的"民生一号工程"。

那时候，90%的王村村民都还住在低矮潮湿的危陋平房里。为了彻底解决村民住房问题，村两委班子制定了五年村庄建设规划，推倒全村的危陋平房，建设公寓和别墅。前后几年间，金龙花园、金龙国际村、村民别墅、金龙花园二期、金龙鑫苑……一幢幢新楼房拔地而起，不仅如此，王村还建设了6.7万平方米的村民福利房，按照每人30平方米的免费份额，三口之家基本都能分到一套两居室的福利房。就这样，王村人全部搬进了梦寐以求的公寓和别墅，家家户户用上空调、暖气、天然气、太阳能热水器。紧接着，铺路、治污、建菜市场、引入公交车，一项项便利生活的措施接踵而至。

"我家有别墅、公寓、福利房，除了自住，还能租出去赚房租！"其实，即使没有房租，田士宝老两口每月6000元左右的收入也足够他们花销。每月领着村里发的近2000元的养老金，而且还年年涨钱——养老有保障，韩惠荣说，这是让她最踏实的事情。白天照看家人的生活，晚上到村口广场跳舞散步，这样安逸舒心的日子，是王村大多数老年人的生活写照。

从没有收入靠儿女供养，到生活无忧安享晚年，甚至还能补贴子女，这些年，王村的老人们最深切地感受到了生活的变化。村里为适龄村民全部缴纳了养老保险，达到退休年龄后村民每月都能领到退休金。没有退休金的老人，60岁以后村里给他们每月发放养老金。老人们的生活有了保障，也减轻了子女们的负担。不仅如此，村里还积极筹集资金为村民缴纳农村合作医疗保险，并进行二次报销，减轻了村民的看病负担……一系列民计民生措施让王村的经济发展成果真正惠及百姓。

生活富裕了，王村更加注重村民素质的提升。考上研究生奖励5000元，考上本科奖励3000元，考上大专奖励2000元，村里还设立了一系列教育奖励基金、拥军优属基金等，帮助年轻人走向社会。

要做物质的富翁，也要做精神的贵族

天气炎热，王村村民文体活动中心排练室里的气氛更是热烈。王村艺术团中青年舞蹈队队长、天津好人刘桂英带领志愿者舞蹈队正在紧张地排练舞蹈《放下你的手机》，过段时间，他们就要代表王村参加全市的舞蹈比赛。这支舞蹈队可不一般，成立于2009年，多次在全国、市级、区级各项大赛中获奖，队员表演的以杨柳青年画为主题的舞蹈《画扇面》，曾经荣获全国中青年舞蹈大赛金奖，并受国家文化部文艺服务中心之邀进行巡回演出，获得众多好评。60多岁的薛阿姨是舞蹈队目前年龄最大的队员，她告诉记者，舞蹈充实了她的退休生活，更重要的是，让她感觉自己更年轻、更快乐。

王村有一位家喻户晓的"青春榜样"——年逾八旬的李德志老人。他曾经在高校工作，退休后被王村聘请专职负责村里的精神文明建设，任村文化综合工作部负责人，村里人无论长幼都尊称他一声"李大爷"。来到王村十几年，在李德志眼里，王村的变化不仅体现在村里环境变好了，村民收入增加了，更可贵的是人们的生活方式、精神追求也随之而变。

"如果说经济是'骨架'，那么文化就是'灵魂'。一个人有再多的钱，要是没了'灵魂'，不就是一具空壳吗？在跨入小康生活的今天，王村既要做物质的富翁，也要做精神的贵族。"李德志至今仍记得前村党总支书记于盛宽说过的这句话。

如何让富裕起来的村民业余生活更丰富更精彩，而不只局限于"打麻将、看电视、聊闲天"？村两委班子做出了一个在当时看起来很大胆的决定。2008年，王村先后投资5000万元，建成占地2万多平方米的音乐喷泉健身广场、2400平方米的青少年活动中心以及1000多平方米的村民文体活动中心，室内网球场、羽毛球场、乒乓球场、拉丁舞场、农民书屋、村民学校、党员活动室、文化活动室、棋牌室样样俱全，全部按照最高标准建设，而且所有场馆都不对外营业，全部作为百姓福利，让村民们无偿使用。

十多年前，一个村子投资5000万搞文体设施，当时有人质疑，以王村优越的地理位置，用5000万投资实体，一定会有可观的经济收益，但王村的村两委班子选择了前者。当初的投入虽然没有带来金钱的回报，却让村民的精神面貌发生了改变，让人与人之间的关系更加和谐，"这是一个村子的软实力，是多少钱都买不到的"。

王村党总支委员、村妇联主席王培琴表示，王村通过持续的精神文明建设，让正能量牢牢占领村民的业余生活。村里将文明建设纳入《村规民约》，引导村民讲文明、树新风，让村民学习身边的道德模范、最美家庭，崇德向善、择善而从。精神文明领域的耕耘开出了丰硕的花朵，在第五届全国文明村镇评选中，王村最终榜上有名，摘得了"全国文明村"的金字招牌。

夜幕降临，王村的音乐喷泉广场迎来了一天中最热闹的时刻，吃过晚饭，忙碌了一天的村民们早已习惯到这里舞动起来，放松自己。不仅王村本地人，附近村子的村民也有很多来到这里，加入快乐的人群。摇曳的霓虹、欢快的舞步，舞出了王村人的幸福生活，更舞出了乡村振兴的精气神儿。

农民牡丹画，
美丽平乐村

"一幅画、一亩粮、小牡丹、大产业"，这是流传在河南省孟津县平乐村村民口中的一句新民谣。随着洛阳旅游业的日趋繁荣，外地观光者在欣赏洛阳牡丹芳姿的同时，对极具特色的牡丹画爱不释手。他们积极踊跃购买，促进了牡丹画产业的持续健康发展。近年来，平乐村按照"有名气、有特色、有依托、有基础"的"四有"标准，以牡丹画产业发展为龙头，扩大乡村旅游产业规模，探索出了一条新时期依靠文化传承建设"美丽乡村"的发展模式。

奥运成就牡丹画第一村

平乐村地处汉魏故城遗址，文化积淀深厚，因公元62年东汉明帝为迎接大汉图腾筑"平乐观"而得名。说起牡丹画的发展，河南省美术家协会会员、洛阳平乐牡丹书画院院长郭泰森回忆，早在1983年，洛阳市第一届牡丹文化节时，他和哥哥郭泰安到王城公园看牡丹，回来以后，郭泰安开始画牡丹，并把牡丹画拿出去销售。1988年到1990年，他们十几个画师就成立了平乐"汉园书画院"。2007年，河南省委、洛阳市委按照中央振兴文化产业的精神，到平乐村帮助办培训班，成立"洛阳平乐牡丹书画院"，免费办班3

期，培训了 110 多人。这 3 期办完正好赶上 2008 年国家要举办奥运会，市里组织"千人千米画牡丹"准备献给奥组委。组织千人活动不容易，光平乐村一下子就去了 100 位农民画师。农民拿起画笔画国画，而且还画得有模有样，在当时很轰动。接着，党和国家领导人到该村调研、考察。

从 2009 年底开始，在河南省委、洛阳市委的大力支持下，省市县三级先后扶持 3800 多万元，规划建设了占地 90 亩的"中国平乐牡丹画创意园区"，建成运营以后，把 100 多位画师请进园区集中创作、交流、展示、经营，规划产业发展的方向，集聚发展、转型提升。

产业平台有了，接下来就要提高农民画师队伍的文化修养和绘画的技艺水平。孟津县政府邀请全国著名画家到园区持续开展公益性培训，现场传授、指导绘画技艺，促进了牡丹画产业的快速发展和创作水平的持续提升，平乐村众多村民学画牡丹，成为远近闻名的"中国牡丹画第一村"。

一幅画形成的文化产业链

为扩大"中国牡丹画第一村"的知名度，孟津县从 2011 年起，策划、举办了"中国·平乐农民画邀请展暨全国农民画学术研讨会"，组织画家先后参加了"中原文化新西兰行""中原文化宝岛行"等大型文化交流活动。为促进持续发展，孟津县探索集团经营、公司运作、产销一体的新路子，引进洛阳鼎润实业有限公司入驻经营、运作"中国平乐牡丹画创意园区"，申请注册"牡丹画第一村"商标，按照"公司＋园区＋画家"的模式，发展签约画师 150 多名，邀请省市美术家协会专家为画师评定等级，组织牡丹画创作和实体店销售；建立了牡丹画职业培训学校，使画家培训走向职业化、常态化。

目前，平乐牡丹画画师队伍人数已达到 1000 多人，其中专业画家 150 人，省市两级美术家协会会员 75 人，每年有 40 余万幅作品从这里行销全国，远销美国、日本、新西兰等国家，综合收入达 1 亿多元。

小小的牡丹画不仅为村民们增收致富，而且形成了一个产业链，也带动了加工、包装、快递、旅游、餐饮、住宿等相关产业发展，带动了就业，同时促进了农村精神文明建设的大提升，使平乐村发生了明显的变化。据介绍，平乐镇下一步将整合文化、旅游和农业等资源，打造集书画培训、艺术创作、旅游观光、休闲娱乐、产品交易为一体的新兴旅游目的地特色小镇。借助互联网+、淘宝村、跨境电商等现代宣传手段和营销模式，提高"中国牡丹画第一村"的知名度，提升游客流量，增加村民收入，让平乐镇村民过上更好的生活。

渔家乐托起
武山县的渔业梦

　　武山县位于甘肃省东南部、天水市西北部，西秦岭横亘于南，黄土高原绵延于北，渭河及其支流榜沙河、山丹河、大南河、聂河流经全县，水资源充沛。

　　然而，虽然拥有丰富的水资源，但武山县却一直没形成渔产业，根本原因是养殖草、鲢、鲤、鲫等常规鱼类，因气候偏凉导致生长期短，宜渔土地资源少，缺乏规模化发展的优势。

破题——山溪河水养殖冷水鱼

　　为了打破这一困境，从 2004 年开始，武山县渔业站克服多重困难，开展渔业资源调查和多次养殖试验。2007 年，终于在龙台镇董庄村利用山溪河水开展养殖冷水鱼试验，解决了夏季暴洪影响和冬季冰封等技术难题。武山南部山溪水资源量大，开发前景广阔，该项试验填补了甘肃省河溪水养殖冷水鱼的空白。武山渔业实现了历史性突破，踏上了大发展之路。

　　养殖试验成功了，但如何通过渔业养殖拉动市场消费、让群众致富，又是摆在武山渔业工作者面前的一道难题。创产业重在变观念，武山县渔业站积极启发养鱼户转变经营思路，2010 年龙台董庄村养殖户利用冷水鱼养殖场

绿色银行　武山渔业特色养殖成为群众致富的绿色银行

优美的环境和鱼群的观赏性、鱼鲜味美的特点尝试在渔场开展休闲观光、烤鱼、农家餐饮等服务，开业伊始消费火爆，既解决了鱼的难卖问题，又在加工和餐饮中增加了收入。这一模式的出现，激活了冷水鱼养殖，很快促进龙台一带村庄发展成了以鱼餐饮为特色的休闲渔业基地，也带动了常规鱼休闲垂钓餐饮模式的形成，催生了全县处处发展山溪河畔渔家乐，实现渔业大发展的构想。

寻路——休闲渔业盘活全县经济

休闲渔业持续健康发展，对进一步拓展渔业功能、转变渔业发展方式、提高渔业发展质量和效益、促进农民增加收入、丰富城乡居民物质文化生活、全面推进武山小康社会建设，产生了积极影响。

经过多年发展，形成了龙台镇"冷水鱼养殖示范区"、鸳鸯镇"盘古渔村"、四门镇"鲟鱼养殖园"、城关镇石岭"龙王池鱼苑"、温泉镇"福源生态农庄"等五大休闲渔业示范点。如今，全县休闲渔业场点接近40家，休闲渔业带动了乡村旅游业发展，休闲渔业综合效益达8000余万元。

"龙台冷水鱼"如今已成为全县乡村旅游业的一张亮丽名片，有力带动了乡村旅游业发展，对脱贫攻坚的直接贡献实现了历史性突破：2018年全县7家养鱼合作社吸收贫困户"三变"（资源变资产、资金变股金、农民变股东）入股资金245万元，给贫困户保底分红19.6万元。冷水鱼养殖区域多在偏远的山区，对促进山区开放、活跃区域经济发挥了独特作用。

"十三五"期间，武山县将持续推进冷水鱼养殖和休闲渔业发展，力争2020年全县水产养殖面积达到1000亩以上，水产品产量达到1000吨以上，渔业总产值达到3000万元以上，带动旅游综合效益超亿元。

盘活一个空心村
需要几步

茶园村地处浙西南山区遂昌县最偏远的龙洋乡，坐落在崇山峻岭之间一个半山腰凸出的平台上，三面是深不见底的悬崖，左侧的千仞峭壁似一面迎风飘扬的旗帜，右侧高耸林立的群山似杆杆长枪，村前错落有致的梯田又好似点将台。深居茶园村的村民们戏称自己的家乡是"左旗右枪前将台"。

在这样的天然屏障下，茶园村炊烟袅袅、鸡犬相闻、岁月静好，已自然生存400余年。喝的是山泉水，吃的是山野菜，穿的是手工布鞋，虽有户籍人口147人，茶园村常住人口却只有30几人，年龄在70岁以下的都算是年轻人了，离空心村只有一步之遥。

而就在2019年6月初，《小康》杂志、中国小康网记者在茶园村拍下了这样的一幅幅画面：黄泥房、石板路、茶园、丝瓜藤等传统村落的元素依然举目皆是，简奢风格的软装、酒吧、无人超市等现代生活设施也一应俱全，村民桃花源般的生活并没有被打破，只是有更多精英人士把这里当作了他们疗愈心灵的休憩地。

6月1日，茶园村以乐领·旗山侠隐的形象全新亮相。四年前曾在茶园村过大年的《浙江日报》原副总编辑徐峻感慨道："茶园村又活了！"香港知名媒体人杨锦麟在茶园村开设了乡野图书馆并出任第一任"旗山乡贤"大使。

乐领·旗山侠隐项目正式营业的同时，一场"空心村活化群英会"也随

保留原貌 在对村居进行重建、修缮、装修、改造的过程中，所有房屋的外貌和基本构造都被保留了下来，但内装饰以简奢风格为主。图为茶园村航拍图

之展开。偏僻山村为何能在短短两年时间里实现旧舍翻新、荒地重耘、产业重整、村民回流？"在问题导向下探究茶园村的复活之路，我们希望可以找到空心村的活化秘籍。"研讨会现场，担任主持人的《小康》杂志社副社长赖惠能抛出了空心村如何活化的五个问题。

一问：美丽乡村怎么建？

"取之有道、取予有度是我们乐领的发展理念。"乐领总裁孙武英说起了他们开发茶园村的故事。

为了打造乡村活化主题项目，乐领公司从2016年开始在全国找寻原生态村落。巧的是，有个叫李建荣的遂昌人，在乐领公司上班，得知公司的发展计划后，热情地邀请公司高层到遂昌走访考察。

短短几天考察中，乐领公司高层被茶园村优越的生态环境、地道的民俗特色文化、原生态的传统村落、热心的本土文化人士深深吸引,很快便与遂昌县签约。当年 9 月,茶园村整体活化项目正式开工建设。

"进驻茶园村后,我们并没有马上着手改建施工,而是聘请北京大学社会学系的教授于长江老师仔细考察村民户籍、族谱、文化等,进一步了解村民需求和周边资源配置,在此基础上编制了茶园村活化的路线图。"孙武英接着说,茶园村的改造采用的是租用模式,第一期项目总共租用了 30 户农民房,总面积 7400.37 平方米,租期 20 年。

在对村居进行重建、修缮、装修、改造的过程中,所有房屋的外貌和基本构造都被保留了下来,但内装饰以简奢风格为主,充分满足都市精英简约、高端、舒适的需求。令人欣喜的是,房前屋后的菜地、瓜棚、鱼塘都按原样被保留了下来。

"茶园村拥有'活着的'乡愁。"国际慢食协会大中华区主席乔凌感慨说,"很多村子在改造后已经没有原住民的生活形态,而乐领在茶园村采用的新老混居和原生态改造的理念让思念乡村生活、寻求乡愁的客人感到很'解渴'。"

就地取材、按景开窗。茶园村的改造背后可是有大咖操刀的:美籍华裔建筑设计师柯卫担纲项目的规划设计,以"侠"为灵魂、以"野"为舞台对茶园村进行改造规划,打造以"还珠楼""神雕侠侣""三侠五义"等命名的特色民宿以及自然农耕、瑜伽禅修、乡野国际酒吧、多功能会议室等功能空间。

2018 年,乐领·旗山侠隐(茶园村)项目获邀参加威尼斯建筑双年展。"茶园村在传统与现代之间探索出了一条中间道路。"浙江省政府咨询委副秘书长徐志宏如是说。

二问:农民收入怎么增?

"我们把城市的精英人士带向了乡村,又让他们通过消费促进当地的经济发展,甚至我们会和会员一起参与到当地产业的发展中去,让乡村的各种

第四章 乡村振兴承载中国梦

资源发挥价值，让当地更多的村民受益。"从昔日光鲜的地产圈风云人物，转身成为今天起早贪黑、摸爬滚打的"乐领生活"创始人，乐领董事长罗雷在接受媒体采访时对乐领乡村活化的定位是，必须要让当地村民富起来。

"以前村里基本没有农业生产，除售卖自身种植的茶叶和蔬果赚点微薄的收入外，就是靠一些政策性补贴来维持生活。"在乐领公司到来之前，年近50岁的村民罗根荣是村里最年轻的人之一。他告诉记者，如今自家200多平方米的房子被公司租赁，一个月的租金有近1500元，同时他还被公司聘为管农业和保安的员工，每月工资3500元，"一个月能有5000元的收入，真是做梦都想不到"。

仔细一算，茶园村活化项目给村民带来了实实在在的四笔收入。第一笔是农房租赁收入，每平方米的年租金是72元，乐领公司将五年的租金112万元一次性付给了村民，此后每三年租金上浮10%。在接下来的20年时间里，全村黄泥房将收到超过1000万元的租金。

第二笔是闲置田地流转收入，每亩的年租金约为600元，下一步还将按照每亩1200元来进行茶园流转。

第三笔是有劳动力的村民成为乐领员工后的工资性收入。目前已有16名村民在乐领工作，其中有6人是返乡村民，每月的工资为3000元左右。

第四笔是特色农产品销售所产生的收入。村里的竹筒酒、冬笋、山茶、毛花猕猴桃、野蜂蜜等成了香饽饽，正作为"乐领好物"向外推广。

"空心村活化的精神内核是要实现'人的活化'。"在罗雷看来，判断项目是不是成功要实现人的四个活化：本村外出务工人员积极返乡、社会精英人群反哺乡村、年轻人积极参与乡村建设、本村大学毕业生回村就业创业。

令人欣喜的是，以上四个方面"人的活化"已在茶园村旗山侠隐项目中得以实现。两年来，茶园村吸引了不少本村和周边村镇人员回乡工作：在杭州一家公司做酒店工程、云峰街道社后村的周石磊，2018年12月加入乐领团队做运营管理；在县城做教育培训的蓝佳丽，2019年1月加入乐领团队做运营管理。2016年以前，茶园村人均年收入约9000元，乐领改造后，具有劳动力的村民人均年收入已达3万元。村里原本近60亩的荒地如今成了中草药种植基地、猕猴桃种植基地、果树林。

"茶园村的美丽村庄就是在乐领公司和村民们共同出钱出力下共建共有共享建设起来的，这种模式非常好。"北京市平谷区委副书记沈洁评价说。

三问：传统文化怎么传承？

每天清晨，茶园村都在"嚯嚯哼哈"的练武声中醒来。新老村民会集合练武，把刀枪棍棒耍得有模有样；开放的14栋民宿、35间客房也均以金庸小说为名，体现武侠文化。

"很多人知道茶园村是因为武术。"中国武术协会副主席、浙江省武术协会会长李期华说。

茶园武术已经传承270年，被列入省、市、县三级非物质文化遗产名录，如今走进茶园村依旧是路遇行者皆高手。正因如此，乐领在对茶园村进行活化时将武术所代表的"侠隐"作为项目的灵魂。

在传承武术、黑陶、汤显祖文化的同时，乐领把更多有识之士吸引进来，新文化的植入让茶园村打开了国际视野。旗山侠隐国际乡村酒吧特邀香港90后明星调酒师李加祥倾力加盟，他认为：每一款鸡尾酒都有它的灵魂，有它独特的文化内涵。而其中遂昌本地人也是他创意调酒的灵感来源之一，他与本地小伙葛鹰舰共同研发出了有本地文化属性的"牡丹亭系列鸡尾酒""侠隐之旅系列鸡尾酒"。

"让城乡之间互动起来是一个需要社会各界关注的课题。"美国大自然保护协会（TNC）中国区首席代表马晋红说。如今的茶园竟然能有香港帅小伙在村里开酒吧，有乡野美术馆、露天电影院，有不定期进行的文化艺术、农业经济讲座培训，"乡下人开始和城里人互享对方的生活方式，十分难得"。

四问：新老村民怎么融合？

新老文化交融所碰撞出的火花让茶园村得以吸引更多的高端人群。

已经飞了 185 万公里、渴望慢生活的国际慢食协会秘书长孙群，一直在研究未来健康生活方式的全球联合之路中国首席代表袁家凯，每年有 100 天以上都在出差、希望自己慢下来的韩国京畿道（省）驻渝办事处首席代表朴耘本，这些乐领的会员们都希望每年至少有一个星期可以待在茶园村，归隐田园。

不同于"空村式"的旅游度假开发，乐领为村民保留了居住空间并提倡"与当地村民共同生活"，而当"新茶园人"源源不断地被"桃花源"般的生活吸引而来，期待享受田园惬意休闲时光时，有时却因为与当地村民传统生活习惯不同而备感困扰，新老村民如何融合成为难题。

乐领发现，目前乡村管理的人力资源结构已经无法满足乡村发展的需要，真正能促进乡村可持续发展的精英人才都在城市。深圳市德邻社区治理研究所联席所长、区域经济研究学者金心异认为，如何将这些人才引入到乡村，需要建立合适的平台和渠道。

"在茶园村乡村治理结构上，我们尝试以'茶园村乡村振兴发展中心'的社区协会形式，将城市精英人群与茶园村发展所需的人才结构，进行有效的链接。"孙武英介绍说，下一步将把城市精英人群导入到协会平台，共同探讨新的村规民约，完善乡村治理结构，做到大小事有沟通，新老村民共同打造茶园村。

五问：乡村生活怎么活化？

"物理化的空间建设是简单的，难的是如何建立一种与当地的历史人文有深刻联系的生活方式，同时村民的主体性能够得到充分的尊重与体现，让他们自己对新的生活方式是热爱的、是自豪的。"在罗雷看来，建立城乡之间平等的心态关系，重拾农耕文明的自信，这是乐领做茶园村建设时真正重要的事情。

为了重拾农耕文明的自信，乐领成立了生活内容开发部，将茶园村项目与当地文化、民俗元素结合，开发乡村生活内容产品，如打麻糍、磨豆腐、做青团等山野农耕体验，并结合村内场景呈现琴艺书画、瑜伽武术、品茶插花等特色活动或竹编木艺以及黑陶青瓷等传统技艺。在民俗节庆日，客人还能亲身参与体验礼树、打醮、端午放排、班春劝农等民俗活动。

和农户一起烧大锅灶、包青团，听农户唱山歌，品尝农户自家酿造的野蜂酒……"我们打造的乡村生活方式，就是放弃原先快节奏的城市生活，享受种田、打麻糍、瑜伽、竹编等休闲活动的一种健康生活方式。"北京大学深圳研究生院人文学院副院长于长江介绍。

参与这些强度较小、节奏较慢的休闲项目，客人既不会很累，同时又能收获心灵的宁静和身体的健康。"这恰好与'慢运动'理念不谋而合。"作为慢运动研究专家，赖惠能十分提倡茶园村营造的乡村慢运动生活方式，"慢运动不仅带来了健康，更带来了和谐"。

为了反哺当地百姓，乐领在项目中建立了茶园村公益平台。针对茶园村老人和儿童，建立了相关的公益保障系统。如为老人成立了茶园村健康监护中心，定期对老人身体各项指标进行检查和监测；如为茶园村及周边村落的留守儿童以冬令营、夏令营等多种方式提供更加丰富的教育资源及学习条件。

以茶园村为基地，乐领的乡村活化其实是提供一个开放的平台，面向全遂昌的其他村落开展多种形式的合作交往。如今，乐领·旗山侠隐已经和周边的王村口、焦滩、石练等乡镇共同开发推介包括木槿花、独山古寨等当地资源。

遂昌县委书记张壮雄在考察茶园村后评价说："要把茶园村项目做成我们乡村振兴的标杆，把遂昌的村落打造成长三角企业家们的精神家园，让遂昌成为来自全国各地新乡贤回味乡愁的'新故乡'。"

第五章

科技创新加速度

KEJI CHUANGXIN JIASUDU

县域涵盖城镇与乡村，上承省市、下领乡镇，是发展经济、保障民生、维护稳定的重要基础，在我国创新驱动发展战略推进过程中，县域是不可或缺的一环。县域科技创新近年来在新旧动能转换、产业升级的浪潮中日益重要，成为国家创新体系的重要抓手。

2017年，国务院办公厅发布《关于县域创新驱动发展的若干意见》，首次以县域创新驱动发展为主题，提出建设创新型县（市）、创新型乡镇，支持县域开展以科技创新为核心的全面创新，推动大众创业、万众创新。

科技创新对于县域发展的重要性不言而喻。只有打通县域科创的"毛细血管"，破解"最后一公里"的创新难题，才能释放基层活力，收获"真金白银"。近年来，科技创新正在深入作为末梢神经的县域，不断创造着新的样本，有力地推动了地方经济结构调整和产业转型升级。这些科技创新样本，是探索是经验是标杆，为2800多个中国小城描摹了一幅未来之景。

第五章 科技创新加速度

深圳智谷
回答"时代之问"

作为深圳中心区的福田区，在过去创造了经济持续快速发展的奇迹，不过在当下爬坡过坎阶段，产业和经济发展亦面临一系列突出的短板和制约因素。

正是在这样的背景下，福田区开始研究制定《福田区现代产业体系中长期发展规划（2017—2035年）》，为福田区经济和产业的未来发展把脉、谋划、布局。在2017年8月25日福田召开的区委七届四次全体（扩大）会议上，区长高圣元便提出"要加快步伐，将福田区打造成深圳智谷"。

对标"曼哈顿+硅谷"

2017年11月，《福田区现代产业体系中长期发展规划（2017—2035年）》正式发布，作为一部中长期规划，规划提出了两步走的产业发展目标，分别以2020年和2035年为限，第一阶段到2020年，福田将基本完成产业结构战略性调整，优势产业巩固提升，创新创业活力蓬勃，可持续发展能力显著增强，以"曼哈顿+硅谷"为对标，以"金融+科技+文化"为特色，以"CBD+高新区"为形态的经济体系基本形成。第二阶段到2035年，那时的福田将建成引领华南、服务全国、辐射全球的总部经济集聚区和国际创新金融中心、全球智能终端创新中心、国际文化创意设计中心，成为粤港澳世界级湾区现代产业引领区。

在规划中，对未来福田城区发展也给出了新的明确定位，那就是以"曼哈顿＋硅谷"为对标、以"金融＋科技＋文化"为特色、以"CBD+高新区"为形态。

2018年3月28日，落户于深业上城中国国际消费电子展示交易中心（CEEC）开业，彼时，已正式签约入驻企业包括脸书（Facebook）国内顶级授权商（飞书互动）、华为、三星、HTC、VIVE、DELL、大疆、vivo、西门子等一批优质企业。梅彩片区自从列入市重点开发区域并启动高质量、高效率的规划建设以来，福田区以"深圳智谷"新时代定位制定配套产业政策，推进精准招商引资，吸引众多优秀企业、品牌商家的关注，寻找适宜的成长空间和发展商机。

福田区区域功能布局和政策引导同步推出，加快高端产业和创新资源集聚。目前，已有招商局金融科技、正大金控、中科院创新孵化投资有限责任公司、中融国投、光峰光电、华为、大疆、西门子、优必选、亿思达等一批创新型优质企业和项目落户梅林－彩田片区，这必将加快人工智能、金融科技、高端电子产品展销与高端消费等前沿高端产业集聚发展，增添"福田发动机"核心动能。

"招大商、招优商、招好商"

2018年，福田区出台"1+9+N"产业资金政策，以"招大商、招优商、招好商"为指引，取得了较好成效，成功引进了众多优质项目，前三季度已促成461个大型项目落地，与38家企业签订落户协议，签约投资总额约80亿元。

比如招商金科，是招商局集团的全资子公司，是招商局集团创新战略、数字化战略的重要成果，未来将通过提供 IT 开发运营服务、探索技术创新和业务创新，并进行创新孵化，承担起招商金融创新孵化器的职能，打造招商金融领先的核心竞争力。

而作为福田政府引导基金出资成立的中航福田智能装备股权投资基金重点投资引进的企业，中天泽智能装备有限公司则立足突破机体制造、地面控制、导航等关键技术，开展大载荷、长航时军民用中大型无人机的研发、制造、生产和销售。到目前累计已超过 145 家世界 500 强企业及分支机构落户福田区，3 家世界 500 强企业成长于此，辖区聚集了深圳 67% 的持牌金融总部机构、50% 以上的创投机构、70% 的物流总部、60% 的安防企业总部，历年培育上市企业共 125 家，辖区共有 135 栋超高层楼宇和 76 栋纳税"亿元楼"。

"福田会巩固、加强传统的支柱产业、优势产业，另一方面敞开怀抱欢迎战略新兴产业、未来产业、创新产业、跨界产业等各类新模式、新产业、新业态。"区委书记肖亚非说。

海淀"双创"
全面升级

———

以"引领经济高质量发展"为主题的"2019全国大众创业万众创新活动周"开幕了,记者从北京市海淀区人民政府了解到,此次"双创周"北京会场设在了中关村国家自主创新示范区展示交易中心。

据中关村科技园区海淀园管理委员会相关负责人表示,"2019双创周"北京会场以新中国成立70周年为主线,突出体现自主创新、区域协同、开放融合、科技惠民、双创生态。据悉,此次主题展是展示面积历届最大、申报项目历届最多、展示项目最新、参与双创人员类型最广泛,更是目前全国最大的创业合作交流平台。

对标硅谷,引领全国双创服务体系

2016年5月8日,海淀区被国务院评为首批全国双创示范基地。3年来,海淀区实现了双创的高端引领发展,为全国双创发展提供了"海淀模式""海淀经验"。海淀已经构建起政府引导下的领军企业、高校、专业机构、社会组织等共同参与、融通发展的双创服务生态。

"海淀区持续探索双创服务新模式,加快构建对标硅谷、引领全国的双创服务体系。"中关村科技园区海淀园管理委员会相关负责人表示,首先,海

第五章　科技创新加速度

▎**制高点**　海淀区实现了双创的高端引领发展，为全国双创发展提供了"海淀模式""海淀经验"（图片/宁颖）

淀率先建立"集中办公区—孵化器—加速器—产业园区"全链条服务模式。目前已形成了以21家大学科技园、93家国家级专业化众创空间、105家市级众创空间、148家区级集中办公区为主体的创业服务载体，涌现了引领全国的创客孵化、天使投资、创业社区、科技媒体、创业培训等典型孵化模式。创新工场、赢家伟业等创业服务机构于2016年先后登陆新三板，创业黑马于2017年8月在深圳证券交易所创业板挂牌上市，成为中国内地第一家创业服务领域上市公司，成为带动全国创新创业的重要力量。

海淀建设了垂直化、专业化的前沿技术专业化众创空间。2017年建设中关村前沿技术创新中心，围绕人工智能、智能制造、颠覆性新材料、前沿生物等前沿领域，面向全球挖掘和扶持拥有全球领先的重大前沿技术的企业，

163

服务的百济神州、梦之墨、中科寒武纪等，正成为首都"高精尖"经济发展的重要助力。加大北大人工智能、航空工业军民融合、中科创达智能互联、大唐电信移动互联、北航虚拟现实与智能硬件等国家级专业化众创空间建设的支持力度，推动龙头骨干企业、科研院所、中小微企业、高校、创客多方协同创新，为创客提供更贴合产业特点的高水平、专业化、特色化的集成式服务。

最值得一提的是，海淀区在持续深化"放管服"改革方面，探索"互联网＋双创服务"新模式颇具亮点。上述相关负责人向记者解释道，继推出线上线下"创业会客厅"后，2018年2月，中关村创业大街推出创业会客厅"码上办"，创业者只需在移动端扫描二维码，就可以获取企业开办、财税筹划、知识产权、金融服务、认证服务等九大类服务，形成了服务信息查询、服务产品购买、线下服务预约、专人跟踪对接的线上线下联动服务体系，让创业者在办理事项时"看得见、走得通、办得成""一次办好""一扫办成"。

该负责人还表示，在多种驱动因素的强力推动下，目前海淀区创新创业服务发展主要呈现出了服务主体多元融合、核心能力逐步升级、产业领域不断聚焦、"硬创"发展持续活跃、跨区域协同增加、跨国布局步伐加速等六大新趋势。此外，随着创新创业要素的高度聚集，海淀区的创新创业辐射带动作用也在持续增强。

打通科技成果转化"最初一公里"

早在2016年，时任海淀区委副书记的于军在深圳参加全国"双创周"活动的时候，有中央领导向他表示，期待海淀区有升级版，期待中关村有升级版。那时，于军就在想海淀区作为中关村科学城的主体区域和全国科技创新中心的核心区，该怎么做双创的"升级"。

他从"科技成果转化和产业化"上找到了突破口。2018年10月，于军

第五章　科技创新加速度

带着答案走上了 2018 年全国大众创业万众创新活动周北京会场的舞台。开幕式上，于军首次对外发布"中关村科学城概念验证支持计划"。这是海淀为弥补基础研究成果与可市场化成果之间的间隙，助力创新主体跨越科技成果转化"死亡之谷"的一次有益尝试。

科技成果转化和产业化是实施创新驱动发展的重要一环，在"双创"过程中尤为重要。于军在调研中发现，和一些发达国家主要的创新体相比，我国的创新创业存在着对科技成果转化后端关注多、前端关注少的问题。为了破解这一难题，2018 年上半年，海淀区与北京市科学技术委员会合作设立了中关村前孵化创新中心，在解决科技成果转化"最初一公里"方面进行了有益探索。

"在此基础上，我们决定实施概念验证支持计划，进一步将目光前移、将支持环节前移，聚焦科技成果转化初期的细分阶段。"于军表示，海淀区不仅要成为科技成果转化后期的"推动者"，更要成为科技成果转化前期的"铺路者"，以促进基础研究项目向概念验证项目转化，弥补基础研究成果与可市场化成果之间的间隙，帮助研究人员和团队迈出科技成果转化的"最初一步"。

据了解，概念验证计划以促进概念验证活动开展为核心，具体包括三方面内容：支持创新主体开展概念验证活动、支持高校院所设立概念验证中心以及对通过概念验证的项目进行持续支持。

为此，海淀区计划每年面向区内征集支持 20 个项目，单项支持不超过 50 万元，并发放不超过 10 万元的协同创新券；同时组建概念验证项目专家顾问团队，邀请科学家、企业家、投资家为入选项目提供辅导。根据计划，海淀将支持高校院所设立概念验证中心，首批支持 5 家，每家每年给予 500 万元专项资金支持，连续支持三年。此外，还将对概念验证中心服务团队进行专项培训，提高概念验证中心服务团队专业化水平。对通过概念验证并进行落地转化的项目，海淀将纳入区孵化培育体系，在投资、落地空间和人才落户、公租房等方面提供综合支持。

与"创新合伙人"共建中关村

2018年上半年，于军在与北京大学、清华大学、中国人民大学、北京师范大学、中国农业大学、北京航空航天大学、北京理工大学等驻区部分高校领导进行座谈时直言："高等院校是推动中关村科学城建设的重要创新主体。"

于军表示，海淀将秉持共建、共治、共享的发展理念，按照"新时代、新伙伴、新动力、新形态"的合作思路，推动协同创新，形成共建全国科技创新中心核心区合力，进一步支持驻区高校加快"双一流"建设，推动实现高等教育内涵式发展。校地双方要建立深度融合对接合作机制，构建具有海淀特色的"创新合伙人"关系，打造"校友合作创新"生态体系。

在2018年8月举行的2018世界机器人大会青年创新创业专题论坛上，北京航空航天大学机器人所名誉所长王田苗及其团队、海淀园创业服务中心、北航天汇孵化器、智友种子基金、雅瑞资本等分别以民办非企业"创新合伙人"身份联合发起的"中关村智友天使学院"正式启动，落地北京市海淀区。

2018年，海淀区委、区政府聘请15位全球顶尖科学家作为政府的科学顾问，从专业领域为海淀的科技创新发展出谋划策。"'创新合伙人'是海淀积极探索创新，实施'创新发展16条'的行动之一，就是政府与各个企业家、投资者、专家、学者都是创新合伙人，共同努力营造良好创新创业环境，助推一批核心技术关键领域取得突破。"时任北京市海淀区副区长李长萍表示。海淀区出台了"创新发展16条"，包括3年内安排2万套人才公寓、形成1000亿规模的海淀创新基金等实实在在的政策。

第五章　科技创新加速度

新昌：
小县玩转大科技

新昌，一座浙东小城，资源禀赋有限，但科技实力不容小觑。2016年，作为全国唯一的县域代表，新昌县委书记在全国科技创新大会上作典型发言，全国唯一一家设在县域的国家科技成果转化服务示范基地落户该县。2018年，新昌被科学技术部确定为首批52个国家创新型县（市）之一。

截至2018年，新昌县有上市企业10家，高新技术企业157家、科技型中小企业470家，每万人发明专利拥有量达42.7件，高新技术产业增加值占比达89%，新产品产值率达51.1%。在过去的20多年，新昌以"小县大科技"的姿态，走出了一条创新驱动发展的"新昌路径"。

坚守主业以科技创新引领升级

"中国民营企业500强榜单"中，万丰、三花等企业多年上榜，新和成、中财管道连续多年入围"民营企业制造业500强"榜单。这些新昌企业都有一个共同点：那就是几十年如一日坚守主业，同时敢于创新、善于创新、舍得投入。

"新昌的企业更侧重升级而非转型。很多大企业都成立于20世纪八九十年代，但是二三十年来主业一直没变，变的是，通过一次次科技创新，使功

167

▌**匠人匠心** 新昌的企业有一个共同点,那就是几十年如一日坚守主业,同时敢于创新、善于创新、舍得投入

能更好的产品替代原来的产品,用性能和效率更高的生产工艺替代原来的旧工艺,由低级链条分工转向更高级产业链分工。"新昌县县长黄旭荣说。

三花控股集团有限公司的前身是新昌制冷配件厂,创业伊始,就专注制冷空调控制元器件产业,经过30多年的发展,已是全球制冷配件领域当之无愧的领头羊。"从冰箱二位三通电磁阀,到空调四通换向阀,再到汽车空调膨胀阀,每一次三花主导产品的崛起,都源于科技创新。"三花控股集团总裁办副主任梅国富说,三花每年都以不低于总销售收入的4%作为当年研发经费,且保持逐年增长态势,每年申报专利100项以上,年授权发明专利20项以上,从"模仿创新"升级为"完全创新"。

20多年前从摩托车铝制轮毂起步的万丰奥特控股集团，从生产轮毂到智能化装备制造，到新材料研发，再到新能源动力总成，如今已是全球汽车轮毂行业的领跑者，一家涉足汽车部件、通用航空、智能装备等的国际化集团。

万丰奥特控股集团董事长陈爱莲道出"发展经"："万丰只做自己最为擅长的领域，从汽车零部件行业模块化冠军，走向大交通领域的多项全球冠军，每一步创新都是基于主业之上、环环相扣的发展。万丰不是一家多元化企业，万丰的发展战略非常清晰，那就是通过整合，成为大交通领域的行业领先者。"

为了攻克蛋氨酸项目，浙江新和成股份有限公司投入巨额资金，组建了50多人的研发团队，前后共花了10年时间。"其间，只有投入没有产出。"新和成集团文化宣传部部长夏彩云说。如今的新和成已经成为精细化工之王者，在全球维生素A、维生素E、蛋氨酸的定价上具有较大的话语权。

为了在缺乏雄厚实力的中小企业大面积推广智能制造，新昌县以轴承行业智能化改造为切入点，在中小企业中成批实施"数字化制造、平台化服务"，加快推动轴承产业的数字化转型，走出了智能制造的"新昌模式"。对此，浙江省智能制造专家委员会主任毛光烈曾给予高度评价："最高等级的智能制造典型在新昌""中小企业大面积推广智能制造的最好案例在新昌"。

产学研深度融合打造创新发展新引擎

近年来，新昌的企业一方面加强自主研发能力建设，一方面通过产学研合作、技术市场体系，将自己的产业端与高校、科研院所的研发端有机地联系在一起，实现了"国内外技术新昌用"。

"新昌一直鼓励把研究机构建在企业上，拥有国家技术中心5家、省级重点企业研究院10家，大企业通过建设高能级的研发机构，具备了较强的自主研发能力，而中小企业则通过产学研来加以推动，特别是与高校共建研究院，并以此为核心建设产业创新服务综合体为它们提供科研服务。"梁小平说。"企业出题，高校解题，政府助题"的产学研合作模式，在新昌已经成为常态。目前，新昌与110多家国内外高校、科研院所建立了长期合作关系。

3年前成立的浙江理工大学新昌技术创新研究院就是其中之一，浙江理工大学教授、博导吴震宇一直与新昌一家中小企业——浙江本发科技有限公司保持密切合作。从知识产权申报服务到设备电气化开发，吴震宇和他的学生们帮助本发科技获得专利授权4项，开发新产品2项。

截至2018年，浙江理工大学新昌技术创新研究院已累计帮助新昌中小企业开发新产品167种，通过省级鉴定145种，并组织专家对接企业571人次，为企业技术人员授课讲座1898人次，以及开展各类服务活动755次。

目前，浙江工业大学、中国计量大学等高校也陆续与新昌共建研究院，该县正在聚力推进高校研究院集聚园建设。同时，为加强自主研发能力，在引才留才方面，新昌则在政策体制上形成了以"天姥英才"为统领，以天姥精英、高校毕业生及社会事业高层次人才、高技能人才为补充的"1+4"人才政策体系。

塑造新时代"新昌精神"

从欠发达山区县到全国百强县，从浙江省重点污染县到国家级生态县，今天的新昌之所以能在创新驱动发展战略的引领下焕发出蓬勃生机，在县委书记李宁看来，唯有靠"人"的力量。"'崇文、守正、务实、创新'的'新昌精神'很好地概括了新昌人的特质。"历代以来，新昌耕读传家，民风淳朴，不仅仅培养了一大批优秀学子，也造就了新昌人"专注""笃实"的优秀品质，而在改革开放的大潮中，则造就了一批优秀企业家群体——万丰集团的"野马精神"、新和成的"老师文化"、三花的"常青树"文化、浙江医

第五章　科技创新加速度

药奉行人才"来去自由"理念……这都是企业家们为新时代"新昌精神"做出的最好注脚。

这样的新昌，让时任国家科技部副部长王志刚也忍不住点赞："这个山区小县在科技工作方面付出的努力、取得的成绩不简单、不容易。'小县大科技'的模式可在全国推广。"

更值得称道的是，一直以来，新昌县委县政府为新昌企业家精神的发挥提供了良好的制度环境。

为此，新昌很早就成立了创新驱动领导小组，每周研究创新改革，每月协调推进工作，并由县委书记、县长任组长，这意味着坚持创新的思路不会因为主要领导的变动而变换，而是一张蓝图绘到底、一任接着一任干。

新昌政府很早就确立了"部门围着企业转"的工作理念，以及当好县域创新"店小二"的服务意识。黄旭荣说："新昌的财力虽然有限，但我们对科技投入不设上限，财政科技投入确保2个10%，即占比不低于10%、年均增长不低于10%。"近年来，新昌县政府每年安排4亿元资金用于科技创新、人才引进和战略性新兴产业发展，并设立4亿元产业引导基金，撬动社会资本40亿，研发经费占GDP比重连续5年保持在4%以上。新昌积极推动规模以上企业研发机构、研发活动、产学研合作、发明专利、智能制造"五个全覆盖"，做到政策兑现、领导对接、企业联络、人才服务、专利保护"五个百分百"。"两个五"的创新模式备受关注。

县委书记李宁谈到，"资源不足科技补，区位不足服务补，对于新昌而言，在地理区位等方面不具备优势的情况下，我们更要专注于发展软实力，着力建设最优的创新生态"。而今，新昌县正紧紧围绕打造"全国创新生态最佳县"目标，从深化体制机制改革上下功夫，以全国首批国家创新型县和浙江省全面创新改革试验区建设为契机，加快构建"产学研用金，才政介美云"十联动的创新创业生态系统，昂首迈上创新驱动发展的新征程。

固安：
"京南科创谷"来了

——

"科技+资本"的创新力量，正在重新改写首都都市圈的经济版图。

5月17日，2019全球科技成果转化大会首场活动——京津冀科创板高峰论坛在河北固安产业新城京南科创中心拉开帷幕。在本次高峰论坛上，固安县委县政府宣布：以培育科创板上市公司为目标，全力提升产业生态，在固安产业新城范围内规划打造"京南科创谷"，打造京南科创孵化策源地。

京津冀协同发展重大国家战略加快推进，河北雄安新区进入实质性建设阶段，北京大兴国际机场通航……地处首都北京与雄安新区之间，紧邻北京大兴国际机场的固安县，抢抓千载难逢的发展机遇，全力打造"创新之城"、建设"品质固安"，奋力开创新时代固安高质量发展新局面，争做经济强省、美丽河北建设排头兵。

中国版"纳斯达克"带来新机遇

上海证交所设立科创板并试点注册制是在2018年11月5日首届进博会上，由国家领导人宣布的一项战略举措，将为中国科技创新企业的发展注入强劲动力。

"在注册制基础上，科创板对中国的资本市场和金融供给侧改革具有重

第五章　科技创新加速度

战略机遇　固安紧抓战略机遇，在固安产业新城范围内规划打造面积 6.4 平方公里的"京南科创谷"。图为 2019 年 5 月 17 日，京津冀科创板高峰论坛在河北固安举行

大的战略意义，是一次彻底的观念的更新。"中国人民大学副校长吴晓求在京津冀科创板高峰论坛演讲时表示，要调整发行标准、信披重点等一系列规则，以适应科创板发展。同时要确保在注册制基础上科创板违规违法行为的成本大幅度提高，把事前监管、事中监管后移到事中监管、事后监管，真正确保科创板成功。

据悉，科创板上市企业将以六大行业为主，重点支持新一代信息技术、高端装备、新材料、新能源、节能环保以及生物医药等高新技术产业和战略性新兴产业，推出科创板将为科技创新和产业发展带来新动能，为高科技企业发展带来新机遇。

在本次高峰论坛上，也有专家指出，目前全球科技产业正处于两轮大周期的中间过渡阶段：移动互联网产业已经步入成熟期，增长乏力；云计算、5G、人工智能代表的新技术、新力量开始崛起，但还没有全面铺开。中美是全球科技产业的引领者，也是两个最主要的玩家，目前两国科技公司在前沿技术领域均有布局，基本上实现了从芯片到算法到终端产品以及应用场景的全覆盖，正在展开全方位激烈竞争。

国泰君安执行董事、资深保荐代表人姚巍巍认为，在中美科技竞争的关键节点上，科创板将挑起中国版"纳斯达克"的重任，成为我国战略性新兴产业的一个策源地，将为科技创新和产业发展带来新动能，为高科技企业带来新机遇。

2019年，科创板加速落地，各地都在抢占科创产业制高点。河北省副省长夏延军表示，河北省将通过统筹布局科技创新园区，支持未来成长型的企业到科创板上市；固安已经聚集了大批科技型企业，希望规划建设好"京南科创谷"，打造科创板上市企业孵化的重要基地。

固安凭借多年产业积累捷足先登，其主导的"京南科创谷"又正好赶上京津冀协同发展深入推进、雄安新区开始实质性建设、北京大兴国际机场通航三大战略机遇，发展前景不可限量。

打造京南科创孵化策源地

2019年1月30日，科创板实施细则公布，科创板正式落地。固安紧抓战略机遇，在固安产业新城范围内规划打造面积6.4平方公里的"京南科创谷"，以培育科创板上市公司为实施目标，全力提升产业生态，打造京南科创孵化策源地。

据河北省固安县委书记王海介绍，"京南科创谷"空间规划上以创新大道和锦绣大道两条主干道为T形创新骨架；以科创小镇、共享创新街区、创新加速器、创新企业总部、国际创新中心五大业态为引擎；形成活力创想荟、

第五章　科技创新加速度

湖区、中央创新区、活力创新区、海外人才创新社区、文教园区、创新基地七大功能板块；北至环湖路、南至锦绣大道、西至迎宾大道、东至育才路，形成9公里的活力绿廊；借鉴国内外先进的科创城市理念，构建"工作圈、生活圈、社交圈"相融合的创新社区，打造开放共享的创新体系，高标准建设功能业态高度混合的城市核心。

近年来，天安门正南50公里的固安，产城融合发展模式取得显著成效。新型显示、航空航天、生物医药、智能网联车等产业集群相继落地，这些领域是科创板重点支持的领域，并已具备了一定的发展基础。在新型显示领域，拥有维信诺（固安）、京东方领军的30多家上下游企业，在航空航天领域，以航天振邦为领军企业的70多家企业汇聚于此。

以航天振邦为例，企业2010年从北京迁入固安，2013年10月起开始产业升级，转变只生产航天设备精密制件的单一模式，开辟民用产品生产线，开启军民融合跨越式发展之路。

企业发展到今天，航天振邦年产汽车空调用压缩机超过100万台，并能够生产全球领先的伽马刀设备。相比当年入园时的八九百人，公司现有员工接近3000人，年产值实现了从1亿元到10亿元的高速增长，并有望在一两年后达到15亿元。

此外，随着先进加工设备的引进和加工工艺的提升，加工精度进一步提高，很多企业慕名找上门来谈订单。现在，航天振邦已经与航天科工、航天科技、兵器工业、航空工业、核电集团等多家企业建立合作关系。

据了解，固安将2019年定为服务企业年，努力打造良好的投资环境，为企业家到固安投资创造条件。固安相继出台了《固安县关于支持企业科技创新的若干意见（试行）》《固安县引进高层次人才暂行办法》《固安县支持中小微企业贷款贴息办法（试行）》等10余项含金量很高的政策文件。同时，固安还设立8支产业基金，总规模200亿元，扶持企业的发展。

"'京南科创谷'将全面提升产业生态体系。"在为科创板上市企业创造良好的投资环境方面，王海强调：一是打造科创服务平台，为企业提供技术开发、咨询、转让、交易等服务，实现技术产业化、资本化与商业化；二是打造金融服务平台，引入不同阶段的投资机构，保障不同发展阶段企业的资金支持，以资本撬动科技创新；三是打造上市服务平台，引入券商、会计师事务所、律师事务所、资产评估等服务机构，做好企业首次公开募股（IPO）上市前期服务，为企业提供全链条服务。

建设"京南科创谷"，固安不贪大求全。京津冀科创板高峰论坛上，在主题为"多层次资本市场和京津冀科创生态环境打造"的圆桌对话环节，固安县长孙丽娜表示："要坚持有所为有所不为，立足产业基础科学规划发展方向。"聚焦新型显示、航空航天、生物医药、智能网联车的"3+1"产业体系，着力打造"研发创新—科创服务—智能制造"创新生态链，以生态链带动产业发展。

太库科技全球首席执行官唐亮在对话中直言："如果我们把硅谷和'京南科创谷'或者固安做一个对比的话，可以看到固安已经有了非常好的基础，包括金融平台、人才平台、技术转移平台等各种创新要素，有了比较好的准备，这些都是非常好的起步。"

根据规划，京南科创谷将重点推进"四个一批"战略。即短期内"推荐一批"园区内符合科创板定位的企业在科创板上市；中期"吸引一批"北京及周边区域的科创板潜力企业以及"投资一批"符合科创板定位的企业入驻固安；中长期"孵化一批"具有核心技术和知识产权，有望在5～10年内成为科创板上市的初创企业。

突破科技成果转化"瓶颈"

借力"京南科创谷"建设，固安又一次站上创新发展、绿色发展、高质量发展的新起点。

建设"创新之城"，固安县对目前存在的短板始终有着清醒的认识。资本投入不足一直是先进技术成果转化的瓶颈。立足补短板、强长项，"京南科创谷"将全力打造全球技术商业化中心和京南科创孵化策源地，翻开固安打造"创新之城"的崭新一页。

2019年5月20日，中国（河北）博士后成果转化基地学术论坛暨河北博士后创业基金发布仪式在固安产业新城京南科创中心成功举行。首期规模1亿元的河北博士后创业基金正式发布，"人才+资本"的全新运作模式，将通过资本驱动高端人才的先进技术成果转化，为区域创新崛起提供了新的样板。

据介绍，河北博士后创业基金将聚焦高端装备制造、生物医药、新一代信息技术、新能源、新材料、节能环保等战略性新兴产业，重点投向中国博士后科学基金会、博士后科研流动站、博士后科研工作站以及成果转化基地共同培育的博士后项目。

与会有关专家学者对河北博士后创业基金的设立予以高度评价。他们认为，中国（河北）博士后成果转化基地发挥财政资金的杠杆效应和引领作用，撬动社会资本，拓宽成果转化项目的融资渠道，是解决高端人才创业融资难问题的有益探索。在"京南科创谷"全面启动建设的大背景下，河北博士后创业基金的正式发布，无疑将为建设最具创新活力的孵化转化生态，助力"京南科创谷"建设增添新动能。

好消息不止这一个。2019年5月19日，中国技术交易所（固安）科创服务中心正式揭牌成立。此次中国技术交易所与华夏幸福共同在固安设立科创服务中心，不仅是中国技术交易所在河北省布局的起点，也是京津冀技术交易市场纵深发展新的标志性事件，更是服务京津冀协同发展国家战略的实际举措。

更为重要的是，中国技术交易所（固安）科创服务中心的设立，成为"京南科创谷"强化研发创新功能、建立完善科技服务网络的重要内容，标志着固安科技服务平台建设迈上了新的台阶。

中国技术交易所是由北京市人民政府、科学技术部、国家知识产权局和中国科学院联合共建，经国务院批准设立的国家级技术交易、商标交易服务机构。引进中国技术交易所为代表的技术交易机构，为技术交易提供价值评估、交易对接、公开竞价、项目孵化、科技金融、政策研究等专业化服务，是"京南科创谷"构建完善科技服务网络的重要内容。

据悉，中国技术交易所（固安）科创服务中心成立后，将秉承开放合作的理念，扎根固安，服务廊坊市和河北省产业创新发展，为廊坊市及河北省各类企业提供优质的科技创新服务，助力京津冀协同发展，成为"京南科创谷"搭建完善科技服务网络的龙头项目和生力军。中国技术交易所（固安）科创服务中心立足"京南科创谷"、辐射京津冀，为企业提供技术交易、研究咨询、项目孵化、成果转移四大类19项服务，探索建设京南技术交易大市场。与会专家学者表示，这将为固安建设"京南科创谷"、打造"创新之城"提供强力支撑。

面对新的战略发展机遇，固安将与华夏幸福继续发挥政企合作优势，坚持创新驱动发展，以"京南科创谷"为主阵地，推动区域经济高质量发展，匠心筑就国际创新城市。

可以预见，今后，全球的技术将源源不断在固安、在"京南科创谷"实现落地场景应用，并从中走出未来的行业巨头。6.4平方公里是"京南科创谷"的面积，承载与联结的却是一个企业面向星辰大海的光荣和梦想。

第五章　科技创新加速度

千年古县走出
科技创新"浏阳路径"

——

"浏阳河，弯过了几道弯，几十里水路到湘江。"浏阳河美，烟花璀璨的浏阳河更美，2019年5月10日晚的夜幕下，150架无人机编队焰火不断变换造型，高空数字焰火"70"为中华人民共和国七十华诞献礼；河流间，"水中飞人"带着烟花装置跃起翻腾；地面上，"莺飞蝶舞"浪漫上演……一幅幅由烟花呈现的立体画卷在浏阳河畔徐徐展开。

来自全球20多个国家和地区的近万名客商和嘉宾，在第十四届中国（浏阳）国际花炮文化节期间，近距离感受了浏阳科技创新的磅礴力量。这次活动的亮点之一，就是在浏阳河水面搭建大型浮台进行焰火燃放，据浏阳市烟花爆竹总会相关负责人介绍，这是在全球范围内的一次大胆尝试。浏阳人为何"敢为人先"，能用极致的想象力去展示无限的浏阳之美？《小康》杂志、中国小康网记者经实地探访后，发现了这座城市闯出科技创新的"浏阳路径"的制胜法宝。

创新引领，让传统花炮换上"新装"

烟花爆竹是一项传承了上千年的艺术，近年来，花炮行业面临着政策、安全环保、社会舆论等各方面的压力，但浏阳花炮依然坚挺，绽放在2008年

腾飞之城 科技能促进社会发展，浏阳市一方面广泛开展科普教育，另一方面，着力推动科技成果普惠民生（摄影/邓霞林）

北京奥运会、2009年国庆60周年庆典、2010年广州亚运会、2010年上海世博会、2014年北京亚太经合组织（APEC）峰会等重大历史时刻，演绎出一场又一场视觉上的饕餮盛宴。

为什么浏阳烟花能够长盛不衰？2017年8月24日，《小康》杂志、中国小康网记者随科技部"根在基层"县域创新驱动发展调研团奔赴湖南浏阳进行调研，在有着"中国花炮之乡"美称的浏阳，调研团第一站便来到了2014年北京APEC峰会焰火燃放承办单位——东信烟花集团有限公司。

在东信烟花集团有限公司，调研团成员见到了被原文化部认定为国家级非物质文化遗产（浏阳花炮制作技艺）代表性传承人的钟自奇，他也是东信烟花集团有限公司的董事长。他对调研团成员讲述了2014年北京亚太经合组织峰会焰火燃放背后的故事。

接到任务后，公司立即成立了以科研实验室牵头的技术研发小组，依托北京奥运会的无纸屑残渣发射技术，展开微烟无硫技术的深度研发。在钟自奇看来，减少烟雾和有害气体，必须更新换代发射药物，用微烟发射药替代

第五章　科技创新加速度

传统的发射药。经过反复调试，最终，东信烟花集团有限公司以高科技纳米技术研发出了创新型烟火药。这种创新型烟火药很安全，没有以往无硫开爆药易炸筒等缺点，而且可以有效减少70%以上发射药物的使用，由此大大降低了烟雾和有害气体，提高了焰火燃放的环保标准。

在多个世界顶级盛典中，东信烟花集团有限公司都是用自主研发的高科技信息化点火技术和自主生产的优质烟花产品，为全球亿万观众奉献了艺术佳作。调研团一行刚刚步入公司大门，钟自奇就迫不及待地请工作人员演示起了"看家技术"。钟自奇同时介绍道，公司实施的科技创新项目有新型烟花爆竹原材料开发和制备技术研究、硝化竹纤维素研发与在烟花爆竹中的应用研究、"机械化换人、自动化减人"试点示范项目、全自动烟花亮珠生产线研发等等。

钟自奇提到的"机械化换人、自动化减人"，在一年多的时间里又取得了新的成绩。据浏阳市科技局相关负责人介绍，借助湖南省创新引领开放崛起的东风，浏阳市传统花炮产业大力实施"机械化换人、自动化减人"工程，引导企业积极进行新产品、新设备、新工艺、新材料、新厂房"五新"技术改造，推广应用各类花炮机械设备3000多台，建成投产和规划布局的组合烟花自动化生产线8条，有药工序分段式机械化改造率达80%以上，提高生产效率2倍以上，涉药作业人员减少50%以上，年产值较改造前平均增长超过80%，其中鞭炮生产各工序更是全部实现机械化。

2019年，浏阳市出台了"浏花十条"，这座城市，正在全力推动花炮产业转型升级，引导产业开展创新突围。

科技赋能，为产业发展插上"翅膀"

浏阳花炮的转型升级，只是浏阳市科技创新工作的一个缩影。

浏阳市始终将科技创新作为促进经济发展的强大动力，在政策、投入、服务企业等方面下狠功夫,走出了一条科技创新的"浏阳路径"。在全国县域创新驱动发展现场会和2019年全国科技大会这两次全国科技系统会议上,浏阳市都做了经验交流。2018年,浏阳市还荣获了"湖南省落实创新引领战略真抓实干成效明显县(市)"和"湖南省知识产权工作先进单位"。

据浏阳市科技局相关负责人介绍,浏阳市在科技创新方面的成功经验主要体现在科技服务机制健全、投入充足、政策完备等方面,同时,科技在支撑工业发展、服务乡村振兴、促进社会事业等方面成效明显。

2018年底,国家科技部公示了首批创新型县(市)建设名单。名单显示,全国共52个县(市)入选,建设主题包括科技支撑产业发展、科技支撑生态文明、科技支撑民生改善3个类别。其中,浏阳榜上有名,建设主题为"科技支撑产业发展"。

2017年5月,国务院办公厅印发《关于县域创新驱动发展的若干意见》,部署推动县域创新驱动发展工作,提出"在有条件的县(市)建设创新型县(市)"。创新型县(市)以科技创新为经济社会发展的核心驱动力,拥有较好满足自身产业发展的创新资源、充满活力的创新主体、高效的创新服务和政府治理、良好的创新创业环境。

在顶层设计方面,目前,浏阳市的创新型县(市)建设工作正在有序推进,科技创新政策已实现全覆盖,构建了以市场为导向、企业为主体、政府搭平台的县域科技创新体系。浏阳市还有着浓厚的创新创业氛围,市委书记、市长亲自主持召开全市科技创新大会,向参会的700余家规模以上企业宣传各级科技创新、产业发展政策,在全省率先成立由3位院士9位专家担纲的科技创新专家咨询委员会,为浏阳产业发展和科技创新提供高端智库支撑,在全市掀起了新一轮创新创业高潮。

在科技支撑工业发展方面,除以花炮产业为代表的传统产业在转型升级方面取得了明显成效外,浏阳还在新兴产业发展方面持续发力,着力打造区域性科技中心和创新高地,建设了43.7万平方米的科技孵化器用地,各级各

第五章　科技创新加速度

类技术（研究）中心达到 65 家，拥有院士专家工作站 9 家。此外，立足产业发展实际，浏阳着力建立健全"微成长、小升高、高壮大"的梯度培育机制，培育了 141 家高新技术企业，拥有蓝思科技、宇环数控、尔康制药、盐津铺子等行业龙头和欧智通、华域视觉、群显科技、豪恩声学、华恒机器人、波特尼等行业领军企业。

在科技服务传统农业发展、大力推进乡村振兴方面，浏阳市立足农业大县实际，创造性设立乡村振兴研究会，聘请袁隆平、官春云、邹学校等 3 位院士、9 位专家组成乡村振兴高端智库，设立袁隆平、印遇龙院士分别领衔的袁创超级稻、兴嘉生物饲料等 4 家农业类院士专家工作站，打造了大围之珠、创新养殖等 2 家国家级星创天地，农业技术开发可谓是硕果累累。

科技亦能促进社会发展。"浏阳市一方面广泛开展科普教育，另一方面，着力推动科技成果普惠民生。"浏阳市科技局相关负责人告诉记者，全省第一个建在校园内的艺术科技博物馆——浏阳艺术科技博物馆，在 2019 年 5 月开馆了。

寿光掀起种子"革命"

种子是农业的"芯片"。一粒种子改变一个世界，一个品种富了一方百姓。中华人民共和国成立以来，种子与"中国蔬菜之乡"山东寿光结下了不解之缘，催生着这片开发热土上演一幕幕"革命"的故事。

"绿色革命讲习所"开启小康路

寿光市位于山东半岛中北部、被誉为"中国蔬菜之乡"。

"目前，全市大棚蔬菜面积发展到 60 万亩，年产蔬菜 450 万吨。2018 年，全市完成地区生产总值 902.7 亿元，规模以上工业企业主营业务收入达到 1574.9 亿元，全市农村居民人均可支配收入达到 20627 元，高出全国平均 6010 元。"潍坊市委副书记、寿光市委书记林红玉 2019 年 4 月初接受采访时这样告诉记者。

但 30 多年前这里还是另外一幅景象，用"改革先锋"、原寿光县委书记王伯祥的话说就是，"一片叫人恨得咬牙又爱得入骨的土地"。穿县而过的弥河将寿光一分为二。占土地一多半的寿北，"来了潮，水汪汪；退了潮，白茫茫；望着海水渴死人，守着土地去逃荒"；寿南是"昌潍粮仓"，农民也有种菜的传统，但是囿于体制和技术等条件限制，不少农民还在贫困线上徘徊。

第五章　科技创新加速度

种子革命　种子与"中国蔬菜之乡"山东寿光结下了不解之缘，催生着这片开发热土上演一幕幕"革命"的故事。图为寿光市自主研发的蔬菜种子系列（摄影/张少义）

上任后，王伯祥第一次参加潍坊市工业会议，寿光工业实际产值排全市倒数第三。

1989年10月18日是让寿光市三元朱村党支部书记王乐义记忆深刻的日子。这天起，村里请来的技术专家韩永山开始在全村17座蔬菜大棚里，一家一家指导村民植下云南黑籽南瓜，成苗后再与东北长春密刺黄瓜嫁接。

当年腊月二十五，三元朱村的田野里响起了鞭炮声，大棚里的黄瓜开摘。一车车顶花带刺的黄瓜运到了寿光县城，人们围着看、争着买。即使是十元一斤的"天价"，鲜嫩的黄瓜仍是抢手货，"一根难求"。17家"棚主"个个成了"双万元户"。

种子就此打开了寿光"小康"的路子。在"典型引路、全面开花"方略引导下,寿光土地上"白色浪潮"汹涌澎湃,到1991年,冬暖式大棚和弓棚菜、露地菜占了寿光南部整个土地面积的一半以上。一向温饱不保的二十万户寿光农民,平均每户就有一亩半蔬菜,户均收入达到20000多元。之后,寿光人又毫无保留地把自己掌握的宝贵技术推向了全省、全国,解决了我国北方冬春季节蔬菜供应单一、紧张的历史性难题,形成了影响深远的"绿色革命"。王伯祥幽默地把三元朱蔬菜大棚称为"绿色革命讲习所"。

为了依靠科技把蔬菜发展再推向新的层面,寿光成立蔬菜研究所,研究蔬菜新品种改良;同时发动全县干部,利用一切条件,同全国、全省乃至国际的大专院校、科研单位挂钩协作,把当今国内外的先进技术和品种引进寿光。

赵庙乡的"王婆香瓜"应运而生。通过山东农业大学教授的指导,赵庙乡引进种植伊丽莎白洋香瓜,很快发展到35000亩,亩收入都在20000元左右,并被中国农学会命名为"中国香瓜第一镇"。目前,寿光市的专业化村镇已达到587个,地理标志产品17个。蔬菜品牌化已然成为"寿光模式"的新时代特征。

打造全国蔬菜种业"硅谷"

作为农业的"芯片",种子曾经是中国蔬菜高质高效发展的痛点。以往,由于缺乏具有自主知识产权的蔬菜优良品种,中国蔬菜产业发展的核心技术长期受制于人。

近年来,寿光市以打造"全国蔬菜种业硅谷"为目标,加快构建育繁推一体化种业体系。目前,寿光本地育种研发主体日益多元,拥有自主知识产权的新品种纷纷涌现。

潍坊科技学院为服务寿光蔬菜产业发展,成立设施园艺研究院,针对设施栽培特殊环境,进行了番茄、丝瓜、苦瓜及西(甜)瓜等蔬菜新品种的选育。2018年,学校登记备案8个蔬菜新品种,还有7个正在登记备案过程中。学校自主选育的番茄新品种"潍科玉玲珑",除了注重商品性,还提高了营养价值和口感。

秉承为中国粮打造"中国芯"的情怀,旺林农业发展有限公司从2012年开始每年研发投入50万元以上,于2017年成功研制出"戴安娜"这一西红柿新品种,目前已经向农业农村部申请品种权保护。"戴安娜"口感脆、含糖高,含糖度在7.5至8之间,适合大面积种植,抗药、耐贮存、耐运输。2019年种苗销售约500万株。

在博收种业公司的育种大棚里,记者现场摘下一枚甜椒,将汁水滴进甜度计,数字显示含糖度高达9.3。据介绍,这是公司自主研发的拳头产品"星云"水果椒,不仅甜度高,同等质量下其维C含量可与猕猴桃媲美。此外,公司的拳头产品还有"辉腾""旗舰""圣宴"等番茄系列,"特丽莎"等水果椒系列,"京椒一号""卡罗拉""索菲亚"等甜辣椒系列,还有奶油南瓜等产品。如此多的优质蔬菜产品接连上市得益于公司坚持走独立知识产权创新育种之路,就在2018年还投资5000万元建设了包含现代分子标记实验室等在内的一整套设施,进一步缩短育种周期,提高了育种效率。

据了解,从21世纪以来的自主探索到2010年之后的系统推进,寿光先后实施了种质资源保护与开发利用工程、种业科技创新工程、种业品牌工程以及现代种业人才培养工程等,让设施蔬菜产业有了一个强劲有力的"中国芯"。目前,已带动发展种子生产经营企业74家,研发企业19家,培育新品种140个,年育苗能力达17亿株以上,种子交易额19亿元以上。国产蔬菜种子市场占有率已由2010年之前的54%提升到70%以上。

推动乡村振兴"智慧化"

"山东寿光市以大棚蔬菜为龙头的现代农业享誉全国。"习近平总书记

2012年在全国党校校长会议上为寿光"点赞"。2018年全国两会期间，习近平总书记参加山东代表团审议时讲道："改革开放以来，山东创造了不少农村改革发展经验，贸工农一体化、农业产业化经营就出在诸城、潍坊，形成了'诸城模式''潍坊模式''寿光模式'。"

在寿光这片因种子触发技术革命的土地上，中华人民共和国成立以来建成冬暖式蔬菜大棚，引发了改变中国农业面貌的"绿色革命"；建设蔬菜批发市场，"买全国，卖全国"的"中国蔬菜之都"美名传遍天下；以蔬菜产业化为龙头，带动工业、服务业等多产业、多行业、多部门协同发展，实现了产业富民、产城互动和城乡融合发展。而今，寿光又以落实乡村振兴战略、推进农业现代化的试验和探索，为全国提供了可资借鉴的经验。

这其中，"智慧化"是寿光乡村振兴战略规划的重要发展方向。数字温控、智能雾化、水肥一体等物联网管理技术，在近几年寿光的新建大棚中应用率已达80%，帮助寿光新一代菜农实现了轻松种菜、精准种菜。

"智慧农民"与"智慧农业"紧密相连，而其背后都是科技的力量在做支撑。借助"一带一路"，寿光蔬菜种子近年来也加快了"走出去"的步伐，构建起育种研发、种子加工、种苗繁育推广的全产业链体系。通过与荷兰、以色列等国家的合作，寿光市建起了全国唯一的蔬菜分子育种公共实验平台。

寿光蔬菜产业控股集团已把分公司开在了荷兰最重要的农业基地兰辛格兰市，建起35000平方米的现代化温室，采用工业化生产模式种植番茄和甜椒。在荷兰这个欧洲的菜篮子，大量的中国蔬菜实现了"产地销"。然而，寿光的目标不只是做买卖，更主要的还是通过合作搞科研，在种子研发高端领域寻求更深度的合作。

目前，寿光蔬菜产业控股集团分别与荷兰亚细亚蔬菜种子有限公司、荷兰韦斯特兰种子公司成立合资公司，围绕番茄和甜椒两个蔬菜品种进行研发，实现资源共享、技术互补。通过合作，合资公司每年都有600多个新品种进行试种。

第五章　科技创新加速度

未来城打造
真正有野心的创新基地

在美丽的杭州，位于余杭区的未来科技城（以下简称未来城）一直很有话题性。这里是浙江省高端人才集聚区、体制改革试验区和自主创新示范区，是浙江省高层次人才最为密集、增长最快的特区，是国内最活跃的创新区域之一。

阿里巴巴总部、之江实验室、浙大超重力实验室、湖畔大学、中电海康总部基地等重大科研创新核心集聚在这片浓郁的水乡风情中，并吸引了以"阿里系、浙大系、海归系、浙商系"为代表的"新四军"创业大军汇集于此。结构上，"科技城—特色小镇—专业村"梯次衔接的发展格局是其最鲜明的形象特征。

远见引爆未来产业

人工智能小镇见证了未来城的理想和实践。这里被未来城寄予厚望，正积极整合周边电子商务、数字安防、云计算和大数据等智力和产业资源，迅速成长为中国的人工智能产业高地、人工智能创新研发中心。

走进小镇，发现它与 5G 小镇就隔着一条步行道亲密守望，实际在设计建造上两者又是融合一致，暗示着"人工智能"与"5G"的紧密联系，充分

189

未来有为 人工智能小镇见证了未来城的理想和实践（图片 / 宁颖）

体现了园区规划者的匠心。

杭州灵沃盛智能科技有限公司是一家落户人工智能小镇不久的新公司，公司核心创始团队都来自国外，目前公司精力主要投注于 AI 语言项目。据悉，公司超过三分之二的研发团队分布于巴基斯坦、印度、澳洲、新加坡等地，但研发总监、核心研发团队、核心技术、核心产品都已迁入国内，在未来城扎根。

公司如此倾力投注未来城，究竟看中了什么？"我们会考虑园区的优惠政策，但我们做的是长线研究和开发，我们更注重政府的远见和区域的产业生态链配置。"公司首席执行官艾伦·李（Alan Lee）说。

艾伦·李和团队创始人、首席技术研发总监（CTO）尼尔·萨霍塔（Neil Sahota）都对杭州和未来城的发展环境感到满意。据介绍，团队自 2014 年起

第五章 科技创新加速度

就开始在中国长三角、珠三角和华北地区做项目基调，寻找好的人工智能行业切入口，同时也在观察，国内哪些地方政府对偏研发、偏长线的企业类型和相关理念接受度比较高。艾伦·李说："接触中我们看到，杭州市委市政府对企业和科技人才的心态比较宽和，对政策的把握度比较高。同时，很多高水平的科技集团和研究机构都在杭州布局，相比其他区域，我觉得杭州有更多资源也有更长远的眼光来鼓励科学研究，发展科技产业。"

他们对国内外很多城市和园区做过深入调研，也请国内外的咨询公司和投资者提供过一批咨询报告，认为政府和园区对入驻企业的筛选很重要。"能否找到真正拥有核心技术的企业，企业能否打开应用场景、体现对大众的利益，这个筛选过程很有讲究，也体现水平。"

胸怀决定创新影响力

对于真正有创新、有实力的企业，未来城积极搭台，给予有力推动，这也是深受创新企业好评的一点。记者采访中，正逢 2019 年全国大众创业万众创新活动周筹备，其间，浙江省领导、杭州市领导先后到灵沃盛公司视察。"领导的影响力，带动了很多国外友人关注我们。"艾伦·李说。省、市领导视察之后，2019 年 4 月 3 日，德国驻华大使葛策博士、德国驻沪总领事馆科技商务领事郎素安女士、德国驻沪总领事馆礼宾副领事沙安迪先生一行到访公司；5 月底，德国政府一支 7 人规模的代表团再次来到公司考察。

"政府的胸怀，让我们非常欣慰和感动。政府给真正有创新、有实力的企业搭台，让企业能够获得更高的站位，也能参与促进'一带一路'国家间的经济互动，促进更深层次的交流。对于我们这样刚刚入驻的公司来说，这么有力的推动和机遇，我相信不是所有地方都能给予的。"艾伦·李说。实则在人工智能小镇，享受到类似待遇的企业远不止灵沃盛一家。

互动构建共赢生态链

真正有"野心"的创新基地，必然重视产业生态、创新环境的塑造与维护。人才、科技、企业和资本之间的互动，体现着行业生命力和园区活力，也体现着整个创新基地的发展潜力。在人工智能小镇，语音语义、人脸识别、智慧汽车等企业和组织围绕 AI 产业，形成了良好的互补合作关系，正共同打造共赢生态链。值得一提的是，园区积极组织股权投资、风险投资（VC）等金融资源，与科创企业和研究人员交流，每月坚持至少举办一场资智对接会，同时成立了科技城投贷联盟，致力于破解科创企业融资痛点、资本"融智"痛点。艾伦·李表示，公司每月都会受邀参加一两次园区的分享、路演等活动，他认为这是构成园区创新生态的要素。"人才集聚的地方，就有好的理念产生；有好理念就有好资金追捧；有好资金就有更好的研发理念诞生，这是一个良性的循环。在人工智能小镇的整个生态里，资金较好地扮演了它应有的角色。"他说。

而 IBM 发明大师（MasterInventor）的成员、顾问委员会主席尼尔·萨霍塔则在自己的一本书里专门写到了杭州未来城的人工智能小镇，对小镇的产业生态匹配链构建工作给予了高度评价。

正因如此，人工智能小镇的成功日渐凸显。2017 年 7 月 9 日开园以来，已吸引之江实验室、百度（杭州）创新中心等 17 个高端研发机构及 350 余个创新项目入驻小镇。继"梦想小镇"之后，杭州城西科创大走廊上的又一个"引爆点""新地标"正在快速形成。

呵护创新形态多样化

未来城十分重视创新生态营建，这理念既体现于产业匹配链的构建，也体现于对创新形态的多样化的呵护。毛润发是杭州麻瓜网络科技有限公司的

第五章　科技创新加速度

品牌总监，他认为自己供职的公司虽然不是"硬核"的研发型企业，但作为梦想小镇里一家风格独特的科技热点资讯媒体平台，仍然在园区科创生态当中扮演着重要角色。公司以科技热点资讯为主，同时开展电商、众测与品牌跨界活动。作为"软科创"公司，他们自称"给科技以表情和血肉，在科技与大众生活间搭建桥梁，给科技与生活debug（排除故障）"。据说，由于公司成员都是"90后"，园区窗口工作人员对他们这群"娃娃"印象深刻，都很喜欢跟这群懂技术又有趣的年轻人打交道。他们每次去办事，都会迎来服务窗口工作人员们此起彼伏的热情招呼。

梦想小镇里的杭州柯来视生物科技有限公司，同样不是从事"硬科技"，而是致力于模式创新。公司核心团队是国家级的大学生小平科技创新团队，基于温州医科大学的眼视光学专业，结合互联网及大数据工具，致力于打造眼视光学领域的三级诊疗体系。项目曾获全球社会企业创业大赛（GSVC）第一名，被未来城相中，赠予进驻梦想小镇的"金钥匙"。公司创始人陈航表示，团队之前其实已经换过两次驻地，其间他也考察过国内一些科创园区，从见闻和亲身感受来说，梦想小镇对科创企业的支持环境是最好的，没有让他失望。

显然，未来城仅是余杭区科技创新的一个缩影。近年来，新兴产业聚集的余杭区在科创领域继续发力，2018年，《杭州市余杭区关于推进科技创新创业的若干政策意见》出台，围绕"打造国际一流科技人才高地"目标，要发挥人文优势、区位优势、产业优势、创新优势以及坐拥浙江大学和阿里巴巴两座"金矿"优势，深化五篇文章。

除了政策支持，余杭区在2018年召开的全区科技创新大会上还对省级以上研发机构、科技进步奖、知识产权优势企业、孵化器、众创空间、领军型创新创业团队、国家重点支持领域高新技术企业等245家企业和18位创业创新人才进行表彰奖励，共发放奖励资金14490万元。

松山湖
到底吸引了谁

曾被外界称为"世界工厂"的东莞逐渐改变其在世人眼中的印象，而作为近年来引领东莞经济社会发展的实验区、先行区、示范区的松山湖也在摆脱"世界工厂"的固有印象。东莞松山湖高新区党工委副书记、管委会主任欧阳南江称，面向大湾区，松山湖将深入对接"港澳所需"与"松山湖所能"。目前，粤港澳大湾区上升为国家战略，广深港澳科技创新走廊建设迈开步伐，作为东莞经济建设的主力军、创新发展的主引擎、新兴产业培育的主战场，松山湖锐意进取，厚植引领型发展新优势，努力为"湾区都市、品质东莞"建设提供支撑。

东莞，正在松山湖等一批现代化园区的带动下，加快产业的转型升级。

在中子科学城打造全产业链创新体系

2019年1月，来自香港大学、香港城市大学的研究团队，刚刚在中国散裂中子源（CSNS）完成了首批港澳地区用户实验，为助推粤港澳大湾区综合性国家科学中心建设迈出坚实一步。

2018年，由中科院院士王恩哥领军的松山湖材料实验室、粤港澳交叉科学中心相继落地松山湖。目前，实验室已成功吸引10个全球顶尖创新研发团

> **科创魅力** 广东省东莞市，坐落在美丽松山湖畔的华为松山湖基地（华为终端公司新总部），由几个欧式小镇组成，环境优美如旅游景区（图片/IC）

队进驻。据中国科学院高能物理研究所副所长、中国散裂中子源工程办主任陈延伟透露，中国散裂中子源自2018年通过国家验收以来已完成多个用户单位多个样品实验，并取得了首批重要科学成果。在陈延伟看来，随着松山湖在全省乃至全国创新发展格局中的作用愈发突出，未来在松山湖见到全球顶尖科学家将不再是新鲜事。

建园18年来，松山湖成功集聚了一大批创新资源，从中国散裂中子源、松山湖材料实验室等一批国家大科学装置和科研机构落户在松山湖片区，世界级重大科技基础设施集群在这里逐步成型，到先后引进了中科院云计算中心、北大光电研究院、国际机器人研究院等新型研发机构约30家，再到吸引陈和生院士、王恩哥院士、汪卫华院士、赵忠贤院士等顶尖科学家到松山湖创新创业，成为东莞高层次人才最集中的区域，松山湖已经成为东莞创新发展主引擎所在。

2019年，东莞全面启动中子科学城规划建设。东莞市委常委、松山湖党工委书记黄少文表示："我们将与深圳光明科学城、港深落马洲河套地区携手共建综合性国家科学中心，努力把中子科学城打造成新时期代表东莞参与大湾区建设和对外开放的战略平台。"

现在，中子科学城提出要打造具有全球影响力的全产业链创新体系，主要是基于中子科学城周边已经或即将拥有的一流大科学装置、一流研究平台、一流企业、一流人才支撑。

"我们理解建设中子科学城的使命主要体现在三个方面：一是积极建设成为粤港澳大湾区重大科技基础设施集群的核心组成部分；二是成为原始创新的策源地和新产业的摇篮；三是成为原始创新、合作创新、开放创新的示范，要与广深港澳四地紧密联系，共同推动创新发展。"在欧阳南江看来，从构建全链条创新体系的四梁八柱来讲，中子科学城是有条件有机遇的，中子科学城已经在规划上进行空间预留，力争引进全球顶尖大学，不断完善中子科学城的创新要素集聚。

创造大湾区科技创新合作更多新可能

过去数年，松山湖国际机器人产业基地联结了全球高校、研究所、企业、上下游供应链等资源，借助粤港澳大湾区强大的制造业产业链基础，从0到1再到N，搭建起机器人从核心零部件到系统到应用的全生态体系。至今，该基地孵化出了李群自动化、逸动科技、优超精密、松灵机器人等优秀企业。在东莞松山湖国际机器人产业基地一楼展厅，基地孵化的多个明星项目产品陈列其中，短短四五年时间，这里从0出发，已成功孵化了90多个创新项目或团队，孵化成功率近80%，远远高于全省乃至全国平均水平。

2014年，在东莞市政府、松山湖管委会的支持下，李泽湘带领团队创建市场化、公司化运作的新型研发机构——东莞松山湖机器人产业发展有限公司，下设国际机器人基地及研究院，发展东莞机器人产业，以此探索新型研发机构的发展模式。"这里的年轻人打造一个新的科技产品，迭代速度可能比硅谷、欧洲要快5～10倍，而成本却大概只需要它们的五分之一到四分之一。"李泽湘说。

李泽湘及其弟子的足迹，勾勒出粤港澳大湾区科技产业创新合作的新可能：科技、资金、人才等要素循环进入松山湖，昔日加工贸易"前店后厂"的模式，裂变为"广深港研发＋松山湖转化""香港服务＋松山湖智造"等多种方式。一批批优秀的机器人企业正从松山湖加速融入全球创新网络。

类似产业迭代升级的故事，如今每天都在松山湖上演。以打造科技产业创新中心为目标，建园以来，松山湖始终坚持以产业立园，迄今已建立起以高端电子信息、生物医药、机器人与智能装备、新能源、新材料等为主体的现代产业体系，成功引进华为终端、生益科技、新能源等一大批行业龙头企业。

面向大湾区，松山湖将主动对接粤港澳科技研发与产业创新优势，努力推动高新技术企业、高端科研人才、新型研发机构、孵化器、众创空间、重点实验室等创新资源在园区集聚。同时深入对接"港澳所需"与"松山湖所能"，加快建设松山湖港澳青年创新创业基地、松山湖国际机器人产业基地等合作平台，支持港澳青年和中小微企业在园区投资发展。

引领城市品质内涵提升

2001年，东莞市委市政府作出了开发建设松山湖的决定，提出把松山湖作为东莞未来经济社会发展龙头的战略构想，努力实现"再造一个东莞"的梦想。粤港澳大湾区建设，为东莞进入更高平台发展、在更宽领域实现高质量发展、打造大湾区先进制造业中心创造了千载难逢的机遇。

东莞正对标广州、深圳等城市，以国际化视野和现代化标准，全力建设

"湾区都市、品质东莞"。松山湖园区生态环境优美，具有高标准的城市建设与城市管理、高品质的教育办学水平、高效便捷的交通基础设施，这些优势构成了松山湖生产、生活、生态"三生融合"的城市品质，也是松山湖招商引资、吸引人才的制胜法宝。

松山湖园区规划建设尊重自然、善待自然。规划的坚守为松山湖不断创造城市营商环境优势形成良好支撑。近年来，松山湖积极推进营商环境改革创新，开展"一门式一网式"政府服务改革，建设松山湖市民中心，成为园区政务服务特色品牌。

目前，松山湖正加快建设营商环境综合改革试点示范区，深化"放管服"改革，深入推进建设工程项目审批制度改革，将探索率先复制推广自贸区市场准入负面清单，加快落实"外商投资法""非公经济 50 条"等政策，全力以赴为广大企业营造稳定、公平、透明、可预期的国际化法治化便利化营商环境。

松山湖不仅在优化营商环境上狠下功夫，在吸引人才方面也是不遗余力。在广大企业及人才关注的教育、医疗、住房等领域，松山湖正着力推进教育改革，组建成立教育集团，与周边镇合作开展集团化办学，将园区高水平办学理念和经验植入到各镇街。

当前，粤港澳大湾区建设已经进入全面实施、加快推进的新阶段，为园区新一轮发展带来了全新的历史机遇。接下来，松山湖将要以粤港澳大湾区建设为"纲"，全面贯彻落实广东省委"1+1+9"工作部署、东莞市委"1+1+6"工作思路，通过统筹发展，发挥松山湖高新区辐射带动作用和现有产业基础优势，对接和集聚粤港澳大湾区乃至全球高端创新资源，打造具有国际影响力的自主创新示范区，为粤港澳大湾区建设国际科技创新中心提供有力支撑。

第六章

基层社会治理大变革

JICENG SHEHUI ZHILI DA BIANGE

社会治理是国家治理的重要组成部分，重点在基层，难点也在基层。习近平总书记在党的十九大报告中强调："加强社区治理体系建设，推动社会治理重心向基层下移，发挥社会组织作用，实现政府治理和社会调节、居民自治良性互动。"

基层是一切工作的落脚点，也是党的工作最坚实的力量支撑。树立大抓基层的鲜明导向，把社会治理的重心下移到城乡社区，是新时代社会治理的重要任务。这关系到党和国家大政方针的落地，关系到城乡居民群众的切身利益。

新中国成立70余年以来，中国发生了翻天覆地的变化，尤其是农村，无论是环境还是人口结构都有巨大的改变，整个社会日益呈现多元化、复杂化、现代化的特征。而纵观这70余年的社会治理变革历程，在中国共产党的带领下，全国人民坚定不移地探索、开拓和推进社会主义社会治理现代化的过程，既有高歌猛进，也有曲折徘徊，更有飞跃变革，中国正探索走出一条中国特色社会主义道路的社会治理新模式，真真正正增强了人民群众的获得感、幸福感和安全感。

第六章 基层社会治理大变革

"信访超市"
最多跑一地

1949 年 5 月 6 日，在解放战争的隆隆炮声中，杭州市桐庐县宣布正式解放。从 2012 年开始，这一天，成为属于桐庐全县人民的"百姓日"。

新生儿红包、老年人春节红包、市民出行礼包、助残礼包……一大波惠民福利成为 2019 年"百姓日"的特色亮点，"万人集体宣誓""文明我践行、垃圾不落地"等新时代文明实践活动吸引了众多志愿者前来参加。

有意思的是，由 207 名市民代表组成的参观队伍，分批次参观县四套班子办公场所，与桐庐县委书记方毅面对面交流，拉起了家常。

"百姓日源自于百姓，目的是为了回馈百姓""从管理的视角到服务的视角""听百姓意见，为百姓服务"，桐庐县委主要领导一句句话，道出了百姓日的本质——为人民谋幸福。

作为浙江省首个全县域推进基层社会治理创新综合改革试点县，桐庐有着良好的基础。如今，桐庐正以"示范、引领、标杆"为目标，以建立一面党旗管引领、一个窗口管审批、一支队伍管执法、一个中心管治理、一个平台管指挥的"1+3+1"体系为工作载体，全力打造县域社会治理现代化示范区、标杆地。

最多跑一地 在桐庐县,"最多跑一次"改革正向社会治理领域延伸,诉讼调解、矛盾纠纷,企业和群众只须"最多跑一地"

信访"最多跑一地"

一窗受理、集成服务、一次办结,在浙江,"最多跑一次"的便捷政务服务早已不是新鲜事。眼下,在桐庐县,"最多跑一次"改革正向社会治理领域延伸,诉讼调解、矛盾纠纷,企业和群众只须"最多跑一地"。

"最难的事,都集中在这里办。"桐庐县委政法委副书记、综治办主任施伟说的"这里",指的就是于2019年6月24日正式投入运行的县社会治理综合服务中心。

走进宽敞明亮的服务大厅,就如同来到一个多功能"信访超市"。

"超市"整合了人民来访接待、矛盾纠纷多元化解、公共法律服务、劳动人事争议仲裁、心理服务指导等 15 个中心，集成了综治中心、社会治理综合指挥中心、"数字城管" 12345 统一政务咨询投诉举报平台、967000 便民热线，以及全县矛盾争议投诉信访受理职能，覆盖了法律咨询、法律援助、人民调解、公证、司法鉴定、行政复议、仲裁、诉讼等公共法律服务功能。

"目前，'信访超市'实行的是'1+3+X'工作模式。"施伟介绍，"1"指牵头主体县信访局，"3"指相关县级事权部门采用常驻、轮驻、随驻三种模式在中心窗口坐班服务，"X"则指的是适时需要参与信访矛盾化解的第三方社会力量，如法律服务、心理咨询等。

在这里，群众反映事项不论涉及多少个部门，都能一窗受理，简单信访事项当场直接调处，复杂疑难事项由中心代办，牵头多部门进行流转处置，实时告诉群众工作进展情况，并书面反馈最终处理结果，改变了以往信访户、诉求人多头访、多头跑的困境。

在此基础上，桐庐还开展了"书记大接访"、县领导 365 坐班接访等活动，市民有需求可以通过现场、电话和网上等三种方法预约，向县领导面对面反映有关事项。

原本在外省做生意的吴先生，想在当地投资开发蔬菜大棚，没想到投进去的 2500 万资金最后却打了水漂。吴先生在当地多次反映，却始终没有得到一个满意的结果。桐庐县相关部门了解到该情况后，转由县委书记方毅亲自接访。作为信访代办员，方毅主动与浙江省委政法委进行沟通，并由省委政法委出面与当地法院进行对接。

通过县、乡镇（街道）、村（社区）三级信访代办制度，并依托基层治理综合信息平台处理信访事项，中心在外部整合了政法、司法、信访等 9 个部门 30 余项职能的基础上，实现了内部数据信息共享，真正成为社会治理的大脑、信访维稳的中枢、为民服务的窗口。

截至 2019 年 9 月 18 日，"信访超市"共接待群众办理各项业务 2820 批次 4760 人次，跟进办理 656 件，当场答复办结 2164 件，当场答复办结率达

76.74%，受理调解（诉调、医调、访调）案件 605 批 1516 人次，涉及人数 532 人。

服务下沉，不用再往"城里跑"

自全县加快推动改革试点工作以来，桐庐努力实现社会治理领域"最多跑一地"改革，建设了社会治理综合服务中心，并以"1+3+1"体系为核心理念，在全县 14 个乡镇（街道）全部设立综合服务中心、综合行政执法队，推动审批、服务、执法力量下沉。

2019 年 6 月 21 日，分水镇综合行政执法队员在巡查时，发现一企业主未办理填埋燃气管道手续，擅自挖掘城镇道路，经执法队查处，给予企业主 3600 元的行政罚款处置。

而这一场景，在以往是做不到的。因为此前发现这类情况时，巡查人员只能向平台报告，由平台转给相关职能部门，等人员全部到位，才能一起前往取证，时间一过也许早已"人走茶凉"。

作为全省首批基层综合执法改革试点单位，2019 年 6 月，分水镇成立了浙江省首个乡镇综合行政执法机构。通过县级下派与镇级整合，同步将 38 名协辅警、77 名网格员整合充实到执法队伍中，划分 3 个执法中队。

"在原有执法权限基础上，目前已实现了包括市容环境卫生、城乡规划、城市绿化、市场监管在内的 16 个系统共 504 项执法事项的下放。"分水镇党委委员、人武部长李明介绍，今后这些违法现象的查处，都可以由执法队员一次性处理解决。商家也不需要再分别接受多个部门的检查，实现了"最多查一次"。

同时，分水镇还将目光聚焦到最小单元——村（社）层面。作为中国制笔之乡，分水有众多制笔企业，吸引了许多外来人口前来务工。为了更好地加强治安管理，镇所在地的武盛村借助"警务防区"和"全科网格"模式，形成了基层治理的"区网融合"机制,搭建了综治工作站"微脑"。

在此基础上,武盛综治工作站创新建立了"派出所警务区+基层网格员+社会力量"的"1+1+X"工作机制,并成立了"3名民警+10名专职网格员"队伍推进区网融合。

"事实上,我们的网格员既是作为协辅警,又承担了部分村干部的工作。"分水派出所副所长王聪说,网格员正是因为进得去、情况熟、善沟通,才能真正帮助群众把矛盾化解在萌芽中。

此外,综治站还集合了党群驿站、志愿者之家、民主议事厅、法律咨询室、百姓课堂等多项功能于一体,在为群众提供办事服务的同时也时常开展宣教活动,基本实现了"小事不出村,大事不出镇,矛盾不上交"。

居民自治激发社会治理活力

分水镇成立综合行政执法队,整合执法力量,实现职权下放,推动力量、服务下沉,只是桐庐开展基层社会治理创新的一个缩影。当前,桐庐14个乡镇(街道)正根据实际情况,打造"一镇一品",开创不同的社会治理创新模式。

在桐君街道南门社区,有这样一群平均年龄超过70岁的"人民调解员",专好"管闲事",住户在社区里遇到了什么不平事儿,只要找他们准没错。

2008年4月,社区里的6名退休党支部书记组成了一支志愿服务团队。由于他们的办公地点在社区一楼党员会客厅,居民下楼即可找到他们,因此他们被亲切地称为"楼下书记"。

"最开始,主要还是以接待党员为主,现在我们服务所有居民。"71岁的黎振远就是6位"书记"之一。据他介绍,目前"楼下书记"采用的是轮流值班制,每天都有一位"值班书记"接待和服务居民,日常工作主要包括调解邻里矛盾、组织志愿服务、帮助居民维权等。

人虽不多，但"书记"们却各有所长。74岁的叶秋玉虽然不是志愿者队伍中年龄最大的，但却是资格最老的，至今已有18年志愿服务经验。叶秋玉介绍，社区有9个党支部，其中有5个网格支部、4个特色支部，由于位于老城区，老年人众多，其中一个特色支部就是高龄党支部。

"我的工作之一，就是服务高龄党支部这些老党员们。"叶秋玉说，有些老人因为生病卧床不起，每个月她都要上门走访慰问，如果老人生病了也要去医院探望。

在"楼下书记"提供的社区志愿服务的协助下，南门社区被评为了"无诉无访社区示范点"。2013年，"楼下书记"也被作为基层社会创新的品牌，在桐庐全县进行了推广。

而同为老旧小区的迎春社区康乐小区，则在2018年9月成立了全县首个网格业委会，把业委会建在网格上，探索出了一条以居民自治、社区共治、党员协治"三治"为主线的基层社会治理新路子，以点带面推行自治和整治并行，破解老城区无物业管理的难题。

与此同时，桐庐钟山乡则立足本乡在外从政、经商等成功人士较多的实际，组建钟山乡乡贤基层协商民主议事会，成立以乡贤为主的机动队伍，搭建邻里"众言堂"平台，为当地发展建言献策，助推乡村振兴。

由桐庐旧县街道西武山村党支部带头、村级商会积极参与创立的"鸡毛换糖店"，用垃圾当"货币"——50只塑料袋兑换鸡精一包，300个烟蒂兑换打火机一把，20个塑料瓶子兑换牙膏一支等，村里一举摘掉了环境卫生"落后"帽子，逆袭成为远近闻名的"网红村"。

顺德：
社工挑起基层社会治理大梁

"2019年以来，顺德区委将更多资源下沉至基层，通过'党建引领、培育组织、健全机构、活化阵地、丰富活动'五大工程，创新基层治理机制。"佛山市顺德区委副书记、政法委书记王勇表示，要把各类管理服务资源有效统筹起来，积极回应群众最关心、最直接、最现实的利益问题，营造和谐稳定的社会大环境。

改革开放40多年来，顺德区作为广东县域发展的典型代表，屡屡被中央及广东省委省政府赋予全省改革试点的重任，为广东县域发展和突围率先探路。作为中国最早探索社会治理创新的地区之一，顺德涌现了一批在全国具有创新性、突破性、引领性的社会治理创新案例。

2018年，广东省委批复同意顺德区率先建设广东省高质量发展体制机制改革创新实验区，要求顺德以高质量发展体制机制改革创新实验区为契机，勇于突破、大胆试、大胆闯、自主改，着力解决高质量发展和建设现代化经济体系的突破问题。

"高质量发展，基础在城乡社区治理。"王勇在接受《小康》杂志、中国小康网记者采访时说，为了贯彻落实省委"1+1+9"的工作部署，顺德区委大力推进党建引领社区治理创新工作。为念好"共"（共建、共治、共享）字诀，打好"五治"（政治引领、法治保障、德治教化、自治为基、智治支撑）

党建引领 作为中国最早探索社会治理创新的地区之一，顺德涌现了一批在全国具有创新性、突破性、引领性的社会治理创新案例

牌，构建党领导下富有活力的社区协同共治格局，顺德改革再出发，全力建设高质量发展综合示范区。

社会组织"渗透"基层管理

2019年6月24日，一起"顺德打狗事件"闹得沸沸扬扬，并因此引发了一场"声讨打狗青年"的舆论风波。佛山顺德龙江保利上城小区内，两老人牵着绳遛着自家的金毛犬时，有一个女业主带着一个小狗走来（狗未拴绳），这时意外发生了，未拴绳的小狗往金毛犬身上扑，由于金毛犬受过专业训练且护主，就将小狗咬死了。事发突然，老人希望双方协商处理，但没想到的是女子却叫来了包括其老公在内的一群壮汉，一起动手将金毛犬打死，其间还把老人推倒在地，致老人受伤住院。因此有关部门希望有知情人士能协助帮忙寻找到打狗者，为老人讨回公道。

"对于顺德来说，这是一个重大舆情事件！"王勇对记者说。事发后仅仅过了两三天，网络上传得铺天盖地，但得益于社会组织的及时参与和协调，没有让事情进一步恶化。王勇说："正好通过这一件事，让我们看到了社会组织参与基层矛盾处理的重要性和高效性。"

记者在采访调研时发现，在顺德，各种社会组织几乎"渗透"到了基础管理的各个环节。

8月29日上午，记者来到容桂街道马冈村的松柏苑。看到50多个老人围坐在一起唱歌击鼓，玩得不亦乐乎，而在隔壁的厨房里，几位老人正在包饺子，准备大家的午餐。工作人员告诉记者，老人们唱的《感恩的心》是"众善乐融"社区的经典歌曲之一，每当有大型活动的时候，便奏响这首歌，集体表演手语舞，大家用一颗真挚的心感恩生活、感恩家国、感恩彼此。自从"众善乐融"社区养老服务中心进驻到这个村子以后，每天都有几十个老人聚集到这儿来，工作人员说："我们所有食物和用品都是大家捐赠的，这几位在做午餐的阿姨也是义务劳动。而我们在每一个服务中心都配备了3～10位不等的工作人员组织大家的生活、娱乐活动。看到这些老人生活得很快乐，我们也很开心。"

工作人员向记者介绍，社工在开展社区服务的时候，非常注重发展社区核心志愿者，把很多健康有能的长者变成了优秀的长者志愿者。他们倾力付出，不怕苦不怕累，与社工同心同德。他们愿做社工和社区服务的"智囊团"，积极主动地为社区服务提供信息、意见和建议，以及所需要的资源，帮助社区服务顺利发展。

目前，整个众善乐融项目已经发展了250位这样的核心长者志愿者，他们轮流排班，日均服务长者和残障人士600多人，日均提供志愿服务500多小时。他们撑起了8个社区的众善乐融社区养老服务项目，他们是保证社区福利稳定发展的重要的人力资源。

念好"共"字诀

在王勇看来，顺德区充分发挥了地方特色和优势，实施"强化党建夯实治理核心""培育组织促进协同善治""健全机构提升社区法治""活化阵地筑牢红基石"和"丰富活动传播正能量"5大工程20项措施,是念好"共"字诀,打好"五治"牌,推进社区治理现代化的重要手段。

基层和谐稳定是助推社会高质量发展的重要基石。2012年7月,北滘镇党委政府通过购买服务形式,引入一心社会工作服务中心(以下简称"一心社工")工开展社会服务,助力社区的稳定与发展。至今,一心社工已经在北滘跟进超过1000个个案,并且承接了3年顺德区工伤探视工作,积累了一定的个案经验。

2016年7月10日,北滘镇某企业的员工大巴发生翻车意外,导致2人死亡,多人受伤。北滘镇党委政府立即采取措施,紧急介入,并安排党员社工协助跟进死者家属。党员社工发挥专业所长,协助事件妥善解决,这也是北滘镇首次运用社工介入突发危机事件。"7·10事件"中,死者亲属之一是中山的官员,得知此事后执意要来,本地的亲属说:"你不用过来了,这边的政府很踏实,还让社工帮助我们,我们可以处理好。"临别时,亲属向在场的政府领导鞠躬,感谢他们为此事所做的努力。

其后发生的"1·18南源花园闪燃事件"(1死1伤,数百户受影响)、"1·19事件"(2死)、"6·5生产安全事故"(3死),北滘镇党委政府同样引进社工介入,均取得一定成效。发挥社工专业,协助政府介入突发危机事件也成为该机构重要的创新尝试。"6·5事故"中,家属反馈"本来也做好上访的准备,很感谢政府的介入,要不然很可能跟对方发生争执"。工作人员向记者介绍说,有家属反馈"感谢社工能够安抚死者妻子的情绪,要不然我们一群男人也不知道该如何安慰她"。

一心社工负责人对记者说,社工要介入突发危机事件,必须建立两个基础:信任基础与能力基础。信任基础是党委政府信任社工机构,相信社工的目标是促进社区稳定与发展,包容、接纳社工的工作方式;能力基础是社工要有扎实的处理个案的能力,协助推动事件良性发展。然而,建立这两个基础的前提是整个社工生态的打造，全赖北滘镇党委政府自 2012 年起长期支持家庭综合服务、职工服务、社区营造等服务项目，让社工得以扎根发展，沉淀经验。

值得一提的是，自 2012 年以来，为适应"小政府、大社会、好社会"的新形势，适应政府职能转移和发展社会服务的新要求，顺德正式启动公益创投的探索实践。区政府从社改经费中安排 500 万元镇街社会创新专项资金，由顺德区社工委负责分配，只面向镇街政府及其职能部门开放申请。同年，通过福彩公益金安排 500 万元公益创新种子资金，由区民政人社局负责分配，只面向社会组织和企业开放申报。

与其他地区公益创投以民政部门主导不同，顺德地区的创投涵盖七大政府部门（群团组织）。2012—2019 年间，两个创新大赛持续开展，分别旨在撬动镇街职能部门和社会主体参与社会建设。在两个大赛的带动下，截至 2019 年上半年，顺德区内以公益创投形式资助创新项目的党委政府部门包括区委政法委、区民政人社局、区委组织部、群团组织，区慈善会也通过"同行善"计划探索低收入家庭的服务项目资助。

2019 年 6 月，广东省德胜社区慈善基金会与 40 个项目签订资助协议，共投入 1087 万元支持顺德在教育发展、社区照顾、社区营造以及行业支持四个领域的发展。"发挥资金引导作用，撬动各方资源。"广东省德胜社区慈善基金会秘书长曾丽在接受《小康》杂志、中国小康网记者采访时说，基金会积极联合企业共同参与，积极撬动社会资源，与企业建立公益合作伙伴关系。如与顺德区青年企业家协会益基金各自出资 50 万元，打造了百万德益青年公益行动，推动更多的年轻人参与公益；基金会还联络高校力量，与顺德职院建立公益合作伙伴关系，共同推动青年公益的发展，并且与中山大学、清华大学展开合作调研与培训。

党建引领社区治理创新工作

"随着经济的不断发展，群众诉求复杂多样、案件审判任务繁重、区域调解资源条块分割等无一不在挑战着基层组织化解社会纠纷的管理和服务能力。"佛山市顺德区人民法院立案庭副庭长郭珮琳对《小康》杂志、中国小康网记者说。近年来，顺德法院收案数持续保持高位，2019年突破7万件，一方面审判压力十分巨大，另一方面不利于纠纷快速解决。顺德法院坚持以人民为中心的发展思想，认真贯彻落实习近平总书记所说的"把非诉讼纠纷解决机制挺在前面"的重要指示，结合顺德实际发展，牵头推动在区一级建成诉前和解中心，打造顺德多元解纷新模式，为人民群众提供集约高效、便民利民、智慧精准的诉前解纷服务。

顺德法院提高政治站位，积极争取党委政府的大力支持，推动改革融入社会治理体制，从共建共享社会治理层面高起点、高标准推进和解中心建设。和解中心由区委政法委牵头，由顺德法院履行建设责任。2019年以来，区委政法委多次组织区相关单位，召开工作推进会，进一步凝聚建设共识，研究解决相关问题。顺德法院积极履行牵头建设责任，成立专门领导小组，组建工作专班，研究制定建设方案，从建制度、建队伍等方面分阶段有序推动和解中心落成。集中对法院分流前置的案件开展集中"诉前"调解，与人民调解等基层组织的"诉源"化解、人民法院裁判的"诉讼"化解一起，形成诉讼纠纷"诉源+诉前+诉讼"的多方主体、多层递进的化解链条。

郭珮琳说，顺德法院通过党建引领，创新社会矛盾纠纷多元化解决机制，紧紧把握群众对解决诉求的强烈需求，将当事人放在司法过程中平等参与者的地位，以一种平等协商的方式来进行沟通、释明和调处，既能使纠纷妥善解决，实现案结事了，也使法院在便民司法、解纷息诉的过程中逐步建立司法权威，尤其社会矛盾全链条纠纷调解机制的建立使人民群众的司法获得感日益增强，不仅提升了社会综合治理的成效，而且进一步巩固了社会的和谐。

"顺德社区还将根据中央、省和市的有关精神和部署,继续系统深化党建引领社区治理创新工作,进一步构建党领导下富有活力的多元协同共治格局,推进顺德经济社会高质量发展,为全省乃至全国的社区治理探索顺德经验、贡献顺德智慧。"王勇对记者如是说。

顺德区乐从镇水藤村曾经的"水藤村康老院"现已成为"水藤村红基石党群服务中心"。水藤村村委负责人告诉记者,康老院现已停运,若作为物业出租每年能为村社增收 500 多万元,但为了全力推进组织振兴和文化振兴建设,以"党建引领方向 文化汇集力量"为发展思路,增强党委在文化建设的带领,方便村民零距离参与文娱活动,党群共融,村里不仅没有对该地块进行商业出租,还以此作为文化工作的凝聚点,通过盘活村内舞蹈、戏曲、书法、武术等资源形成团体力量,创新实施组织振兴和文化振兴的载体,打造覆盖水藤村约 4 万人口的党建组织大本营、文化传播新基地,让村内党群充分凝聚力量,感受知识力量与文化活力,进一步丰富水藤村精神文化生活。

红基石党群服务中心以党建引领为核心,以服务村民群众、传承和发展文体事业为目标,通过 1+1+N+N 的运作模式,即一个核心、一个党建基地、N 个社会组织、N 种组织服务的形式,打造联动社会力量的党建文化基地,探索党建引领乡村文化发展的新途径。

群众事儿，
商量着办

——

提起重庆市南岸区，很多人想到的形容词是：钟灵毓秀、璀璨夺目。地处长江、嘉陵江交汇处的南岸区，西部、北部临长江，与九龙坡区、渝中区、江北区隔江相望，东部、南部与巴南区接壤。这里不仅拥有优美的自然风景，璀璨的人文历史，还获得了许多闪闪发光的荣誉：国家卫生城市（区）、全国文明城市、第三批全国社区治理和服务创新实验区等。

面对社会治理，南岸区一直有着自己的实践与创新。土庙子片区，位于重庆市南岸区海棠溪街道辖区，是个20世纪80年代末建设的农转非安置小区，占地23亩，楼房6栋，居民328户，产权面积共2.1万平方米。由于这里违章搭建较多，流动人员也多，管线混乱，管网及消防安全隐患严重，解决这里社会治理难题的办法唯有整体搬迁，但是因为征收拆迁矛盾很大，协调困难，自2011年起，重庆市政部门、拆违部门曾4次拆迁进场，4次被迫撤退。

征地搬迁一直都是全国各地基层社会治理中的难题，只要处理稍有不慎就可能会酿成重大的群体事件。重庆市南岸区委书记郑向东对《小康》杂志、中国小康网记者表示，面对社会治理，南岸区曾一直有"三个疑问"：为什么民生投入越来越多，群众的满意度却难以随之提高？为什么经济发展越来越好，群众的幸福感、获得感却难以随之提升？为什么政府管得越来越细，居民认同感、归属感和社会和谐度却难以随之增强？

解决"小事" "三事分流"中的"小事"主要由社区"两委"主导,社区自治组织等共同协商解决

"究其原因,在于政府治理和社会调节、居民自治未形成良性互动。"郑向东说道。

转变社区职能,把群众组织起来

民心是影响搬迁工作进展的关键因素。2014年,海棠溪街道通过摸底调查,了解到土庙子片区大部分群众搬迁意愿强烈,搬迁改造具有一定的群众基础。为此,政府充分抓住群众基础这一关键因素,将很多难以进展的搬迁发动工作交给了搬迁意愿强烈的群众去做,变"要我搬迁"为"我要搬迁",实施"自治式搬迁"。

事实证明,效果出奇地好,仅两个月时间,该片区不仅95%以上住户签字明确搬迁意愿,而且还民主推荐出18名群众代表,以协助做好搬迁工作。

让基层回归民主,不等于政府就可以撒手不管。为明确政府、社区组织、居民个人在基层民主自治中的责权利边界,南岸区创造性地提出了"三事分流",即在基层议事协商时将群众诉求按照"大事""小事""私事"进行分类处理。"大事"即政府管理事项和基本公共服务,如执法监督、人口和计划生育、医疗卫生、社会保障、义务教育等事项,主要由政府负责解决;"小事"即社区公共事项及公益服务,如关怀帮扶孤老、社区楼道卫生、社区停车管理、广场舞扰民等事项,主要由村(社区)"两委"主导,社区自治组织、社区社会组织和社会单位等共同协商解决;"私事"即居民个人事务,如衣食住行、赡养老人、教育子女等家庭事务,主要通过引导居民群众自行解决或寻求市场服务。

比如关于清洁卫生方面的反映事项,如果是市政所属的公共设施和公共地带的,根据相关规定属于"大事"的范围,居民可以提出建议,由市政等职能部门开展调查后进行相应处理;如果是楼道清洁问题,根据"门前三包"规定属于"小事"的范围,可以由村(社区)"两委"出面召集协商解决;如果是个人家庭卫生问题,那就是"私事",居民可以通过市场服务寻求解决。

"以群众为根,注重民主协商是社会治理的重中之重。"郑向东说,在"三事分流"实施过程中,南岸区将商谈对话机制广泛引入基层群众自治实践中,多领域、多层次、多渠道开展基层协商活动。

以党建为引领,让群众参与进来

21世纪以来,随着居民生活水平的不断提高,买车的人越来越多,由于停车位有限,小区内车主乱停乱放、人车争道、停车难开始成为很多小区的普遍问题。

为了解决南岸区长生桥镇桃花桥社区今福小区停车难的问题,桃花桥社区党支部和自管会多次召开小区院坝会和小区车主协商座谈会,形成了小区停车管理方案,方案经由小区业主"一户一票"进行实名表决,最终以96%高票通过。项目实施后,小区将空地划分了70余个停车位,大门处安装智能车闸，刷卡进出小区，车主则按每车每年 220 元缴纳停车占道费。收取车辆占道费，使小区每年增加了近 2 万元的收入，这个收入全部用于小区设施设备的购置、维护等方面。通过社区协商形成治理方案，今福小区停车难的问题顺利解决，此举既提升了居民群众的自治意识，增强了参与小区治理的积极性，也让居民群众分享了创新社会治理带来的红利。

郑向东对此直言："实践证明，只有坚持把基层党建有形覆盖和有效覆盖有机结合，发挥好党组织的战斗堡垒作用和广大党员的先锋模范作用，才能为市域社会治理导好航、定好向，有序、有力、有效地推进发展。"

"三事分流"工作法为党建引领以及基层党员的模范带头作用提供了广阔的参与渠道。郑向东认为，南岸区长生桥镇按照"三事分流"基层治理原则创新性提出的"131"老旧散小区自治模式，就是党组织领导的居民自治的一种有效的实现方式。何谓"131"自治管理模式？即"党组织领导＋议事会民主商议、业委会决策执行、监委会全程监督＋形成长效管理机制"。在基层党组织的领导下，将党组织建在网格里、小区里，组织领导党员发挥先锋模范作用，加强基层党组织的凝聚力和号召力，并实行党员分片联系居民，引领群众参与社区物业自治与自我服务，从而让众多无人管、无钱管、无法管的事有了着落。

整合社会资源，发挥社会组织专业作用

"群众的积极性起来了，发现的问题也就更多了，解决问题的方案也就更多了，怎么让群众形成解决问题的共识，找到群体之间的'最大公约数'，成为我们思考的问题。"于是，郑向东把目光投向了社会组织。

"我们认为，统一群众思想、集中群众智慧，也要用群众的方法，也必须要发挥好社会组织的作用，让大家把意见端出来 PK 一下。共识从来都是在争论中形成，优秀从来都是在比选中产生。"郑向东说道。

郑向东以南岸区依托"益友公益发展中心"这个社会组织为例向记者做

了进一步说明。据其介绍，该组织在南坪街道探索开展了"V益案"活动。活动启动期，益友公益发展中心联合13个社区公益站，在社区广场和小区开展居民宣传活动23场，发动居民关心身边小事，着力于周边环境、邻里关系、弱困救助等社会问题提出创新性解决方案，征集居民有效公益方案300多份，不仅解决了居民关心的社区环境、邻里关系、扶老助残等问题，并且充分发挥了社会组织的服务载体作用，联动社区、辖区单位和群众共同参与、实施社区治理项目356个。

为了进一步探索社区治理新路径，2018年6月，南岸区民政局和南坪街道合力打造了南岸区社区治理创新中心（社会组织孵化基地），采取"政府资金支持、社工人才培养、社创项目投放"的运营模式，汇集了13家专业社会组织，搭建政府购买服务平台。

据郑向东介绍，目前南岸区社区治理创新中心已经取得了不小的成绩。第一，政府资金支持，整合各部门购买服务资源，加大行业主管部门资金投入；同时，积极链接社会资金，支持社创项目落地。第二，打造了"社创营""青创营""研学社"等品牌项目，培训专业社工近200人。"社创营"以社区社工为培养对象，提升专业能力和社区治理水平；"青创营"为高校社工专业毕业生、公益团队骨干及有公益创业意愿的青年人提供专业辅导，为社区治理创新不断输送"新鲜血液"；"研学社"为社会组织提供平台，分享交流创新社区治理实践经验。第三，围绕全区社区治理目标，链接公益资源，策划专题性、融合性、多样性的创投主题，并持续发布创投项目。比如针对"家、校、社"三位一体的现代教育体系中社会教育的缺失，2018年，南岸区举办了德育创投项目发布活动，发布13个项目，全区多所学校与中心社会组织达成合作协议。

郑向东说："目前，我们正在打造全市首个校外'德育教育公益实践基地'，以学校带动学生参与的方式，解决社会组织德育教育公益项目落地难、参与人群不均衡、效果不显著的问题，成为优秀德育社创项目的最佳展示平台。"

提升办事效率　一平台受理所有事务

社区服务开通线上服务、电话热线服务，新的技术手段应用也为基层社会治理带来了极大的便利。

道路两旁乱摆凳子车位被占怎么办？小区居民养家禽影响其他住户如何解决？路边窨井盖存在安全隐患该哪个部门解决？……一系列关乎居民生产生活的问题，在南岸区，只要拨打服务群众综合信息平台下的"96016"服务热线，就可以得到解决。

"96016"南岸服务热线通过"一号对外、集中受理、分类处理、统一协调、部门联动、限时办结"的工作模式，对各类民生诉求实现了"统一交办、统一督办、统一回复、统一回访"。目前"96016"已整合了区长公开电话、市长公开电话、区行政服务中心热线、市政热线、区环保热线、南岸不动产登记中心热线等投诉咨询热线，建立起与水电气、城管、环保、物价、工商等多部门的联动机制，建成了集咨询、求助、投诉、建议为一体的政务服务平台，形成了24小时电话与网络双轨运行服务机制。

同时，2019年，在业内领先的科大讯飞AI技术的专业保障和支撑下，"96016"南岸服务热线全新升级为智能化语音服务平台，用户拨打"96016"，只需说出自己的需求，即可获得所需的信息与服务，充分享受自然语音交互的流畅、高效。

"三事分流"在很大程度上厘清了大事（政府公务）和小事（社区公共事务）之间的关系，形成了政府和社会责任共担的格局。不过，南岸区的探索并未停止。"大量家事私事所需的服务，如今在很大程度上是由市场提供，还没有全然进入社会治理的领域。"郑向东直言，政府和社会组织如何对私事特别是家事进行更加有效的服务，是有待深入解决的课题。郑向东表示，未来，南岸区将不断深化"三事分流"工作法，继续总结提炼"三事分流"典型案例和创新社区治理经验成果，为社区治理提供鲜活的经验和样板。

"新乡贤"
为乡村治理出谋划策

———

张钊远 2017 年 3 月上任河南省驻马店市汝南县南余店乡党委书记。

在此之前,张钊远在汝南县委办公室、汝宁街道办等单位工作,而南余店乡地处偏远、经济基础差。当年县委书记彭宾昌于"两会"期间在南余店乡代表团座谈会上勉励南余店乡代表团,"落后有后发的优势,条件差有改善提升的空间"。要敢于做"第一个吃螃蟹"的人!这给南余店乡干部带来很大的鼓舞和振奋。"这是组织对我的锻炼和信任,同时也意味着责任和压力。"张钊远坦言。

后来在汝南县 2018 年度农村工作暨扶贫开发表彰大会上,在人居环境、创建森林城市、农田水利、土地确权、秸秆焚烧等 5 项工作上,南余店乡成为唯一全部获奖的乡镇,"五块奖牌耀汝南"。汝南县领导打趣地问张钊远:"怎么领奖的又是你?"

南余店各项工作后来者居上,实现跨越式发展,对此,清华大学社会治理与发展研究院贾征教授认为,这可称为"南余店乡现象"甚至是"汝南现象"。

五老:发挥余热助力治理

"思路决定出路,方法决定成败",这是南余店乡党委、政府的"座右

第六章　基层社会治理大变革

"村村通"　在国家脱贫攻坚政策的支持和干部群众的努力下,南余店乡的村容村貌和治安环境大改变,道路和水电等实现"村村通"(摄影／陈秋圆)

铭",它反映的是一种解放思想、创新工作方法的决心和勇气。在南余店,"五老"协会就是一个创新之举。"五老"人员主要是村里口碑好、威望高、能力强的老干部、老党员、老教师、老村医、老退伍军人等。

一天夜里,薛庄村的"五老"协会会长霍好朋接了个电话,电话里对方语气急躁,言辞激烈。原来因为李家建房屋时与朱家挨得太近,双方发生了矛盾。经过了解后,霍好朋动之以情、晓之以理、劝之以法,最终两家矛盾得到解决。

"五老"在日常生活中,主动化解矛盾纠纷,实现"小事不出村、大事不出乡、矛盾不上交、就地能化解"。2019年以来,南余店乡"五老"人员直接或间接调解各类矛盾纠纷近300件,其中疑难信访件6件。很多村支部书记深有体会地说,当前农村工作任务重、急、多,而村里干部少,"五老"及时收集、反馈、沟通和解决群众反映的问题,从而避免问题拖大,成为村两委的好帮手。

"五老"人员里面,大部分是退休干部。当被问及为何还愿意"生那麻烦",积极参与村里工作,甚至是无偿付出时,李楼村"五老"人员总结说,尊重是前提,干正事是本分,有好的管理模式,并不是个"空架子"。"书记是请我们为村里出谋划策,而不是命令或指令。还邀请我们参加座谈会,了解党和国家最新的政策,征询我们的意见和建议。这是一种尊重,是对我们的认可。"

尊重,这是张钊远一再提及的,提高政治站位,特别是村支部书记要有胸怀,"五老"人员无论亲疏远近,都要尊敬、尊重和关爱。"尊重五老,就是尊重历史、尊重明天的自己",他的这些理念说进了很多"五老"人员的心坎里。

正如南余店乡乡长霍涛所说,"五老"协会成为可运行和发挥作用的机制,经过了全面调研和顶层设计,即在借鉴"枫桥经验"的基础上,活用汝南县信访工作"三亲自"(县乡村三级书记对信访工作亲自研判、亲自接访、亲自处访)工作法,坚持群众观点和群众路线,创新"群众的事由群众管"工作机制,组织"五老"人员成立"五老"协会。

首先要"啃硬骨头",将上访问题较多的张湾村作为试点。提前谋划,召开座谈会,邀请村"五老"人员参加会议,讨论并通过了《协会章程》,村党支部书记任名誉会长,会长、副会长及会员由民主选举的方式选出。章程明确规定"五老"协会的职责和使命,他们是文明风尚的传承者、乡村事务的智囊团、社情民意的代言人、邻里纠纷的调解员、作风纪律的监督员、地方文化的推介员;规定村两委每年向"五老"协会至少汇报2次工作,"五老"人员提出的意见和建议必须认真研究和分类处理,乡纪委督导进度。对全村重要工作安排,"五老"人员有权要求列席村"两委"会议等。

乡党委、政府还对全乡144名"五老"人员举行集中颁发证书仪式和开展慰问活动。"咱是乡村颁发证书的人,可得好好干!"有的"五老"人员说,我们现在成了"老宝贝"!

通过一系列的安排和推广,南余店乡把"五老"协会融进整个乡村治理格局中。

当前，农村基层治理难题主要是由邻里纠纷、家庭矛盾、偶发事件、对政策的不了解等原因造成的。在脱贫攻坚中，面对一些贫困户或贫困户对政策落实方面的误解或意见，"五老"人员主动解答扶贫政策内容，说明乡村干部工作的艰辛，"在田间地头和其他村民聊天时就把工作做了"。

自"五老"协会成立以来，乡级信访量明显下降，县级以上信访量屈指可数，有效破解了基层治理难题，形成了强大的发展合力，逐步成为全乡社会稳定、助推经济发展的"压舱石"。正是有了良好的发展环境，广大干群心往一处想，劲往一处使，乡党委、政府才能聚精会神谋发展、抓落实、求实效。

班子：解放思想实干争先

2019 年 9 月 28 日，汝南县举行迎国庆合唱比赛，张钊远也是南余店合唱队的一员。"书记参加能加分，"张钊远说，"我们的目标是拿奖牌！"说完他自己也笑了，"有目标很关键。"

张钊远到任后便提出要"更新观念"，破除偏远小乡带来的思想禁锢，树立"小乡大作为"的理念。不只合唱比赛，南余店在一系列工作中制定接地气又高标准的目标，"先是要摆脱后三名，再是争取前三名"，激发干部内生动力。同时及时宣传乡里活动和成就，树立外部形象。2017 年全乡 14 项重点工作、2018 年 16 项重点工作居县先进行列。干一件成一件，干部信心又进一步增强。

"火车跑得快，全靠车头带"，该乡综合治理办公室副主任朱午阳记得，张钊远上任第一个会便对班子成员说，希望大家放手开展工作，不必有顾虑。"书记有干劲，乡长有经验"，二者搭配，捋顺关系，率先垂范，为南余店带来了一股风清气正的干事创业之风；干部的工作作风和精神风貌也发生了很大变化，他们不再坐等领导安排工作，更多的是自觉深入基层，主动找群众解决问题。"班子行不行，就看前两名"，张钊远说，会前多调研、会中多讨论、会后抓落实，通过多授权，发挥班子合力，打好脱贫攻坚战。

南余店以脱贫攻坚作为统领全乡经济社会发展的第一政治任务、第一民生工程来抓。该乡是个农业乡镇，产业几乎为零，发展机会少，青壮年大多外出务工，平时乡里主要是老人、妇女和小孩，贫困发生率高。然而脱贫攻坚重点关注落后地区和困难群众，因此政策给了这些地方"弯道超车"和实现跨越式发展的机遇。

"脱贫攻坚任务重、检查细、问责严，也倒逼干部不得不务实，作风不得不转变"，乡党委副书记武建华坦言这两年的工作"累，但值"。全乡成立了由书记、乡长和副书记等班子成员组成的脱贫攻坚领导小组，产业扶贫、金融扶贫和社会扶贫等工作体系，10个村全覆盖脱贫攻坚责任组，乡村干部驻守一线，常态化驻村开展帮扶工作，切实联络到组、分包到户，压实各级帮扶人员责任，从而打造了一支扶贫"铁军"。

自实施"精准扶贫"政策以来，乡村一项重要工作便是识别贫困户，确定贫困标准。包括张钊远在内的干部亲自到贫困家庭进行调研，了解致贫原因，破除"等、靠、要"的思想，并根据贫困户意愿，围绕相关扶贫政策，制定帮扶措施。

薛庄村联合县扶贫办、人社局、县农广校等部门开展雪绒花家政培训贫困人员260人次，开展余氏勾编、农村实用技能培训280多人次，电子商务培训65人，残疾人培训30多人，不断增强群众外出务工和自主就业的竞争力。大力开发公益性专岗项目、引导贫困户在扶贫车间就业，引进博东户外手工编织、鑫广宇亚服饰等企业，带动320人就近就业。"现在农忙时收花生，农闲时到扶贫车间工作，如编藤、服装加工等。"在此工作的女工说，"在家就业真好，兼顾庄稼和老小。"

在国家脱贫攻坚政策的支持和干部群众的努力下，南余店村容村貌和治安环境大改变，道路和水电等实现"村村通"。困扰了群众多年的道路出行问题得以解决，村民下雨天再也不用走泥泞路了。

第六章　基层社会治理大变革

龙游"舒通"基层堵点

打开微信，进入"龙游通"，在手机页面显著的位置上设有"两委成员""组团联村""概况村规""村情动态""三务公开"等模块。在"协商民主"版块下，村里 2018 年度所有的财务支出预算项目都被详细地公示；在"三务公开"版块下，各类通知、需求清单、财务对账单都被"晒出"。这是《小康》杂志、中国小康网记者在"龙游通"微信平台随机选择龙游县东华街道十里铺村看到的页面。

如果把基层比作人体的"神经末梢"，基层治理的核心就是抓住"神经末梢"的关键"痛点"。"龙游通"平台就是龙游县攻克基层治理"最后一公里"难题的抓手之一。如今，龙游县通过搭建"龙游通"、建设"舒心馆"等措施，不断创新基层治理模式，蹚出一条实现基层共建共治共享的新路子。

"草根"创新出了"村情通"

与其他基层治理模式"自上而下"的探索模式不同，"龙游通"可以说是来自"草根创新"。"龙游通"的前身叫"村情通"，是东华街道张王村村支书袁平华摸索出的一个借助互联网技术联通上下的"金点子"。

2013 年 12 月，袁平华刚来到张王村工作的时候，面对的是一团乱麻的

蹚出新路子 如果把基层比作人体的"神经末梢",基层治理的核心就是抓住"神经末梢"的关键"痛点"。如今,龙游县蹚出一条实现基层共建共治共享的新路子

处境。由于村务公开不够、村民长期以来对党支部失去信任,村里的工作开展起来举步维艰。村务公开栏的财务公示刚贴好就被撕,村民投诉上访电话不断,甚至连袁平华停在村委会的车都让人用石子从头到尾剐了个遍。这些非但没有吓倒袁平华,反而让他更坚定了化解张王村治理难题的决心。

通过深入交流与调查走访,袁平华发现问题的症结在于村民与村干部之间存在信息不对称的现象。一方面是村民不知道村里的大小事项,村民面临想看的看不到、想找的找不到、想办的办不到等诸多难题,另一方面是村干部对村民的动态信息和诉求掌握不及时、不全面,二者之间的矛盾和误解也因此产生。

只有加强沟通和交流才能从根源上化解矛盾。随着智能手机在村民中的普及，袁平华萌生了开发一款软件，让村民随时随地都能查看村情动态的念头。于是，他画了一张草图，问做软件开发的朋友，在技术上能不能实现。朋友很热心，也乐意帮这个忙，两人一拍即合。

"2016年第三季度的低保从6月1日起至10日开始办理，请符合申报条件的农户带上身份证、户口簿，在外务工的请带上收入证明到王华处填写申请表。"2016年6月5日，张王村的第一条村情动态信息发布，也意味着第一版"村情通"正式上线。尽管是"草根"原创，"村情通"却也五脏俱全，软件包括"村情通知""三务公开""民情档案""评比栏""村民信箱"和"红黑榜"等11个版块。

很快，高效便民"村情通"逐渐得到了村民的认可。村民不仅可以足不出户了解村里最新的政策，还能通过发布信息享受村干部的上门代办。而信息的畅通也让这个曾经信访不断、矛盾重重的"后进村"，一跃成为"标杆村"。

"龙游通"攻克基层治理"最后一公里"

"村情通"的应用让张王村旧貌换新颜，也让"村情通"走向全县。针对城市社区居民的特点，龙游在"村情通"的基础上研发了"社情通"，增加了"掌上社区""物业服务"和"友邻计划"等功能，还针对园区企业特点搭建了"企情通"，并将"社情通""企情通"与"村情通"整合统一为"龙游通"。在形式上，"村情通"也从手机APP变为进驻微信端，方便村民、居民使用。

"目前，'龙游通'用户共计31.5万余人，而全县人口约有40万，这意味着每一户至少有一人使用'龙游通'，已基本实现全县域覆盖。"龙游县大数据局分管负责人施歆科向《小康》杂志、中国小康网记者表示。

"村民信箱"是"龙游通"的一大亮点。村民可以通过这一渠道发布信件，相关工作人员必须在三日内给予回复。龙游县大数据局指派专人负责，每日查看办理情况，如果相关单位存在推诿、扯皮的情况，则进行督办。"村民信箱"既是反映社情民意的窗口，又可以作为"晴雨表"，为舆情分析提供大数据支撑。施歆科向记者介绍，"村民信箱"所反映的问题大致可以分为城乡建设、村两委监督、环境卫生和表扬感谢等几大类。每个星期龙游县大数据局都会针对"村民信箱"所反映的问题进行分类梳理和信息评判。如果发现有哪一类问题被集中反映，工作人员就会对该类问题进行分析研判，形成《信息专报》向上级报告。"

农房整治中拆除违章建筑的工作历来是基层治理中的难点。以往，由于信息不够公开透明，村民对拆违工作存在抵触心理，意见较大。龙游在开展这项工作时采取了将拆前、拆中和拆后的图片分别上传到"龙游通"平台上的做法，做到拆违工作流程全透明。拆违工作最重要的就是做到公开、公平和公正。施歆科说："前段时间在地圩村一天拆除违建 20 多家，也没有发生任何纠纷。"

"龙游通"作为"村情通"的升级版，对许多功能进行了优化升级。比如，针对老人等打字存在困难的群体，"龙游通"开发了通过网格员"代跑腿"的语音约办功能。网格员在收到语音后，可以代替其进行操作，预约办事。而在增设的"信息广场"模块中，无论是居民还是村民都可以发布家政服务、求职、招聘等信息。"需要带宝宝的请联系我。"这是记者 2019 年 9 月 3 日在信息广场中随机看到的一条消息，浏览量已过万。如今，"信息广场"已经成为龙游人的"本地宝"，用户也十分活跃。

有矛盾来"舒心馆"

如果说"龙游通"通过打破信息孤岛，让信息得以上传下达，那么"舒心馆"作为县级社会治理综合服务中心的目标就是进行诉源治理，最大限度在源头上防范和化解矛盾纠纷。据悉，"舒心馆"于 2019 年 8 月 5 日投入使用，

第六章　基层社会治理大变革

由县委政法委牵头，联合多部门物理整合原本分散设置的多个社会治理平台入驻，为群众提供包括咨询、调解、服务在内的全方位矛盾纠纷化解。

据龙游县委政法委副书记季君向记者介绍，"舒心馆"实行零门槛、无差别受理，群众只需来到窗口反映矛盾问题，后期由"舒心馆"内部进行流转并调配力量解决，努力实现群众纠纷化解和信访"最多跑一次""最多跑一地"。除了群众直接来访，通过警调对接、诉调对接、检调对接、访调对接等其他来源的争议矛盾也可以来到"舒心馆"进行处理。

走进"舒心馆"，会一下子被各种特色的工作室和咨询室的名称所吸引。"亲青工作室"是共青团针对青少年进行心理辅导的咨询工作室；"龙游大妈工作室"是一些有阅历、有情怀和涵养的退休党员和干部组成的义工队伍，他们在国庆安保、交通和卫生保障工作中起到了很大的作用。季君表示，"舒心馆"的一大亮点在于将党群、妇联、团委、工会等群团组织纳入进来，通过进行志愿服务和开展心理咨询的方式参与到基层治理的工作中来。

领导接访是"舒心馆"的另一大特色。每个工作日，县"四套班子"的领导都会轮流来到"舒心馆"接访，领导接访时间会提前在网络上公示。记者在采访时，正遇到在接待室值班的龙游县人大副主任赖云。他告诉记者，自己在接访的过程中发现，许多矛盾都很微小，但有些群众就是想找领导倾诉。领导接访可以提高信访接待质量，梳理化解民众负面情绪，起到了让"信访金字塔"瘦身的效果。

为有效解决疑难复杂的矛盾问题，"舒心馆"还特意将公检法司中的退休干部和律师等一批有调解工作经验的专家接入了平台。刘益明是退休的县法院副院长，对诉前调解工作经验丰富，"舒心馆"专门设立了"刘益明调解室"。

"舒心馆"在运行两个月来共受理群众来访390人次，接访390人次，已办结363人次。参与访后满意度测评226人次，满意度100%。真正做到提高行政效率，减少群众诉累，"把矛盾化解在基层，把问题解决在当地"。

荣昌创出"枫桥经验"新高度

不管是企业机构还是个人，有了矛盾纠纷，一般的反应就是找法院打官司。然而在重庆市荣昌区，诉讼是人们解决问题的第二选择，人民群众对于化解矛盾、维护权益往往是"先调解"。

用当地百姓的话说："有矛盾，先调解！综调室在法院，解决纠纷很方便！"调解员们依法、依德对矛盾双方动之以情，晓之以理，双方表明诉求，又各有退让，最终达成和解。这是"小事不出村，大事不出镇，矛盾不上交，就地化解"的枫桥经验在新时期的荣昌的积极实践。

据悉，截至2019年9月，荣昌区已连续115个月无群众到市进京重复集访和非正常上访，连续112个月未发生较大及以上生产安全事故，群众获得感、幸福感、安全感显著提升。

"综调室在法院，解决纠纷很方便！"

谈到综合调处机制"荣昌模式"的创建，还得从2008年说起。当时伴随经济的发展和改革的深入，荣昌区各类案件逐年上升，那时每周都有不少上访群众围在县委办公大楼门前。如何化解矛盾，维护公平正义，促进社会和谐，成为摆在荣昌县委、县政府面前的一道难题。

第六章　基层社会治理大变革

■ "先调解"　在重庆市荣昌区，诉讼是人们解决问题的第二选择，人民群众对于化解矛盾、维护权益往往选择"先调解"

早在荣昌撤县设区前，2008年8月，为弥补单一的司法、行政或人民调解力量在化解矛盾纠纷中的不足，更加及时有效地预防和化解社会矛盾，荣昌县委在实践中探索，积极创新社会管理方式，设置了隶属于县政府的专职化解各类矛盾纠纷的机构——荣昌县综合调处室。据荣昌区综合调处室主任张德高介绍，综合调处室由法院、党政干部和人民调解员组成，指导在全区21个镇、街道建立的联调室和163个村、社区建立的解调室，打通7个专职调解组织、26个非诉讼委托调解组织、21个民间调解组织，开展"三级直通"的纠纷综合调处工作。

2017年4月荣昌发生了一起突发事件，荣昌区综合调处对于突发事件的提前介入，使得基层治理事半功倍。一位公交驾驶员郑某在工作中突发脑出血死亡，然而郑某并非公交公司的正式职工，而只是兼职司机，他的家人与公司发生赔偿纠纷。事后，家属将信息发布在问政平台上，荣昌区第一时间答复，当天下午组织双方代表见面，经过两个小时的调解，第二天双方达成和解，签署协议，在不到24小时的时间里解决了问题，不仅效率高，而且避免了矛盾扩大。对于调解结果，双方都非常认可。

自2017年起，在"全面加强社会治理，创新社会治理方式，完善矛盾纠纷多元化化解机制"的新形势下，荣昌积极探索预防化解矛盾纠纷的方法途径，建立了"人民调解＋警官＋法官＋律师＋商会＋村官"等多元参与的"1+N"人民调解体系。人民调解员常驻街镇、商会、派出所、法院，并充分发挥镇街驻村社区干部、村社干部、网格员等村官队伍扎根基层、熟悉社情民意的优势，让他们深入参与调解工作，将人民调解资源、力量向网格、家庭延伸，从源头上预防和减少矛盾纠纷的产生并及时化解。

此外，荣昌还将处置中心下移，建立了"1+5+N"快速处置机制，信访、公安、综调、司法、网信"五部门"联动，涉事部门和镇街参与，整合司法救助、慈善救助、临时救助、特殊疑难信访问题救助、重大矛盾纠纷救助等多方救助资源，为处置各类突发不稳定问题提供强有力的保障。

荣昌区人民法院院长向前直言："荣昌的综合调处机制具备调解范围广、调解力量多元、处置灵活性强、零门槛免费调的优势，极大地方便了群众，真正发挥了为民分忧、为企解困、为稳聚力、为诉减压的功能。"

数据显示，2014年至2019年6月，荣昌区综合调处室直接收案20454件，成功化解矛盾16185件，涉案标的达3.56亿元，当场兑现0.926亿元，为群众节约诉讼费841万余元。

此外，综合调处室还指导人民调解29355件，理性引导诉讼2289件，诉后委托调解成功或司法确认8361件，平均结案时间为4.2天。

如今，荣昌综合调处机制已成为荣昌人民群众维权解困最信赖的平台，"有事找综调"已深入民心、家喻户晓。张德高不无自豪地说："'枫桥经验'

第六章　基层社会治理大变革

在中国西部、荣昌大地上生根、开花，而且结出了新的果实。"

"大管家小管家，共管荣昌和美家"

"小事不出村，大事不出镇，矛盾不上交，就地化解"是"枫桥经验"的核心，荣昌的综合调处机制把"化解"二字落在了实处。然而化解之前如何"发现"，也就是如何及时发现问题，也是基层社会治理的难点痛点。

面对难题，荣昌区委、区政府同样采取"主动出击"，"全能网格"应运而生。2014 年，荣昌区出台推进城乡社区网格化管理工作文件，从指导思想到镇街具体落实上全方位科学规划该项工作，从政策层面上指明现代城市科学管理的发展方向。

荣昌区委政法委副书记刘纲宏告诉记者："荣昌的管理理念，就是建立健全'信息全掌握、管理无缝隙、服务无遗漏、责任全覆盖、问题主动解决'的精细化动态化服务管理机制，不断提升城乡社区治理能力。"2015 年荣昌城乡社区网格化服务管理就已经实现全覆盖。

据了解，荣昌的网格建设在实际操作层面根据具体情况创新了很多治理方式，实实在在打通了基层治理的"最后一百米"。昌州街道党工委书记雷华初告诉记者，网格建立后，他发现虽然每个社区都有网格员、路段街长、食品药品监督员、群防群治巡逻员等，但这些人员的管理主体各不相同，工作范围和职能较为散乱，工作效率和效果与城市的发展和群众需求不相适应。雷华初说："比如餐馆的厨余垃圾处理不当，职责属于食药监督员，治安问题属于巡逻员和派出所，治理到实际操作方面太繁复了。"

为此，2018 年昌州街道探索建立"昌州管家"城市志愿者网络体系，将该街道城市建成区划分为 40 个网格（街区），每个网格（街区）设立 1 名"网格管家"，进一步健全基层社会治理平台，逐步形成"遇事找管家"的良好氛围。

233

雷华初介绍道,"昌州管家"城市志愿者网络体系由"街道管家"(街长)、"社区管家"(路长)、"网格管家"(巷长)、"小区管家"(院长)、"楼栋管家"(楼长)、"门店管家"(店长)六大部分组成,各"管家"分别由街道具体领导、专职网格员、业主委员会或物管公司负责人、门店负责人等担任,共有770多人。其中,"网格管家"作为"昌州管家"的核心组成部分,由40名专职网格员志愿担任,并给予一定的经费补助,负责联络网格内的小区管家、楼栋管家、门店管家及居民,及时发现问题、反馈信息,以便协调处理相关问题。

同时,"昌州管家"还应用了互联网技术,为网格员们打造了处理问题的信息平台。只要网格员发现问题,若就地解决不了,就把信息发布在平台上,相关部门将在第一时间解决问题,大大提升了工作效率。"昌州管家"自运行以来,截至2019年上半年,累计收集基础信息37000余条,化解矛盾80起,现场处理事项260余件,上报街道处理事项78件,上报上级部门处理事项26件,服务弱势群体330人次,开展政策宣传70000余人次,形成了非常完善的"共建、共治、共管、共享"的城市管理格局。如今,"昌州管家"已在荣昌全区进行推广,"遇事找管家""大管家小管家,共管荣昌和美家"成为荣昌百姓口中响亮的口号。

有困难一呼百应的平安家园

在城市中,公共服务体系完善,有问题可以及时解决,那么在偏远的乡村地区,在群众有急救、报警、帮助等需求时,相关救助人员及配套设备无法及时到位的情况下,该怎么办呢?荣昌对此也有办法。

"6995",是"来救救我"的谐音,如今,在荣昌区清江镇,这个号码可谓是家喻户晓。

这个号码怎么用?2018年5月,清江镇竹林村10社村民杨正权正在清掏自家养鹅场化粪池时,沼气中毒,倒在化粪池底,生命垂危,他的妻子马上拨打"6995"这个号码,群内的村民们手机立刻响起,接听电话后,他们听到了杨正权妻子的呼救。村民们立刻赶到杨正权家里,迅速采取通风换气、联系消防队等措施。通过村民们近2个小时的施救,杨正权被成功救出,并送往医院救治,后治愈出院。竹林村的村民都说:"要不是在平安家园'6995'平台迅速呼救,村民们帮他通风换气,杨正权可能就会窒息而死了。"

据清江镇政法书记黄洪兴介绍,近年来,由于大量青壮年外出务工,农村的"三留守"人员较多,而村建制调整后幅员面积普遍扩大,乡村治理难以到底到边。一遇突发事件,普遍存在群众自救难、信息传递效率低、政府救援力量到达慢等问题,在偏远之地问题更加突出。为此,农村群众很希望政府能够为他们提供一种平台,在遇到突发情况的时候,能够快速、及时向邻居、亲人、好友及政府等发出求助信息。

于是便有了"6995"的出现。按照就近的原则,"6995"平安家园建设平台把每个村(社区)分为若干个互帮小组,每个互帮小组有10~15户村民。互帮小组内成员一旦发生突发事件,且自己不能处理,可拨打"6995"求助。

紧急时刻只要拨打"6995",联在一起的电话就会同时响起。原来很少联系往来的邻里,就这样从冷淡走向了温情,休戚与共;突患重病者被邻居送往医院得到及时救治,火灾隐患被邻居及时发现并消除……在清江这样的故事很多,"6995"正发挥着越来越广泛的作用。

目前荣昌的21个镇街都已经实施平安家园建设,荣昌区依托"6995",达到"一呼百应",实现平安建设的共建共享,真正构建起一张"治安联防、警民互动、邻里互助、生产互帮"的乡村平安家园网。

警民互动,看得到的安全

记者2018年、2019年两次来到荣昌,最大的感受就是在荣昌的城区街道散步，10～20分钟必会见到警车、警员巡逻，用荣昌百姓的话说就是"看得到的安全"。2018年以来，荣昌区扒窃等街面治安刑事案件发案率下降22.8%，群众安全感调查满意度达到98.87%。

这得益于荣昌区公安局颇具特色的"五巡"机制。荣昌区公安局指挥中心政委蒋鉴告诉记者，自2018年以来，荣昌区公安局以"保持见警率、提高知情率、增强管事率、提升满意率"为导向，探索"车巡、步巡、摩巡、视巡、便衣巡"的"五巡"机制，每天50余台警车近100警力、3800余个视频监控镜头同时开展常态化巡逻巡防巡查。

2019年9月7日是荣昌双河街道的"赶场天"，沿河街社区的统一着装的党群志愿服务队开始忙碌起来。他们分为3组，一组沿街发放扫黑除恶宣传单，二组在场镇内开展巡逻，并利用巡逻车循环播放扫黑除恶专项斗争、社会治安重点地区挂牌整治的广播资料，三组配合街道市政巡逻队一起对沿街摊贩和场镇秩序进行规范劝导。

这群身着荧光色反光背心的志愿者全部来自双河街道沿河街社区，他们当中有居民代表、居民小组长、党员代表等。这支党群志愿服务队是在双河街道党工委的指导下，于2018年6月10日成立的，共有志愿者62人，其中年龄最大的76岁，最小的20岁。

为什么建立这样一支服务队，还要从双河街道的实际情况说起。荣昌区双河街道政法书记唐智华告诉记者，双河街道幅员面积88平方公里，居民6.6万人，下辖8个社区，1个行政村，还有2个煤矿企业，以及多家农牧企业，等等。"街道的流动人口多，人员结构复杂，光靠专职的巡逻队、派出所专职人员负责治安，力量太薄弱了。"唐智华说，因此，发动群众，群防群治，成为双河街道必须依靠的法宝。双河街道将街道社区里的党员榜样与积极群众，以及低保人员动员起来，组成了党群志愿服务队。据统计，2019年1—6月服务队共排查调处矛盾纠纷、治安防范和服务群众256件，切实加强了基层群众性治安防范力量，提高了辖区居民群众的"安全感"和对辖区治安状况的"满意度"。

面对基层社会治理，荣昌以"综合调处机制"为核心，打出一系列漂亮的"组合拳"，为重庆全市，乃至全国打造了极为先进、值得借鉴的经验。荣昌区委常委、政法委书记唐成军告诉记者，为广大群众安居乐业创造和谐稳定的社会环境，荣昌区将进一步整合资源，打造荣昌区综治中心。

该中心 2019 年 10 月中旬正式投入使用，它与荣昌区法院诉非对接中心、荣昌区涉法涉诉信访维权中心、荣昌区社会诚信体系建设中心合署办公，形成集社会问题防范、矛盾纠纷化解、信访诉求维权、社会诚信提升于一体的社会矛盾综合治理集中办公区域和窗口服务平台。唐成军说："真正实现综治工作'指挥大统一、资源大整合、维稳大巡防、矛盾大调解、民生大服务、执法大协同联动'，让'荣昌特点枫桥经验'在新时期绽放光芒。"

全域旅游
带动治理升级

———

世界遗产地，地球绿宝石。从养在闺中少人识，到游人如织成为名副其实的火爆世界旅游目的地，贵州荔波县用了5年多的时间。

5年多的"成名"历程，实际上是荔波县实施全域旅游战略成果的显现，它不仅为荔波县带来了"富民"的旅游收入，成为脱贫攻坚的重要抓手，更让人惊喜的是，全域旅游战略为尚在脱贫攻坚道路上的后发地区探索出一条颇有特色的社会治理之路。

荔波是全域旅游的"弄潮儿"，早在2015年3月，荔波就首先提出全域旅游模式，随后2016年国家旅游局推出全域旅游的示范区、示范县，可以说全域旅游已经成了推动供给侧结构性改革的有力抓手。

百姓脱贫——从旁观者到受益者

"全域旅游是用旅游产业促进全域经济、全域公共服务、全域社会治理方式的全面升级，是对社会治理方式的一种创新，是'创新、协调、绿色、开放、共享'五大发展理念的体现。"荔波县委书记尹德俊表示。

在尹德俊看来，全域旅游的概念来自"五大发展理念"中的"绿色发展"，也就是把曾经看似对立的"绿色"和"发展"，转变成兼容互利的理念。同

良性互动 在全域旅游战略下，荔波整个区域的居民既是服务者又是主人翁，他们由旁观者、局外人变为参与者和受益者，能更自觉地投入到当地的社会治理中，最终实现政府治理和社会自我调节、居民自治的良性互动

时，由于旅游是一个环境友好型产业，且带动力强，既有利于协调人与人的关系，又有利于协调人与自然的关系。

而社会治理的终极目标不就是促进社会和谐发展吗？想明白这个道理后，尹德俊在没有经验可借鉴的情况下开始摸索实施全域旅游战略。

紧接着荔波县大力实施"七星抱玉""星宿计划"，在全域旅游的蓝图下，荔波不再是只以"大小七孔"撑名气的旅游格局，荔波按4A级以上景区标准打造7个各具特色的旅游小镇，每个乡镇至少创建1个3A级景区，实现"乡乡有A级景区"，集镇建成区面积达7平方公里以上。同时，以樟江、淇江流域为重点，通过庄园化、民宿化、艺术家村落、乡村博物馆和民间收藏馆等形式，激活"空心村"，做足特色文章，推进全县100个"看得见山、望得见水、记得住乡愁"的特色民宿旅游村寨，将荔波民宿旅游打造成全国具有影响力的旅游品牌，成功推出了寨票、水浦、懂蒙、董岛、洪江等精品民宿点和艺术家村落，民宿遍地开花格局初步呈现。如今荔波县宾馆酒店发展到251家、农家乐360余家、乡村客栈230家、精品民宿46家，旅游从业人员2.3万人。

在全域旅游战略下，荔波整个区域的居民既是服务者又是主人翁，他们由旁观者、局外人变为参与者和受益者，能更自觉地投入到当地的社会治理中，最终实现政府治理和社会自我调节、居民自治的良性互动。

荔波县通过实施全域旅游战略，强化社会治理创新，营造良好的社会治安环境，荔波经济持续向好、人民安居乐业，旅游业持续"井喷式"快速发展，成为当地群众脱贫致富的一项重要产业。在巩固"硬件"基础设施建设的基础上，荔波着力提升旅游服务能力和水平，实现游客接待量、体验度、安全感、满意度的大幅提升，2018年国庆期间连续6次获央视"点赞"报道，实现"零投诉"。荔波群众安全感和满意度连续7年排名全省前列，2018年，群众安全感测评100%，全省排名第一。

景区精治、社区共治、村组自治、社会辅治是实施全域旅游战略的四个关键点，作为县委书记，尹德俊经常思考"谁来治""怎么治""为谁治"的问题，这三个问题层层递进又互为补充。

很快荔波县创新实施"421"社会治理新模式，以服务全域旅游发展为主线着力营造良好的社会环境。所谓"421"即"四治理两平台一主线"，通过推进景区精治、社区共治、村组自治、社会辅治4项治理，解决"谁来治"；通过创新搭建司法信访职能整合服务平台和政法综治大数据管理服务平台2个载体，解决"怎么治"；通过明确全力服务于全域旅游这一条核心主线，解决"为谁治"的问题。荔波县健全服务管理机构，创新成立了景区旅游综合执法局、旅游纠纷调处中心、旅游法庭、旅游警察大队等机构，全面展开治安巡逻、交通管理、景区维护和服务游客，处突能力和服务职能全面升级。

而尹德俊也深知，社会治理必须坚持党建引领，充分发挥基层党组织作用，为此荔波县强化"街道主导、社区主抓、群众参与"的三级联动，构建以社区党支部为核心，"居委会—网格管理小组—楼栋长"为线条，辖区单位、业主委员会、物业公司参与的多元共治社区管理模式。

在现代社会治理中，农村地区存在普遍的难点。荔波县将社会公德、社会治安、村寨建设、环境卫生、计划生育、婚姻家庭、公共秩序、违规处理等写入《村组民约》，形成"一村一策"推动村组自治，同时将老党员、老村干、法律明白人、退休老干部、志愿者等聘为村组矛盾调解员，真正实现了"村民自治"。

除此之外，荔波充分发挥行业协会的沟通、协调和管理能力，抓好、抓实社会安保协会、"老年"维稳促进会等各种社会组织，发挥组织在行业自律、纠纷调解、互帮互助等事务中的能动作用，使其成为党委、政府管理社会、服务群众的得力助手。从而形成政府主导、社会协同、群众参与的社会治理新格局。

搭建司法信访平台也是荔波"421"社会治理中的重要一环，荔波将县司法局、县信访局职能整合，合署办公，把县司法局主导的公共法律服务中心、多元化调处中心与县信访局主导的群工中心"多中心合一"，为群众开展"一条龙"服务。

精神食粮——涵养人心促和谐

"通过培育践行核心价值观，实施乡村振兴战略，推动农村社会综合治理。"尹德俊表示，不能忽视核心价值观与传统文化在社会治理中的精神力量，这是促进社会治理和谐发展最核心的源动力。

荔波大力开展移风易俗、倡导新风，在突出抓好乡村环境整治的同时，利用家风家训、村规民约、乡贤、寨老文化，加强对群众的宣传教育和引导，让党的恩情在广大群众中入耳入心，使群众感党恩、听党话、跟党走。

荔波县佳荣镇大士村，经济水平相对落后。但自中华人民共和国成立以来该村从没发生过刑事案件和社会治安案件，其奥秘就在于群众自治，大家严格遵守传承下来的村民公约。"也就是说，社会进步和社会治理效果不是完全同步的。传统文化保持得比较好，村民道德约束比较高的地方，社会治理的效果也相对好。"尹德俊说。

"送文化下乡"活动，把文化服务的"精神粮食"送到全县的乡村、企业、景区等各个角落，是提升群众的整体文明素质的重要抓手。2018年10月18日，北京爱奇艺电影下乡文化扶贫活动走进荔波县佳荣镇大土苗寨，为当地群众带来科教片《懒汉养猪法》和爱国教育片《战狼2》，让群众在家门口享受文化大餐，进一步激发大家自主脱贫奔小康的内生动力。

荔波县属于少数民族地区，传统节日多，有"六月六"、斗牛节、瑶王宴节、跳苗节、龙舟节等。每到节日，各种文娱活动丰富多彩，有自发的、有组织的，每次活动都吸引众多群众前来参加。荔波县有关部门深入挖掘少数民族文化、历史文化、红色文化、古生物文化等，打造一批民族民间节庆活动，以此增强民族自信和文化认同。

"发展全域旅游有利于推动社会共建共治共享和乡村振兴。在当前全面决胜小康建设的征程中，乡村振兴和城乡协调发展就是重点工作之一，而发展全域旅游，有利于补齐全面建成小康社会存在的短板。"尹德俊表示。

第七章

文明建设新标杆

WENMING JIANSHE XIN BIAOGAN

2018年7月6日下午，习近平总书记主持召开中央全面深化改革委员会第三次会议。这次会议审议通过了《关于建设新时代文明实践中心试点工作的指导意见》。不久后，新时代文明实践中心试点工作紧锣密鼓地在各地扎实推进。

仅仅用了不到一年的时间，新时代文明实践中心就如火如荼地在全国各地建设起来，在传思想、传政策、传道德、传文化、传技能方面发挥了重要作用。新时代"文明实践"再出发，各地县（市、区）成为了"开路先锋"。中国县域占全国陆地面积的90%以上，人口占全国的70%以上，县域文明程度的提升和人口素质的提高，既是时代进步的需要，又是增强人民群众获得感的重要抓手，还能在一定程度上对县域经济高质量发展起到积极的促进作用。正因为此，县域创建全国文明城市的积极性日益高涨。

全国文明城市是中国大陆所有城市品牌中含金量最高、创建难度最大的一个，是反映城市整体文明水平的综合性荣誉称号。创建文明城市活动是把物质文明、政治文明、精神文明建设任务有机结合落实到基层的有效途径，是扎实推进精神文明建设，大力提高城乡文明程度、公民素质和生活质量的有力手段。可以说，谱写高质量发展的新篇章，离不开充满生命力的文明新风的助推。

第七章 文明建设新标杆

张家港：
"大满贯"的文明密码

夕阳西下，暑热散去，张家港市南丰镇永联村金手指广场上，忙碌了一天的村民们三三两两聚到这里乘凉、散步、跳舞。大人们热络地聊着天，孩子们欢快地跑着闹着。不远处24小时开放的永联农家书屋里，饭后阅读充实了很多当地人的业余生活。此时此刻的永联村展现出一幅安宁幸福的乡村生活图景，也成为张家港这座全国文明城市"五连冠"的美丽剪影。

作为唯一荣膺全国文明城市"五连冠"的县级市，在2017年的全国精神文明建设表彰大会上，张家港还一次性获得了全国文明镇、全国文明村、全国文明单位、全国文明校园、全国未成年人思想道德建设工作先进单位、全国道德模范提名奖等七项荣誉——张家港在实现文明"大满贯"的同时，也开创了全国县级市在中央文明委第一届评比中获评所有奖项的先河。

"五连冠""大满贯"，张家港的文明城市建设中究竟藏着哪些成功密码？

从常态"天气图"中发现问题

"团结拼搏、负重奋进、自加压力、敢于争先"，十六字的"张家港精神"早已深植每一个张家港人的内心。"它是这座城市的城市之魂、力量之源。"1991年来到张家港上大学，从此就再没有离开，中共张家港市委党校

小康中国 WELL-OFF CHINA

幸福 在张家港市冶金工业园（锦丰镇）悦来社区新时代文明实践站，志愿者正在为老人拍摄结婚纪念照，镜头面前，老人露出了幸福的笑容。2018年11月，张家港市新时代文明实践中心揭牌，随后，基层新时代文明实践所、站相继建立（供图/张家港市委宣传部）

　　副校长魏欣是"张家港精神"的见证者、研究者、传播者，他告诉《小康》杂志、中国小康网记者，张家港文明城市创建是从"讲卫生"开始的。"人可以改造环境，环境可以改造人"，这是张家港当年创建卫生城市的口号。

　　走进张家港市新时代文明实践中心综合展示馆，一张张图片详细记录了张家港创建全国文明城市的奋斗历程，也记录着"张家港精神"的成长历史。20世纪90年代，时任张家港市委书记的秦振华领着当地百姓，从上街拍苍蝇、扫马路、拆除露天茅坑开始，靠着80多万把笤帚，"扫"出了一个全国卫生城市，"张家港精神"也在卫生城市的创建中发端、成型。

　　成功创建全国卫生城市后，张家港人又将目标瞄准了全国文明城市，

第七章　文明建设新标杆

1994 年,张家港成为全国首个提出创建文明城市理念的县级市。1995 年 10 月,全国精神文明建设经验交流会在张家港召开,向全国推广"一把手抓两手、两手抓两手硬"的张家港经验。自此,"团结拼搏、负重奋进、自加压力、敢于争先"的"张家港精神"闻名全国。

从抓卫生环境到培育市民文明,从提升城市品质到促进城乡一体文明,几十年间,张家港市委主要领导换了一任又一任,但是精神文明建设"一棒接着一棒传,一任接着一任抓"的传统始终没变,文明素养得以在每一个张家港人心中生根开花。

"五连冠""大满贯"背后,是"张家港精神"引领下,持之以恒的全国文明城市创建接力。

多年来,创建文明城市在张家港市始终是"一把手工程",张家港市始终坚持精神文明建设与经济社会发展同谋划、同部署、同实施,每年对机关、乡镇进行考核,其中精神文明建设权重达到 50%。

很多人每天早上习惯看天气预报,而对于大部分张家港职能部门的工作人员来说,早上到办公室后的习惯都是打开政务网,查看张家港文明创建天气图。文明城市创建做到常态长效最难,市委、市政府也为此想了很多办法,文明创建天气图就是其中之一。

对照全国文明城市测评指标体系,结合实际情况,张家港制定了高于测评体系的相关指标,派出相关人员,对 40 类地方进行定期抽查。检查结束后在"张家港文明创建天气图"系统内部生成时间、地点、问题描述等相关信息,并在"天气图"上发生问题的点位加上一朵"乌云",限期整改,整改到位的改成"太阳",没到位的改成"闪电"。逾期未整改的单位,将在年终的绩效考核和文明单位评比中给予扣分处理。张家港市委宣传部副部长、文明办主任何俊曾评价道:"文明创建不能'一阵风',迎检时抓紧,过了又放松,应该做到常态长效。'天气图'反映的是张家港文明创建的全貌,是系统性地发现、解决问题,更好地让职能部门发现自己所管辖范围内的薄弱环节,并且做到举一反三,争取不反弹。"

在志愿服务和书香中遇见"新态度"

全国首推"网格化公共文化服务"模式,推动公共文化服务普惠均等;全国首创覆盖城乡的"书香城市"建设标准体系,推进全民阅读;全国首创"志愿服务伙伴计划",并在全国县级市中率先推出《志愿者礼遇办法》,推动志愿服务常态化进行……

"五连冠""大满贯"背后,是不断创新的理念和模式为城市带来的深度改变。

"志愿服务,生活新态度。"刚刚搬家到新址的张家港市志愿服务指导中心墙上,这几个字格外醒目。在志愿服务指导中心主任王飞看来,志愿服务早已突破单纯的活动范围,成为张家港人生活的一部分。"志愿服务是一种主动的行为,一种对生活的新理解、新态度!"王飞一边操作电脑一边向记者介绍着张家港志愿服务的情况。"友爱港城网"上实时显示着全市志愿者服务的情况,这一天,又有十多位热心人成功注册志愿者,成为爱心奉献者中的一员。网站上,志愿活动开展情况一目了然。2013年1月1日到2019年6月4日,张家港志愿者服务时长达到2886265.4小时,非志愿者服务时长达到62706.8小时,这意味着,不到7年时间,全市志愿服务达到近300万小时。编号"3524"的志愿者是其中耀眼的一位,这位年近六旬的老党员参加志愿服务的总时长超过10000小时,成为全市11.2万志愿者的榜样。

获得过"中国好人"称号的黄艳也是张家港志愿者大军中的一员。她是张家港地税局的一名普通税务干部,但更为人熟知的名字是"火姐姐",这源于她的另一个身份——阳光工程心理互助论坛版主。与心理互助结缘,源于多年前的一场变故,最难熬的那段日子,阳光工程心理互助论坛这个抗击抑郁症的公益组织给了她极大的帮助,也促使她想要借助平台,帮助更多需

第七章　文明建设新标杆

要帮助的人。从互助论坛的普通一员到成为论坛版主，并自学考取了国家二级心理咨询师，十多年里，黄艳学以致用，每晚开通"热线"，无偿为众多因抑郁症而备受煎熬的网友和患者家属扫去心中的阴霾。志愿服务的生命力在于常态长效。针对以往志愿服务中的"应景搞活动""服务对象单一""资金得不到保障"等问题，张家港市从2012年开始在全国首创"志愿服务伙伴计划"。"伙伴计划"实施后，张家港的志愿服务形成了"三单"模式：即文明办下单——发布项目；企业买单——资助项目；志愿者组织接单——实施项目。三方分工合作，有效调动社会力量，集聚爱心资源，打破了以往志愿服务纯政府推动或纯民间自发的界限。2012年以来，张家港市文明办及各单位共对外发布志愿服务项目400多个，企业资助金额折合人民币超过1000万元，受益群众超过100万人次。

让爱心得到回报。张家港还在全国县级市率先出台《张家港志愿者礼遇办法》，遵循"适度回馈"原则，出台志愿者礼遇10条。

在志愿服务指导中心，记者看到一台礼遇自助兑换机，志愿者可以在机器上使用个人志愿服务时长来兑换礼遇物品。据王飞介绍，这样的礼遇自助机在全国也是首创。

如果说在志愿服务中容易遇见生活新态度，那么对于文明的新态度，则可以通过阅读来培养。2012年11月，张家港发布了全国首个覆盖城乡的书香城市建设指标体系，从阅读环境、阅读设施、阅读成效等方面，将"书香城市"以量化、可考的指标形式体现出来，变模糊型推动为制度化约束。2014年8月，全国首家24小时图书馆驿站在张家港建成启用，市民轻轻一刷市民卡，就可以进入驿站进行电子阅读和自助借还。目前，全市这样的图书馆驿站有40家。

每到周末，张家港少年儿童图书馆都是爆满状态。分众阅读是张家港首创的全民阅读引导机制，围绕0至3岁婴幼儿、3至6岁儿童、青少年学生、残疾人、老年人等重点人群，张家港设置了特色鲜明的阅读活动。据张家港图书馆馆长缪建新介绍，2016年6月，图书馆联合张家港市妇幼保健所、南京师范大学全民阅读研究中心，发布了国内首个0至3岁宝宝阅读能力测试标准，并提供系列亲子读本，"未成年人是分众阅读的重要关注群体，阅读习惯要从娃娃抓起"。

答好惠民答卷

文明城市创建更像一张惠民答卷。"五连冠""大满贯"背后是与群众需求的精准对接。

文明创建有一大难题，就是缩小城乡差距，而城乡一个样恰恰是张家港文明城市创建的最大特色和亮点。这一点，从遍布张家港城乡的24小时图书馆驿站就能看出。

深入推进村庄环境卫生整治，实现国家卫生镇满堂红；扎实推进城乡公共服务体系建设，所有村（社区）均建成综合服务中心；成为全国首批义务教育发展基本均衡县（市），乡村学校少年宫在全国县级市率先实现全覆盖，一系列的手段让城乡文明在这里实现有效连接。

硬件有了，再加上贴心的服务，才能让文明创建真正成为最大的惠民工程。杨舍镇金塘社区住着7个村的动迁村民，常住人口7000人，社会管理是大难题；如今，这里的社区管理模式却成为各地争相学习的范本。中午时分，社区用餐点，老人们排队打饭，围坐在一起边吃饭边聊天，其乐融融。和合是金塘社区服务中心的名字，这里的24小时图书馆驿站免费开放，和合书场每天都放热播电视剧，不定期还会有评弹、说书表演，爱心理发屋为全村75岁以上老人免费理发，用餐点为80岁以上老人准备免费饭菜。和谐温暖的环境吸引了新鲜血液的加入，这个社区常住人口中有一半是来买房安家的新张家港人。

隔壁的塘市小学是一所获评"全国文明校园"的公办学校，有约七成学

第七章　文明建设新标杆

生是新市民子女，他们的文化背景、家庭背景和生活习惯各有差异。学校有针对性地开展了"走进家乡、我们的节日、南北文化大荟萃"等品牌活动，引领孩子在文化融合、情感融合的温馨氛围中快乐成长。

为了让文明城市创建切实惠民，张家港还定期举办"民生面对面"、机关干部下基层活动，在全省率先开通12345市民服务平台，平均每天受理群众诉求近6000个，办结率达99%。先后完成老城区改造、小区防盗门改造、居民小区楼道亮化、机动车停车位设置、文化中心建设、青少年社会实践基地建设等惠民工程；在全国同类城市率先实施新市民积分管理，新市民按照积分排名，可获取入户、子女入学等同城待遇。

张家港还是新时代文明实践中心建设试点城市。走在张家港市的大街小巷，公民道德教育馆、好人主题公园、好人广场，无一不让人感受到这座城市鲜明的特色。让文化滋养每个市民，让文明浸润整座城市。3位全国道德模范、5位江苏省道德模范、25位"中国好人"，这样的数字也为张家港的"五连冠"和"大满贯"写下了美好的注脚。

沙县：
晒出问题，让变化看得见

一天下午4点，"沙县城市文明微督查"微信工作群中，城市文明督办员刘健新发送了四张照片，并附图说："翠绿社区凤凰路僵尸车。"

不一会儿，城管员罗立忠就在群里回复："已联系拖车，立即清理。"

在著名的"小吃之城"福建省三明市沙县，类似的工作已成为常态。为助推城市管理、提升城市文明而推行的"沙县城市文明微督查"微信工作群管理模式效果显著，建群仅一个月就发现解决全县各类不文明问题300余件。

2017年11月，沙县荣膺"全国文明城市"称号。

这一年也是沙县的文明城市创建"项目攻坚年"，沙县多部门合力重拳出击，精准治疗城市"顽疾"：调整充实创城指挥部，设立九个工作组推动各项任务落实，并将城区划成32个片区192个网格路段，由县领导担任"片区长"，机关单位担任"网格路段长"，定期走访察看，现场协调解决不文明问题；组建"沙县城市文明微督查"微信工作群，及时曝光城市不文明事项和行为，督促相关职能单位限时整改，提高管理效率。据统计，三个月时间，沙县累计通过晒问题直接解决大小不文明行为和现象2000余个。

不仅如此，沙县还完善了《沙县精神文明创建活动管理办法》，探索推行文明奖发放"一年一评一定"，专项安排2000万元作为保障基础设施完善、环卫设施配套、清理整治工作经费。同时，抽调20多名乡镇纪检干部，充实

第七章　文明建设新标杆

县创城督查组力量，对实地考察点进行每日督查、每日通报，并将通报情况曝光，倒逼整改。30期督查通报、7个部门被责令表态发言、3个单位被黄牌警告、9名部门单位领导被约谈……一系列强力手段有效保证了整改力度，有效促进了文明城市创建。

沙县城区中心有一条盐仓街，虽然只有100多米，但是以往想要走过这条街常常需要花费5分钟甚至更长的时间。20世纪90年代初旧城改造时，不少居民搬迁到附近，逐渐自发形成一个临时市场，随着市场发展，渐渐扩展成一处1200平方米的违法建筑，不仅给群众出行添堵，更严重危及消防安全，但多次治理收效甚微。沙县以创建全国文明城市工作为载体，向痛点开刀、向难点宣战，从群众呼声最大的问题改起，再一次将目光聚焦到这一"老大难"问题上。这一次的整改效果相当显著，整改后走过这条盐仓街只要1分钟。盐仓街终于恢复了秩序。但是对于城市治理者来说，问题却没有结束。类似盐仓街这样的道路，整改后常常容易出现反弹，怎么让整改的效果保持下来？常态化管理制度很快建立起来——对易反弹的路段实行定岗定人。紧接着，便是用网格化管理巩固此前的治理效果。

除了大力度整治，沙县还采取堵疏结合手段，创新城市综合管理。"牛皮癣"是很多城市的一大"顽疾"。几年前沙县就引进过专业公司治理城市"牛皮癣"，还针对小广告的材质和颜色研发出不同的处理方法，一年清理小广告15万张，结果是屡禁不止。广泛听取民意后，管理部门发现了问题所在：家政服务、商家招聘等信息市场需求旺盛。于是，职能部门转变思路，陆续增设20个便民信息栏，问题迎刃而解。

文明城市创建的过程也是群众获得感不断提升的过程。近五年来，沙县每年超过70%的财政支出用于保障和改善民生，累计投入65亿元，办成66件民生实事。现在，市民出门10分钟就能到公园，金陵南路等一批多年断头路被打通……站在城西的淘金山山顶俯瞰沙县县城，沙溪绕城而过，一座河清景美的小城尽收眼底。

荣成市：
以诚信为荣

"荣成真美！干净、人和善、素质好，不愧是卫生城市、文明城市。"一篇为山东荣成点赞的帖子在贴吧中引发众多网友纷纷跟帖，"我也想去看看""宽敞清新，谁去都会喜欢"。环境佳素质高、文明而宜居，正是这些特质打动了一贯挑剔的网友，让荣成散发出自己独特的魅力。

以城为荣，正是这座城市发展的长久之计。

创建文明城市，涉及市民素质、环境卫生、城市秩序等各个方面，说易行难。为此，荣成市专门成立了文明城市创建办，针对平时工作中和百姓反映的难点问题，明确了工作中的63项内容、143条标准，依托台账管理、例会调度、督导考核"三位一体"的工作机制，从严从快推进各项工作落实。

在确定目标任务后，荣成将任务不断细化，定时限、定措施、定标准、定责任，分解到相关单位逐项落实。在任务推进方面，除了常态化的检查，对市民反映问题的完成情况，荣成还广泛开展明察暗访，定期组织考核评议，公开通报检查情况，考核结果直接纳入目标责任制考核。

诚信建设是荣成创建文明城市的一大亮点。在荣成，所有类型的社会主体都拥有自己的"信用档案"和"诚信名片"。全市79万本地居民和外来人口、3.5万个体工商户、1.6万家企业、140个部门单位、1420个村居和社会组织，已全部纳入征信系统。据荣成市委副书记、市长刘昌松介绍，早在

第七章　文明建设新标杆

2014年5月，荣成就已建成相对完善的征信管理系统，实现了"三个全覆盖"——信用体系覆盖到所有行业领域、信用对象覆盖到所有社会组织成员、征信内容覆盖经济社会各方面。

征信管理系统的建立只是第一步，为使信用监管工作常态化、精细化，荣成首创政务信用"诚信千分制"考核体系。即以1000分为基础分值，细化150多项加分项、570多项扣分项，根据信用对象的不同行为进行加减分，划分AAA、AA、A、B、C、D六个等级，分别代表诚信模范、诚信优秀、诚信、较诚信、诚信警示和不诚信，并对86种严重失信行为实行直接降级。

征信管理系统和"诚信千分制"考核体系的建立为后续一系列奖惩措施的实施打下了坚实基础。2017年，荣成还建立了主要负责人参加的信用"红黑名单"发布制度，每月发布一次"红黑名单"和严重失信案例。通过曝光失信行为让失信者处处受限、无所遁形。在许多城市的文明创建过程中，如何提高市民素质往往是最难啃的硬骨头。为此，荣成市广泛开展了礼让斑马线、排队上下车、文明旅游进社区、公共场所禁止吸烟、文明游园从我做起等10项系列主题活动，通过建立"路长制"、加大执法力度、开展不文明行为"随手拍"活动等多种方式，不断培育市民的文明素养。毫无疑问，荣成的一系列工作逐渐取得成效。以礼让斑马线为例，据荣成交警部门监测数据显示，目前，荣成全市公交车、出租车礼让率已达到100%，社会车辆礼让率达到98.7%以上。

2017年11月，荣成市获得全国文明城市荣誉称号。早在创建全国文明城市工作启动之初，荣成市委、市政府就旗帜鲜明地提出，创城不是为了争牌子，而是作为重点民生工程来抓。结合文明城市创建，荣成市实施了一系列重点民生工程，关系群众切身利益的医、学、住、行和文化娱乐环境得到极大改善。如今，文明已经成为荣成一张闪亮的城市名片，为荣成带来持续的经济社会效益。

巩义：
既有"筋骨肉"又有"精气神"

人文与美景交融，勾勒出一幅和谐宜居的美好图景——这是许多人对巩义的第一印象。

巩义市是河南省省会郑州市的下辖县级市。在巩义人的心里，"文明城市"始终与巩义相伴。

2017年11月17日，全国精神文明建设表彰大会在北京隆重召开，巩义市以河南第一、全国第九的优异成绩，被授予全国文明城市称号。

巩义市委书记袁三军在北京人民大会堂领奖。那一刻，巩义人的朋友圈几乎全被"夺牌"的消息刷屏了。在袁三军看来，创建全国文明城市成功，是巩义发展史上具有里程碑意义的大事，在巩义历史上留下了浓重的一笔；巩义收获的远不是一块牌子，它唤起的是1043平方公里土地的活力，凝聚的是83万巩义人的信心。袁三军说："我们创建全国文明城市的'初心'，就是不断满足人民对美好生活的向往。"

在创建全国文明城市的征程上，巩义可谓十年磨一剑。巩义市2007年、2011年两次荣获"河南省文明城市"，2015年成功入围"全国县级文明城市提名城市"。国家卫生城市、国家园林城市、中国优秀旅游城市、全国双拥模范城市、2012中国最具幸福感城市等一系列国字号荣誉花落巩义，也为巩义创建全国文明城市奠定了坚实的基础。

第七章　文明建设新标杆

多年来，巩义市坚持不懈地推进文明创建，促进文明水平持续提升，把巩固创建成果作为城市发展、改善民生的抓手，一年一个台阶，谱写了创建促发展、惠民生的壮丽篇章。

宽阔整洁的街道，现代气息的东区建筑群，如诗如画的石河道公园……走进巩义，人们无不为这座历史文化名城日新月异的变化而惊叹。

在过去的一段时期，巩义也曾在城市建设方面留下许多"历史欠账"。近几年，巩义人民切实推动全域创建，夯实"文明之基"，以文明的力量助推城市发展，建设和谐宜居之城。

如今，以创建全国文明城市为统领，巩义完成了城市总体规划修编，有力支撑了百城建设提质工程。围绕城市区域调整和功能分区，按"山、水、林、文、城"五位一体的要求，规划了"一带两轴、三城四点"城镇体系空间结构，编制完善城乡总体规划和12项专项规划。

以百城建设提质工程为抓手，巩义坚持重点工程、市政工程、民生工程统筹推进，总投资313.46亿元，实施项目420项。强化与周边城市互联互通，加快形成与郑州、洛阳、焦作等周边城市"1小时出行交通圈"。投资13亿元实施23项市政道路工程，打通断头路、卡脖路，城市道路运行效率不断提高。

"百城提质"构建起城市"筋骨肉"，文明创建则塑造了城市"精气神"。巩义坚持在创建全国文明城市的过程中突出思想内涵、强化道德要求，坚持以文化人，彰显城市人文精神。先后举办杜甫诗歌文化周等文化活动3000余场次，200余万人次参与。开展道德模范、孝老爱亲模范等评选，20人入选"中国好人榜"，形成阵容强大的"巩义好人"群体。

市民文明素养的提升，有力促进了城市管理的提质。违法搭建、乱摆摊点、乱停乱放等问题顺利解决，城市管理更加规范、秩序更加良好、市容更加洁净，老百姓真真切切感受到了创建文明城市带来的实惠和好处。

"我们将统筹推动百城建设提质和文明城市创建工作向纵深推进，提高人民群众的生活质量、幸福指数和满意度，把巩义建成崇德向善、文化厚重、和谐宜居的文明城市。"袁三军说道。

新时代文明实践的诸暨"算法"

"小事不出门、大事不出镇、矛盾不上交",50多年前,浙江省诸暨市因"枫桥经验"闻名全国;50多年后,这里以优异的成绩,一举创成全国文明城市,成为新时代文明实践中心建设全国试点,一股股文明实践清风,让这片古老的土地由内而外焕发出新的生机。

红白事"减"出移风易俗新风尚

2018年9月30日,一场"特殊"而温馨的婚礼在诸暨市五泄镇十四都村的崇德堂举行,新人蔡路聪和赵彬茹在众多亲友的见证下,携手宣布把节俭办婚礼省下的5000元捐赠给村关怀关爱协会。

与此同时,五泄镇政府还给两位新人献上了由诸暨市委宣传部、市文联组织市书画协会的书画家匠心创作的两幅精美书画作品,作为贺礼为他俩的行为"点赞"。

在这场婚礼宴席上,龙虾、鲍鱼等高档海鲜不见了踪影,西施团圆饼、家常豆腐包、糖醋排骨、炒三鲜等当地特色的"荷花宴十四碗"成了主打菜肴;没有五粮液、茅台等名贵酒水"撑场子",村民自酿的土烧酒唱起主角。

"这是我们村推行移风易俗后节俭新办的第一场婚事。"十四都村党总支

第七章　文明建设新标杆

▎**文明清风**　一股股文明实践清风，让诸暨这片古老的土地由内而外焕发出新的生机

书记蒋雪成说，得知这对新人婚讯后，他来到赵彬茹家提议酒席、仪式等尽量从简，没料到和小夫妻俩的想法不谋而合。

喜事酒席菜品每桌不超过 1000 元，分发的香烟每桌不超过 200 元……按照当地《移风易俗倡议书》的内容，婚礼在村红白喜事理事会帮助下热热闹闹地办了起来。

一直以来，十四都村都非常讲究红白喜事的操办排场，喜酒每桌费用动辄高达三四千元，村民流行着"有钱自然办，没钱跟着办"的"规矩"，一些经济条件不好的家庭只能"硬跟"，虽然很多人都有怨言，但谁也不肯放下面子。在诸暨，这样的情况曾经非常普遍。

2018 年 5 月，诸暨市开始探索新时代文明实践中心试点建设。诸暨市委宣传部常务副部长郭剑扬说，高标酒席、高档烟酒、高额人情等讲排场的风气，是群众反映最强烈、最紧迫的问题。

为此，诸暨以移风易俗作为试点工作的切入口，作为市委"一把手"工程，协调纪委、组织部、文明办，以及人大代表、政协委员、企业家协会、餐饮协会等单位共同协作，形成引导与监督合力。一场移风易俗大行动在诸暨展开。

俗话说，十里不同风百里不同俗，诸暨根据每个村的具体情况，一村一策实行深入推进。如东白湖镇陈蔡村规定办酒只用农家"土烧酒"；枫桥镇枫源村规定迎亲娶亲杜绝雇用豪车和大型乐队，白事不搞道场；同山镇吉水坑村取消了过"小年"大办酒席传统……

如今，"办酒不铺张、礼金不攀比、丧葬不迷信"等"七不"规定，以及"婚事新办、丧事简办、其他喜事减办或不办"、农村红白酒席操办标准、"新风尚"特色菜单等约定已在诸暨全市503个村（居）全面推广。

不仅是在农村，针对城区，诸暨市委宣传部、市文明办发出了《诸暨市机关事业单位党员干部移风易俗倡议书》，倡议一出，诸暨市多家酒店响应号召，推出了多款3000元以下的平价婚宴套餐。

据诸暨市市场监管局餐饮科统计，自推行移风易俗以来，当地红白事平均每场可节约支出5万元，全年可为老百姓减负10亿元，多个村还因此逐步建立起了村级关爱基金。

人文关怀"加"出和谐友善新邻里

在红白事"减肥瘦身"、倡导新风尚的同时，围绕人文关怀的"加法"也应运而生。

揉、捏、炸、装袋……2019年5月29日下午，一群身穿青绿色小马甲的志愿者聚集在直埠镇紫草坞村的文化礼堂，分工有序、有说有笑地制作着

第七章 文明建设新标杆

麦饺。他们是由该村村民组成的"小布衫"暖心志愿者服务队。

"端午节马上就到了，我们今天要带着麦饺去敬老院慰问老人。"志愿者汤伟丽告诉记者，这次慰问活动的费用，则是来自于村里的"小布衫"互助协会。

在这个协会里，有三个簿子——善款用途登记簿、暖心志愿者活动簿、爱心善款捐助簿，清晰明了地记录着每一笔关爱基金的来源、去处和每一次的志愿活动。

紫草坞村党总支书记吴国校介绍说，2018年10月，紫草坞村作为直埠镇试点之一，成立了关心关爱之家"小布衫"互助协会，协会资金来自乡贤企业爱心捐、党员干部带头捐、村民互帮互助捐、村级资产收益捐、村级资本补充捐，主要用于帮扶、关怀、公益、奖励四个方面，并建立起了透明的管理监督机制。

紫草坞村"小布衫"互助协会正是诸暨市全面开展关爱互助协会建设的一个缩影。在"人人慈善"理念指导下，诸暨各镇各村（社区）陆续成立、逐步筹建村级关爱基金，到2019年5月底，全市已有302个村建立了村级关爱互助基金，筹资规模达3141万余元。而乡风文明理事会则对基金筹集、管理、使用进行严格监督把关，实现民管民用、阳光运行，确保将每一分善款用在群众急难处、需求处。

除了建立关爱基金兜实民生底线，诸暨市还依托文化礼堂增强农村文化供给、打造文化惠民。根据规划目标，到2020年，诸暨将实现全市规模以上行政村全覆盖，提前两年完成浙江省提出的要求。为此，诸暨市级财政每年拿出近3000万专项资金用于农村文化礼堂的建设与运行。

值得一提的是，无论是移风易俗的"减法"，还是人文关怀的"加法"，志愿者始终都是诸暨市文明实践中不可或缺的重要"做题人"。

诸暨市提出了"推进全城志愿、打造温暖之城"行动，注册志愿者逾19.2万人，汇集形成丰富多元的志愿服务"大菜单"，并建立了村级"点单"、中心"派单"、总队"接单"的运行系统，探索"志愿联盟"创新做法。

"目前全市已成立了'义拉宝''手拉手''向日葵'等7个区域性便民志愿者联盟。"诸暨市文明办主任俞露介绍说，便民志愿者联盟主要整合了小家电维修、义诊、理发、书画和金融等服务。

与此同时，诸暨还形成了一批有区域品牌影响力的镇村志愿团队。

基层治理"乘"出"枫桥经验"新内涵

从一村一策推行移风易俗，到建立红白理事会制度和村级关爱互助基金、开展志愿者服务活动，再到打造农村文化礼堂……在诸暨，结出硕果的不只是文明实践成果，还有基层治理的创新。新时代赋予了"枫桥经验"全新的内涵。

紧跟时代步伐，诸暨创新打造出网上"枫桥经验"升级版，以"互联网+新媒体"实现基层社会治理。比如"1963法润"网络直播平台，由民警、法官、检察官、律师当主播，开设相关说法栏目，以案说法开展网上普法教育，进行线上互动答疑，联合基层社会调解组织将线上复杂问题引导至线上、线下调解解决。

2019年6月13日上午10点，诸暨市和美家教公益团负责人陈国杨登上"1963法润"直播平台，与老师和学生们一起分享如何预防和应对校园欺凌，这场直播点击量突破了10万，互动留言近1300条。

在诸暨的乡村治理与乡村文明实践中，乡贤则扮演着非常重要的角色。依托底蕴深厚的乡贤文化，当地积极筹建"乡贤资源库"，建立"乡贤治理"参与、联络、培养、评价机制，成立乡贤参事会、议事会以及乡贤调解小组、顾问团，推动乡贤成为信访维稳、纠纷化解的"调解员"，村级资产管理、账务支出的"监督员"。

据统计，诸暨市文明实践活动开展以来，213名在册乡贤成功化解矛盾纠纷57起，帮扶困难群众163人次，参与村级建设89个，回归项目13个，"乡贤参与、多元共治"的乡村治理新模式初步建立。

"新时代文明实践中心建设是一项全新的工作，没有固定的经验模式，从诸暨的实践来看，我有几点体会，即聚焦群众需求、社会关切，以小切入，着力在移风易俗减法、人文关怀加法、'枫桥经验'乘法上下功夫，从而形成富有诸暨特色的文明实践模式。"郭剑扬说。

第八章

休闲旅游新风尚

XIUXIAN LVYOU XIN FENGSHANG

  从近年来国庆长假的旅游消费趋势不难发现，人们享受假期的方式变得越来越多样，很多人不再满足于走马观花、蜻蜓点水式的旅游，更喜欢体验式乡村旅游、生态旅游。特色古镇、经典乡村游已经成为大部分人假期出行的首选。

  目前，休闲农业和乡村旅游已从零星分布向集群分布转变，空间布局从城市郊区和景区周边向更多适宜发展的区域拓展。从小打小闹的农家乐、渔家乐，到渐成气候的农业嘉年华、农业主题公园，在以农民为主体、社会资本广泛参与下，休闲农业已是融合一二三产业、生产生活生态一体的大产业。

  发展休闲农业和乡村旅游带动了餐饮住宿、农产品加工、交通运输、建筑和文化等关联产业，农民可以就地就近就业，还能把特色农产品变礼品、特色民俗文化和工艺变商品、特色餐饮变服务产品，增加经营性收入。一些地方把民房变民宿，农家庭院变成农家乐园，增加了财产性收入。特别是一些贫困地区，发掘独有的稀缺资源，有效带动了农民脱贫致富。

  可以看出，旅游时代的到来，对于各地来说都是一次绝佳的发展机遇。

遂昌：
一部戏一根粽一点红

九场室内音乐会、七场实景音乐趴，2019年8月，你可以在浙西南山区小城遂昌县邂逅肖邦的《夜曲》，重温经典的《二泉映月》，让跃动的打击乐直击你的耳膜……当然，你也可以在遂昌的山水之间用音乐把耳朵唤醒：在红星坪仰望星空听悠悠古琴，在东峰村感受热情的非洲音乐，在汤显祖纪念馆听"琵琶弹戏"……

400多年前，一代文豪汤显祖在遂昌创作了传世名作《牡丹亭》；400多年后，遂昌用可以跨越国界的"音乐"向世界发声。

"通过文化的再现，延伸相关产业，这是遂昌的'方法论'。"遂昌县委书记张壮雄在接受《小康》记者采访时介绍说，正在打造生态产品价值实现机制县域样本的遂昌县，把发展全域旅游作为生态资源转化为生产力的有效路径，文化的挖掘也日渐成为点亮遂昌全域旅游的一盏明灯。

一串音符推动一片产业

2019年是遂昌县第二次举办汤公音乐节。距县城1个小时车程，坐落在仙霞湖畔的湖山乡是音乐节的缘起之地。"举办汤公音乐节，其实是遂昌县委、县政府和躬耕书院共同筹谋已久的一件事。"遂昌县委常委孙培莲说，"我们希望借汤公音乐节,将遂昌打造成'原创音乐好莱坞'。"

中央音乐学院、天津茉莉亚音乐学院等国内音乐的高等学府因汤公音乐节结缘遂昌。通过音乐节,青年音乐家走进家庭,音乐大师走进校园,音乐课堂走进社区,音乐作品走进乡村。

2019年的汤公音乐节将古琴实景音乐会设在湖山乡红星坪村,昔日不知名的小山村一下子成为"网红"。"早在一个月前,就有客人订房了。"当地民宿业主濮家栋说。因为音乐节,这一带的民宿、农家乐现在一房难求,餐饮生意也同样火爆。

与红星坪村一湖之隔的黄泥岭村,作为汤公音乐节的缘起之地,音乐同样改变着这个山村。"每年节假日,村里都会来很多游客或音乐爱好者。"黄泥岭村党支部书记傅先强说,"我们的目标就是打造'音乐村'。"梦想很快就得到了市场的支持,2018年,黄泥岭村中一处废弃的小学被一家公司看上,该公司计划将其改造为以音乐为主题的民宿,租期10年,年租金15万元,这成为黄泥岭村集体经济的第一笔收入。

"遂昌正用一串音符撬动一片产业,成功带动文化和旅游融合发展。"浙江省文化和旅游厅厅长褚子育如是评价。

总规划面积2.98平方公里的浙江省级特色小镇——汤显祖戏曲小镇将在两年后与游人见面。未来,这里将以汤显祖《牡丹亭》中的"爱情"主题为核心,以东西方爱情文化交流互鉴为特色,打造文化旅游产业生态圈和全国独一无二的爱情体验小镇,着力发展包括婚庆、戏曲文化衍生、会展、休闲度假、养生疗养、农业观光等相关产业。

"小镇目前已经累计投资20.9亿元,建成后年游客接待量预计100万人次,旅游收入4亿元,税收1200万元。"遂昌县委常委、宣传部长郭劲松用一组数据展示小镇蓝图。

一根粽子成就千万产值

28 次登上央视各频道，100 多位设计师为它设计"新衣"，年产值超 5000 万元……在遂昌，用文化点亮产业的做法还淋漓尽致地体现在一个农产品——长粽上。

"2013 年，我在农户家做客的时候看到这家人正在包长粽，就拍摄了一组照片发到博客上，没想到短短几天的时间，博客的访问量就到了 10 万。"在 2019 年 7 月 19 日举行的遂昌长粽产业发展研讨会上，浙江赶街电子商务有限公司总裁潘东明回忆说，很多人询问这是哪里，这粽子怎么卖。

回到公司后，潘东明就开始着手做起了长粽的文章——把这种传统民俗手工艺改良成商品，再通过互联网的方式进行销售。遂昌长粽因为独特的外观和口感吸引了消费者的注意，订单量逐年增加。

"真正使遂昌长粽成为爆款是在 2017 年，得益于长粽背后的文化内涵被挖掘出来，得益于优秀的文创团队对长粽进行了再包装。"《小康》杂志社副社长赖惠能介绍说，那一年的端午节，遂昌县联合《小康》杂志社、浙江自然造物文化创意有限公司和赶街团队共同打造了"大过中国节端午遂昌行"活动，也是这次活动，让人们认识到了遂昌长粽不仅仅是食物，更是情感的载体。

原来，遂昌自古就有"送端午"的习俗。每年端午，女婿就会用扁担挑着长粽送到丈母娘家，象征着夫妻俩恩爱长久，也有祝福长辈长寿之意。

"遂昌长粽蕴含了感恩和分享的文化内涵。"浙江自然造物文化创意有限公司董事长张书雁介绍说，当年 3 月，由自然造物、好东西文化、浙江赶街电子商务有限公司联手打造的遂昌长粽"大改造"项目正式启动。最终，长达 40 厘米，重达 1000 克的"龙粽"，带着使命重出江湖，每根售价 168 元。不到 2 周的时间，1 万根遂昌龙粽被抢购一空。

2018 年，长粽的热度持续攀升，100 多位设计师为长粽设计包装的营销事件刷屏网络。2019年，遂昌长粽推广的第三年，长粽产业化发展的道路日渐明晰：遂昌长粽成为最具中国风、最具国货范的端午大礼，年销量预计突破200万根。

如今，遂昌长粽已成为又一个极具特色、最能富民、最具口碑的新兴产业。"一根粽子带动了民间霉干菜产业、养猪产业、大米产业、粽叶产业、包装产业……"潘东明说。

"整理记忆，挖掘内涵，讲好故事，制定标准，开发产品，强化创意，形成模式。"浙江省政协副主席周国辉用这28个字精练地总结了遂昌长粽从挖掘文化走向成熟产业的脉络。

一段红色情带动红绿资源价值转化

"2019年上半年，遂昌共实现旅游总收入65.90亿元，同比增长14.27%。"遂昌县文化和广电旅游体育局局长邱根松说，无论是举办汤公音乐节还是复兴传统年节，文化的自觉与自信已流淌进遂昌发展的血液里。

夏日的遂昌，西部山区翠峦竞秀，延绵不绝。比美景更让人印象深刻的，是新时代里的革命老区正发生的沧桑巨变。2018年6月，几张旅游达人身着红军服装的照片在新浪微博、蚂蜂窝、去哪儿等平台传播开来，拍摄地点就在距离遂昌县城50公里的旅游小乡镇——王村口。

80多年前，红军挺进师在王村口一带开展了三年艰苦卓绝的游击战争，留下了很多革命遗址和战斗故事。"挖掘红色文化带动乡村振兴，这个逻辑是通的，但是如何寻找突破点和切入口呢？"时任王村口镇镇长李宗2018年接受《小康》杂志记者采访时坦言，要说发展红色旅游，王村口面临交通不便、知名度不高等现实问题，必须寻找一个新的路径，"经过多地考察、多方论证，我们找到了一个突破点——红色培训产业"。

2016年，位于王村口的浙西南干部培训学院正式成立。无形的红色基因

第八章　休闲旅游新风尚

突破　"红色培训产业"是王村口镇发展红色旅游的突破点

被转化成青干班培训、党员活动日培训等有形产品。

记者从遂昌县委十五届七次（扩大）会议上了解到，当地正在谋划打造"红绿资源价值转化基地"，通过革命精神"沉浸式体验"课程、红色电影拍摄、研学实践教育营地等手段，打造研学、旅居、团建、会议四大精品旅游目的地，让红色文化的呈现形式更加多元、有形。

"全域旅游不能只单纯实现时时、处处，还要通过文化的挖掘形成一条条主线。"张壮雄展望说，挖掘汤沐文化"洗身"，发挥生态优势"洗肺"，利用红色文化"洗心"，品尝饮食文化"洗胃"，利用《牡丹亭》原创地优势延伸音乐文化"洗耳"，这或许是未来人们来到遂昌体验全域旅游时的场景画面。

天籁梁河：
生活就是这样火热

——

"姑娘，来，你帮我整个抖音，或者快手也行。"夏日的午后，偌大的宏兴市场内很是忙碌，卖家和买家做着交易，有些熟络的还会打声招呼、交谈上几句，正守着美食摊位的闫红军"捕捉"到了手持摄录设备的《小康》杂志、中国小康网记者，"大个子"的他一下子从小马扎上"弹"了起来，由坐姿变成站姿，再半倾斜着身子，脑袋探向记者的"装备"。

短暂的"检阅"后，闫红军确信记者可以帮他"搞定"快手短视频的录制，便迅即入戏。"这是米粉，梁河的特产，买回家中搞点香料一拌，就能吃了……这是顶好的南瓜饭，色味齐全，香甜糯软。"说话的过程中，除了熟练地把一大盆子定了型的固状米粉倒扣在摊位的案板上、随后又自然地搅拌了几下冒着热气的南瓜饭，他还特意展示了自家的微信收款二维码，和印着美食名称、价位、手机号的红底黄字的小牌子。

闫红军想请人帮他"整个抖音或者快手"的想法并非突发奇想。这个季节，行走在位于云南省西部、隶属于德宏傣族景颇族自治州的梁河县，只要"眼尖"，很容易就能遇上个大咖、网红，或是某一领域内的达人。盛夏时节，丝竹迎宾，这个有着"葫芦丝之乡"美誉的地方，迎来了诸多要共同为梁河旅游打造新产品、新业态、新路线把脉、支招儿、献计、聚智、洽谈、合作的天南海北的朋友们。

第八章　休闲旅游新风尚

传承　在南甸宣抚司署附近的一家葫芦丝文化传播公司内，小朋友们利用周末时间正在向老师学习葫芦丝演奏技艺（摄影／鄂璠）

南瓜饭、撒撇、土司宴，"需要的赶紧"

　　建于2002年的宏兴市场在梁河县城内算是个驰名的老市场了，梁河县平山乡人闫红军在这里做了十多年的生意，40多岁的他自称不太会表达，但却总能在微信朋友圈里变换着各种方式来为自家的南瓜饭赚吆喝。比如前天他直白地发一句"南瓜饭已做好！欢迎来电"，昨天他发的话就幽默了一把——"梁河帅哥南瓜饭已做好！需要的来电"，今天则更进了一步——"梁河帅哥南瓜饭走一单，谢谢美女的照顾，货不多了，需要的赶紧下单"。永远不变的是，这位憨厚实在的大哥每次都是有图有真相，还会留下"线索"——手机号码。

273

面对《小康》杂志记者，闫红军也明显表现出了对于南瓜饭的偏爱，但记者更好奇的是他卖不卖撒撇。德宏傣族景颇族自治州是云南的美食圣地，从傣味全席到街边小吃，无一不打动着食客的心，而德宏傣族景颇族自治州美食最出名的就是傣味。在梁河的大小餐馆、街头市场，到处都能寻到这里特有的美味——撒撇。

制作撒撇的食材通常有细米线、当地特产黄牛肉干巴，以及黄瓜、香叶、大芫荽等新鲜蔬菜，需要配上一碗浓郁的蘸料汁食用。在梁河，当地人最经常吃的是两种味道的撒撇，一种是又苦又辣的苦撒，一种是口感偏酸的柠檬撒。虽然是土生土长的梁河人，但闫红军却并不会做撒撇，也不怎么吃，他向记者指了指自家对面及旁边的几家摊位，示意记者去向他们讨教撒撇的做法与吃法。

梁河民间还有"不吃南甸土司宴，未到梁河来"的说法。来到梁河，一定要品尝一下地道的土司宴，而风味独特、选料考究、烹制精细、味道鲜美的土司宴也是梁河人民招待客人的必备佳肴。

南甸，是梁河的古名，傣语则称梁河为勐底。历史上的梁河是南方古丝绸之路的重要隘口，是本土文化、中原文化、东南亚文化的交汇之地，研究梁河历史文化的学者指出，梁河是中原文化向西南传播的终点。受汉文化的深刻影响，梁河土司酷爱具有中原风味和傣族等少数民族特色有机结合的美食，形成了独特的饮食文化。

讲究饮食文化的梁河人还专门为"南甸土司宴"编制了一本书，大团圆（土司土锅子）、年年有余（酱烩鱼）、金鸡报福（鸡肉扣肉）、金榜题名（大炖）、全家福（干拼）、团圆美满（肉圆）……诱人的菜名和美食图片令人垂涎，好在书中不仅公开了每道菜的原料、做法，还传授了制作要领，告诉人们这道菜所具有的保健功效、所传承的历史文化，以及流传于民间的逸闻杂谈，对梁河美食感兴趣的朋友们可以"按图索骥"了。

曾经的"土司宴"唯有土司贵族才能享用，如今，土司宴已经走进了梁

第八章　休闲旅游新风尚

河的寻常百姓家。而无论是自家的饮食风格,还是自己经营售卖的美食,闫红军在对于"做什么"的选择上都会忠实于两个字——生活。

被聚焦的网红

"站在梁河县的街头,各个少数民族的阿哥阿姐,他们太多的兴趣首先集中在火热的生活上。"这是专栏作者沙子对梁河这座小城的第一印象。

梁河全县总人口 17 万人,辖 6 乡 3 镇,居住着汉、傣、景颇、阿昌、德昂、傈僳、佤等 13 个民族,少数民族人口 6.1 万人,占全县总人口的 35.88%。

2018 年,同样是夏天,沙子初到梁河,在一条安静的巷子里,她看到了全国最大的墨绿色中华牌 2B 铅笔——这其实是经艺术家创作过的电线杆。这条艺术巷子和它所在的长安村其实已经小有名气,而她却是无意中发现的。当时她正身处一个热闹的集市,马路两边摆满了各种箩筐农具、水果蔬菜,身边都是四面八方来赶集的人,他们戴着大耳环、翡翠手镯,用当地特有的一种彩色花布做的包袱背着孩子,用各种她听不懂的方言讨价还价,火热非凡。

在遇见涂鸦之前,沙子完全没有想到,集市背后竟隐藏着一条色彩斑斓的、被艺术化了的小巷,美女与鲜花、热带植物、动画故事,被浓墨重彩地绘制成各种图案。还有几处是因地制宜的创作:车库被画成一台电视机,有个木栅栏的简陋餐馆被画成了红色公共汽车,村里居委会的黑板被巨大的手斜握成了手机模样……

简单的涂鸦让长安村成了具有艺术感、时代感的网红乡村。2019 年 8 月初,配合着惊艳艺术时光与回归田园生活的梁河国际葫芦丝文化旅游节,第六届云旅四季论坛暨梁河全域旅游工作推进会(以下简称第六届云旅四季论坛)也在梁河顺利启幕,好几位在业内颇有名气的参会嘉宾一进入梁河,就去探访这个"传说中"的"网红"。

然而,与外界"火热"关注形成鲜明对比的是,当地人"到此一游"的却并不多，问及他们梁河有哪些好玩好看的地方，他们大多只会推荐南甸宣抚司署、勐底金塔和九保古镇——第一处俗称土司衙门，既是全国重点文物保护单位，又是国家4A级旅游景点，同时还是滇西保存最为完整的傣族土司古建筑群，被人们称为"傣族故宫"；第二处坐落于梁河县南甸坝中心勐来小河与南底河交汇处，金塔始建于清朝，后修复改建，塔高57米，颇为壮观，而金塔广场不仅见证了梁河县委、县政府主办的诸多精彩活动，更是梁河县市民休闲散步、踏歌起舞最常去的地方；第三处是滇西南古丝绸之路的必经之地，具有深厚的文化底蕴，是滇西南茶马古道的必经之路，也是国民党元老、爱国人士李根源的出生之地。

但当把这些地方都走遍，再回过头来"钻进"长安村的那条艺术巷子里时，许多人还是会惊讶赞叹，因为它也是先生书院的"地盘"。

"其实我对梁河非常感兴趣的一个项目就是先生书院，它对孩子的吸引力是非常大的，对家长而言也是一个非常有情怀的地方，我觉得它特别适合作为一个旅游的项目。"在第六届云旅四季论坛的一场以"节庆活动助推梁河文旅融合发展"为主题的圆桌对话中，云南民族大学副教授秦岩说。

先生书院的故事要从4年前讲起。2015年，来自北京的艺术家信王军走进梁河，被梁河深厚的文化底蕴深深吸引，于是，信王军决定在这里传扬艺术文化。7月，先生书院创立，信王军想把中国最优秀的文化艺术传播至偏远的地区，用文化艺术改变云南的教育生态，成为一股改变未来的力量。

"深藏"在长安村艺术巷子里的先生书院是一间木质结构的民居，由一间电影放映厅、一个展览厅、一间艺术教室、一间阅读室、一间藏书阁、一间成人绘画体验室、两间客房、一间餐厅组成，充满了艺术氛围。

生活才是最美的画卷

虽然长安村是"网红"，但那些对火热生活充满了兴趣的梁河人民还是

第八章　休闲旅游新风尚

更多集中于与长安村相距 15 分钟步行路程的宏兴市场内。即便和你素不相识，即使你不是他们的潜在客户，这里的不少生意人也都愿意为你描述他们喜欢的火烧猪味道是多么地鲜美诱人，也愿意告诉你附近的哪家卷粉鲜嫩爽滑、汁水四溢，入口的感觉更加妙哉。

"热情的几个老客一来，一吆喝、一招呼，都是人情味，在这里生活就是最美的画卷。""90 后"亲子旅游达人、知名旅游博主浪毛线也在梁河的四天体验中捕捉到了生活的最美画卷。当时他光顾的是另外一个地方——九保古镇，感受历史悠长的同时，沿街琳琅满目的美食同样令他留恋。

2019 年 7 月 3 日，由梁河县文化和旅游局、同程旅游合作举办的世界旅游达人"验遇"梁河活动正式开启，由线上招募的明星验客、航拍验客、视频验客等达人组队体验梁河各个景点，"验遇"魅力梁河，感受淳朴的人文风情。浪毛线是参与此次活动的旅游达人之一。8 月 8 日上午，2019 中国·梁河国际葫芦丝文化旅游节在金塔广场隆重开幕，他也站在了开幕式主席台的中央，以旅游达人的身份推介梁河之美。

"阿昌山寨·风情之旅""回龙茶香·清新之旅""葫芦丝源·乡趣之旅""历史悠长·古镇之旅"，四条线路可谓是各有各的特色与风情。在描述"葫芦丝源·乡趣之旅"时，浪毛线说："傣家青年桑亮与傣族姑娘少玉的凄美爱情故事还在耳畔，那天有幸听到了青年葫芦丝演奏家倪开宏老师的一曲葫芦丝，借着细雨，觉得意境特别优美。唯一感到遗憾的就是小时候语文没有学习好，所以在表达上觉得欠缺了一些，描述起来就是如丝绸般柔软的感觉，飘逸又带着一些空转。"在他看来，要亲自体会，才会感受到那份喜悦和美好。

半城山水半城歌，小城奏享好时光

这两年，越来越多的人听闻了梁河并走进这座小城，越来越多的机构也被吸引过来。2019年1月至7月，梁河县接待游客120.64万人次，同比增长14%，预计全年游客接待量将突破200万人次。而中国旅游研究院昆明分院暨云南省旅游规划研究院则是进入梁河的机构之一，自2018年6月以来，已牵头相关规划设计单位以及各行业企业，开展了多次全域旅游规划调研、专题培训活动，旨在帮助梁河招商引智，为梁河旅游发展献智献策。2019年6月，《梁河县全域旅游发展总体规划》通过专家评审。

当下，应如何按照规划推动梁河全域旅游发展？在中国旅游研究院昆明分院暨云南省旅游规划研究院副院长、松江区文化和旅游局副局长蒙睿看来，第六届云旅四季论坛的成果将会为梁河旅游事业的发展指明方向。

大多数人都是通过"葫芦丝之乡"的美誉初识梁河的。梁河是傣族葫芦丝音乐的发祥地，有着厚重的葫芦丝文化积淀，先后孕育了龚全国、哏德全、倪开宏等一大批葫芦丝演奏家。2006年，梁河县被云南省政府命名为"葫芦丝之乡"；2011年，梁河县被当时的国家文化部命名为"中国民间民族文化之乡"；2014年，梁河葫芦丝获国家地理标志保护产品认证，成为国内首个获此殊荣的少数民族乐器产品。2016年4月，梁河县老中青三代1666人同时演奏葫芦丝，成功申报"世界上最多人同时演奏葫芦丝"的世界纪录。多年来，梁河涌现出了一大批葫芦丝制作和演奏人才，并以傣家葫芦丝独具的魅力和特色在艺术文化的殿堂中绽放光彩。而随着梁河知名度的提高，梁河的葫芦丝文化也翻越云贵高原，走向全国，传遍了大江南北。

在中国民族乐器社会教学学会会长，中国葫芦丝、巴乌专业委员会会长，中国少数民族文化艺术研究所研究员何维青眼中，梁河是世界葫芦丝人向往的地方，是所有葫芦丝人的家。

随着2019中国·梁河国际葫芦丝文化旅游节的开幕，梁河再次迎来了"奏享时光"的美好时节。"哎呀，太开心了，终于来到了我向往已久的地方，我可是从美国远道而来的，专程来参加我们梁河的国际葫芦丝文化旅游节。"2019年8月10日晚，在金塔广场，献上了一曲热闹欢快的唢呐演奏《百鸟朝凤》之后，有国乐娇子之美誉的著名管乐演奏家郭雅志仍然没有过足瘾，他把傣族著名作曲家卫明儒，以及2019中国·梁河国际葫芦丝文化旅游节国际葫芦丝大赛的评委们一起请上了舞台，他要用唢呐来吹吹梁河的葫芦丝名曲《人们向往的地方》。

此时此刻，无数梁河人都自发地汇聚在金塔广场，当晚，2019中国·梁河国际葫芦丝文化旅游节圆满闭幕，一场葫芦丝音乐的视听盛宴在梁河这座小城精彩上演，生动诠释了"半城山水半城歌，满城尽吹葫芦丝"的艺术氛围。而就在这一盛大的节庆活动期间，梁河县还举办了三场民族篝火晚会，欢快的气息充斥着整个金塔广场，老人、中年人、青年、孩子们都穿起了自己民族的盛装，身体随着音乐摆动，熊熊燃烧的篝火温暖着所有在场人的心。

人们向往的地方

梁河的一位姑娘曾对沙子讲过，这里一年四季其实只分为两个季节，上半年过节，下半年准备过节。这里傣族、傈僳族、阿昌族、景颇族杂居，除了春节、元宵节外，还有泼水节、阿露窝罗节、目瑙纵歌节等。而今，除这些节日之外，梁河还有国际葫芦丝文化旅游节、回龙茶文化节等火热的节庆活动。沙子觉得，对于这些喜欢载歌载舞的民族来说，单单在那条艺术巷子里画上美女、鲜花、动漫人物似乎是不够的，大象、犀鸟、民族图腾、民族传说或许会对他们有更大的吸引力。

全域旅游、全域休闲，如何实现当地居民和游客的共建共享？文化和旅游的融合之道在哪里？如何走上高水平可持续发展的美好生活路径？这些都是梁河这座小城"加速旅游产业发展"所急需回答的问题。

旅游文化是如今梁河县的"六大主攻方向"之一，而作为梁河县委"三大战役"发展思路之一的打好旅游文化提升战，亦是2019年全县的工作重心，"加速旅游产业发展"被写入2019年梁河县人民政府工作报告。为加快发展，梁河县在第六届云旅四季论坛期间还对重点项目进行了招商引资推介，其中包括梁河茶业产业链建设项目、皂荚产品深加工项目、土特休闲食品加工生产项目、木材制品项目、大坪子温泉建设项目、勐养江边竹林温泉及葫芦丝音乐小镇项目等。梁河县还专门把省内外旅游及相关行业的企业代表召集在一起，开了个云旅四季论坛·梁河政企交流会。

"没去过的地方都好玩，梁河就像是被私藏了多年的'美酒'，很多人听过、但没来过，一些人到过、但不了解。也正由于梁河旅游发展起步晚，对于很多游客来说是处女地，梁河的发展潜力和优势将会逐渐明显。"行走过很多地方的"无臂车王"、云南丽江茶马古道旅行社董事长何跃林坚信。

"除了吸引外来游客，梁河县不要忽略当地百姓的需求。梁河的村庄距离县城大部分不超过30分钟车程，乡村旅游发展潜力不容小觑。"云南圻方规划设计有限公司总经理熊楷的提醒也相当关键，他建议将乡村旅游产品打造好，使之有卖相、有品相，这样不仅能解决城里人周末休闲出行的困惑，同时又能增加村里人的收入，两全其美。

第六届云旅四季论坛的最重要成果之一，无疑是"梁河共识"的发布。与会嘉宾希望，梁河县要以云南"三张名片"打造和建设大滇西旅游环线为契机，以打造以葫芦丝文化和阿昌族文化为主题的特色鲜明的全域旅游示范县为目标，不断完善旅游的空间域、产业域、要素域和管理域，充分释放旅游的政治、经济、文化、社会和生态功能，创建出社会共建共享的旅游环境，为推动梁河县域经济社会发展贡献旅游智慧和旅游力量。

而问及当地老百姓对于这座城市发展全域旅游、提高休闲水平的期待时，他们大多更盼望的是可以和自己的生活圈相融合、与自己的朋友圈产生互动。难怪，天籁梁河，这座城市里响起最多的葫芦丝乐曲之一，便是《人们向往的地方》。

第八章　休闲旅游新风尚

换个方式
打开婺源

――

提起婺源，很多人大概都会毫不犹豫地说出"油菜花"三个字——曾经有相当长的一段时间，油菜花就是婺源的代名词。然而，作为全国唯一一个以县命名的国家 AAA 级景区，婺源的美绝不止春天的油菜花。丰收季的篁岭晒秋，古村落的徽派建筑，上千家绝美民宿，无一不彰显出它的魅力，吸引着无数游客到此旅游休闲。在 CNN 评选出的一生必去的 50 个地方中，中国上榜 5 个，婺源就是其中之一，这样的地方，怎么可能只有一种打开方式？

一举打造中国最美符号

篁岭天街入口，曹锦钟俯下身子，捡起游客刚刚丢掉的矿泉水瓶，拿在手里快走几步，扔进垃圾箱。"景区实行首见负责制，谁见到谁就要负责，不论你是领导还是员工。"曹锦钟解释道，即便他身为婺源县乡村文化发展有限公司（婺源景区）常务副总裁，这种事情见到了也一定要管。只要有时间，曹锦钟都会到景区里走一走，和一线工作人员聊聊天，随时掌握景区的情况，解决大家提出的问题。特别是在旺季，他到景区的次数会更多。

夏末秋初，正是篁岭"春赏油菜花"之后又一个旺季的开始，景区也迎来了一年中最美的季节，天南海北的游客慕名来此，为的就是一睹"中国

晒秋人家　篁岭景区将传统农俗"晒秋"打造成了农家喜庆丰收的盛典（供图/篁岭景区）

最美符号"——"篁岭晒秋"的风采。火红的辣椒、金黄的玉米、圆圆的绿豆……农作物在各家屋顶一一铺晒开来，给错落有致的徽派古建穿上五彩的"新衣"。

篁岭，位于婺源县东北部，是一座拥有500多年历史的徽州古村。"窗衔篁岭千叶翠，门聚幽篁万亩田"，位于山崖上的篁岭地势复杂，平地极少，村民只好利用房前屋后及自家窗台屋顶架晒、挂晒农作物，久而久之就演变成一种传统农俗现象——晒秋。长长的木架托起圆圆的晒匾，辣椒、玉米、豆角……五颜六色的作物，衬托着层层叠叠的民居村落，展现出动人心魄的美。当全国不少地方的晒秋习俗慢慢淡化消亡时，篁岭景区却将晒秋打造成了农家喜庆丰收的"盛典"，培育出"篁岭晒秋"这个超级旅游IP，一举成

第八章　休闲旅游新风尚

为"最美中国符号",也成为篁岭旅游快速崛起的契机。每到秋季,都会有大量游客来到篁岭,看晒秋、拍晒秋,甚至住下来体验"朝晒暮收"的田园生活,感受"晒秋人家"的农俗乐趣。

晒台上,来自深圳的王先生拿着相机,不断在寻找最佳拍摄角度。这是王先生第二次来到婺源,"上一次是几年前,在春天看到了最美的油菜花海,这一次我是专门为了晒秋而来。""晒秋太美了!"来自江苏的刘先生一家五口是自驾来游玩的,他们选择住在篁岭的民宿,希望有机会体验一下农家之乐。戴上草帽,挑起扁担,看着女儿兴奋地对着那些平日完全没接触过的农作物不断拍照时,刘先生觉得这次来得值了。

作为"中国最美乡村",婺源的广为人知是因为春天的油菜花海,以至于有一段时间,油菜花成了婺源旅游的代名词。"近年来,全国各地都在复制油菜花品牌,市场竞争越来越激烈,有一段时间,婺源旅游业进入了一个死胡同,春季特别火,一过了春季就淡下来,进入不温不火的状态。"曹锦钟说道。

如何突破旅游产品过于单一的情况?篁岭首先做出了尝试,通过一系列产品组合打破了淡旺季固化思维。如今,篁岭四季皆景,全年可玩:春天的梯田花海仍是保留项目,夏季增添了冰雪馆、水街避暑,秋季的红叶红枫、篁岭晒秋、田园生活是后起之秀,冬季还可以赏篁岭雪景,品乡村民俗。

"对于一个景区来说,创新非常重要。只有不断推出新的亮点,才不会被市场淘汰。"曹锦钟和篁岭景区的尝试,正代表着婺源的整体旅游发展方向。在 2019 年的旅游报告中,婺源特别提出,进一步提升全季节体验,解决旅游中存在的淡旺季问题和旅游的夜景观、夜产品问题,并在乡村旅游规划中全境打造古道徒步、温泉养生等 40 余个四季体验产品。

数据显示,2018 年,婺源接待游客 2370 万人次,门票收入 5.1 亿元,综合收入 220 亿元,游客接待量连续 12 年位于全省县级第一。婺源先后荣获中国旅游强县、全国旅游标准化示范县、国家乡村旅游度假实验区、中国优秀国际乡村旅游目的地等 30 多张国家级旅游名片。以篁岭为代表，婺源旅游业正从单一观光型向休闲度假、文化娱乐、民俗体验、旅游会展等综合配套型转变。

除了"梯云人家""篁岭晒秋"的美景，旅游扶贫的篁岭模式也为人称道。2009 年，婺源县乡村文化发展有限公司投资 1200 万元，以产权收购、集中安置等方式对篁岭古村进行整体搬迁。如今，通过搬迁安置与景区建设相结合，篁岭古村融入旅游创客、休闲度假、影视基地等业态，公司又将搬迁到新村的篁岭村民聘为员工，从事园艺、保洁、导游等工作，带动村民吃上"旅游饭"。

立秋开始，以篁岭为代表的婺源展开了另一种不同于油菜花海的景色。随着农作物的成熟，晒秋景观也愈发壮观，色彩愈发丰富，一年中最红火的晒秋季已经到来。

徽派古村，静谧中体验慢时光

"山绕清溪水绕城，白云碧嶂画难成。日斜猛虎峰头度，雨歇游鱼镜里行。处处楼台藏野色，家家灯火读书声。居民一半依山食，不事牛犁用火耕。"这首古人描写徽州的诗，放到如今依旧贴切。明清时期，徽商发迹，很多人回到故里，建房、修祠、铺路、架桥，将村落建得气派堂皇，后来徽商逐渐没落，时间仿佛在此悄悄流过，只在白墙青瓦间留下印记，保留下明清村落的原始风貌。"一生痴绝处，无梦到徽州"，作为古徽州一府六县之一，婺源保存了古徽州的所有气韵，思溪延村就是其中的代表。

思溪和延村实际上是前后两个村落，合为一个景区称为思溪延村。景区入口是延村，穿过延村，沿着一条青石铺的田间小路步行大约 500 米便是思溪。两个村子之间有一大片油菜花田，白墙青瓦的徽派民居隐在其间，构成一幅天然的水墨画，走在其间，我们都成了画中人。这里到处都是徽派建筑，其中精湛的"石雕、木雕、砖雕"尤为出彩。行走在思溪延村，两侧高高的房，中间窄窄的路，游客不多的时候非常安静，偶尔会产生穿越的感觉。很多老房子中都还住着村民，呈现出真实的古村生活。

村中的古屋最有名的是"敬序堂"，建于清朝雍正年间，1987版的电视剧《聊斋》就是在这里拍的，它也因此而闻名全国。古村落是婺源乡村旅游的重要元素。婺源积极发挥古民居、古祠堂、古桥梁、古树、古亭、古码头等古村落文化资源优势，推出了江湾、篁岭、思溪延村等一批各具特色的古村落景区。婺源明清古宅有1000余栋，近年来崛起的徽派古宅民宿文化体验游，成为婺源文旅融合的一大亮点。

如果在晚上经过思溪村口，很容易就会被一处灯火通明的院子吸引，那正是民宿花田溪的所在。民宿的主人马志刚自己就是一位设计师，他将具有三百年历史的明清古宅观音阁改造成了度假民宿，房间按照徽式、北欧、新中式、美式乡村等不同风格设计。为方便游客观赏婺源美景，花田溪还在最佳赏景位置设计了两个观景平台，游客可在此喝茶、写生、举办篝火晚会、冷餐聚会等，体验自然惬意的乡村慢生活。

近年来，按照"高端民宿做靓、中端民宿做强、低端民宿提标"的思路，婺源积极引导全县民宿标准化、规范化发展，发布了《婺源民宿标准》，在江西省率先推行民宿经营许可制度，使得民宿经营正式步入"正规军"行列，并出台《婺源民宿产业扶持办法》，设立2000万元专项资金，大力推进民宿产业发展。据介绍，目前全县有精品民宿600余家，其中高端古宅度假民宿100余家。2018年以来，到婺源参观体验民宿的游客100万余人次，人均停留2.5天，日均消费1300元，实现综合收入13亿元，间接带动就业2万余人。

来长白
"深呼吸"

"到了长白,节奏都变得舒缓了。"家在沈阳新民的高飞多次取道吉林白山市长白朝鲜族自治县,前往长白山景区。"呼吸着林间的新鲜空气,人也没有了紧张感。"

长白朝鲜族自治县(以下均称长白县)位于吉林省东南部,长白山南麓,鸭绿江上游,与朝鲜民主主义人民共和国隔江相望,享有"长白山下第一县、鸭绿江源第一城"之美誉。长白县以92%的森林覆盖率位居全国之首,2017年以来连续2年蝉联"全国百佳深呼吸小城"榜首。

宜居也宜游

有山有水有长白。位于十五道沟的望天鹅风景区备受自驾游和户外群体的青睐。这里是国家4A级景区、国家森林公园、吉林鸭绿江上游国家自然保护区。景区95%的森林覆盖率以及山林间密布的溪流瀑布,形成了一个天然森林氧吧。

而这样的绿色之旅不仅是在景区,也在进出长白县的公路上。不少自驾者选择了从303(滨江景观大道)进、302(长白山方向森林景观大道)出的路线。森林和江景尽览,处处皆景。鸭绿江像一条绿色丝带,蜿蜒游走在两

▎**绿色之旅**　长白县一直把生态建设作为落实绿色的有效载体，大力推进植树造林（图片/hellorf）

岸色彩斑斓的山脉田野之间，每一道江湾都尽展其旖旎的风姿。中朝边界的公路本身就是一条最美丽的风景线。长白县把生态建设作为落实绿色发展的有效载体，大力推进植树造林，努力实现村边有树、路边有荫，绿与美结合的城乡新风貌。从八道沟镇至长白镇路段完成公路绿化190公里，并对公路两侧的树木修枝打杈，进行林下卫生清理，不断提升"绿美"标准，打造长白县沿江旅游公路绿化景观。"最美公路"正是长白县一系列努力结下的硕果。

"实施生态立县战略，全面加快生态文明建设是为人民谋福祉的民心工程，建设绿色生态家园更是民心所向。"长白县市政园林绿化负责人说。

根据城市总体规划，长白县多措并举推进省级园林城市建设，大力推进城市基础设施建设、园林绿化建设和环境综合整治，深入实施"拆违透绿、见缝插绿"。截至目前，长白县绿地面积109.1公顷，森林覆盖率为35%；

公园面积 31.47 万平方米；各项管理制度、景观保护、基础设施配套等全部达到园林城市标准，真正实现了宜居宜业宜游目标。

长白山旅游是白山市乃至吉林省最大的旅游资源，吸引着世界各地的游客。长白山景区分 3 个坡，其中位于延边的二道白河镇和抚松县的松江河镇的北坡和西坡开发更早更成熟，南坡在长白县。每个坡风景各具特色，风景更原始的南坡被很多人"惦记"着。作为一个世界级的旅游 IP，长白山对周边县市的发展有巨大的拉动作用。"松江河虽然是一个镇，却有万达广场和高规模的商场等设施，人口也多，发展得很快。"谈到制约长白县旅游发展的因素，来自云南但老家在吉林长白的丛森认为，其中一点是地形原因导致的交通不便。他对比说，到长白山旅游有几种方法：一是自驾，但高速公路只通到松江河；二是火车，人坐到松江河，接着坐客车；三是飞机，而长白山机场也在松江河。在这样的情况下，很大一部分人都会选择住在松江河。"所以即便都是长白山的旅游资源，北坡和西坡可能更多。"

作为来自边疆少数民族地区的全国人大代表，长白县县长李圣范一直关注交通基础设施建设问题。作为吉林省唯一一个既不通铁路又不通高速的县城，长白的经济社会发展因此受到了一定限制。"希望快点通上高速和铁路。如果能破解交通瓶颈问题，长白县未来的发展必是另一番景象。路通了，这座城就活了！"

从松江河到长白县的高速公路项目已谋划多年，目前在吉林省委、省政府的支持下，已列入省"十三五"规划；松江河至长白的铁路项目也已进入国家铁路网建设。随着交通能力的不断提升，独特的资源和区位优势将得到更广泛、更深入的体现。

旅游即城市，城市即旅游

长白县全面深化"全域旅游县、新兴产业城"发展定位，加强顶层设计，全面构建生态城市建设、主题景区开发、绿色产业发展"三大组团",大力发展"两主三辅"新兴产业,重点发展工业和旅游业两大主导产业,协调推进边贸、健康、现代服务三大辅助产业,积极打造沿江沿路经济带和硅藻土工业园区、高端旅游度假园区、中药材产业园区等"一带多园"产业格局,奋力构筑起与工业生产相配套、与旅游发展关联、与居民消费相适应的转型发展产业集群。

2017年长白县编制完成《全域旅游发展总体规划》,坚持旅游即城市、城市即旅游的理念,全力打造城在林中、路在绿中、人在景中的优美城市环境。成立旅发委和全域旅游公司,整合全县旅游资源,重点打造和推介一批具有历史文化和朝鲜族特色的旅游产业项目,形成全时段、全区域旅游发展格局。其中,以长白山、鸭绿江大旅游经济圈为中心,围绕"长白山南坡登山游、望天鹅生态游、鸭绿江风光游、朝鲜族民俗游、赴朝边境跨国游"五大主题,逐步形成"生态观光、休闲度假、温泉养生、冰雪娱乐、民俗体验、边境跨国"六大旅游产品体系,多元推动全域旅游。

借全域旅游勃兴的东风,长白县在吉林乃至全国创出了多个品牌:高山草原露营节户外休闲之旅、果园民俗村民俗文化之旅、望天鹅凉夏冰瀑自然之旅等。此外,高规格办好每年一届的"长白朝鲜族民俗文化旅游节",带动了饮食、娱乐等第三产业的快速发展。

目前,长白县有旅行社5家,大小宾馆、饭店、旅社共531家,旅游购物商店20家。2018年,全县旅游总人数达72.4万人次,旅游综合经济收入6.18亿元,成为地方财政收入主要来源之一。

游客胡晓艳说:"县城不大,但干净整洁,遍地宾馆。晚饭在当地找了一家小餐馆,饭菜味道却意外地好!"而游客惊喜的背后,是长白县的决心。该县下发了《旅游环境整治实施方案》,解决价格虚高、黑出租、卫生条件差等问题,积极营造诚信、和谐、整洁、安全的旅游环境。启动"千家万铺"特色民宿建设工程,由全域旅游公司成立"长白人家"民宿联盟,打造长白自己的住宿品牌。

"此次边疆行体验超乎预料，方方面面能感觉到政府对旅游业的重视。"游客多丽丝（Doris）表示，长白县既远离大城市的嘈杂、喧嚣、拥挤，又没有小县城的无秩序感，当地人热情有礼，在食、住、行等方面均倍感舒适。

2019年，长白县继续加快推进城乡建设，改造中心城区街路，升级改造鸭绿江大街，县城天线网络覆盖等基本完工，乡村环境卫生状况显著改观。"走出家门，再也看不见垃圾乱倒、污水横流，只见宽阔干净的街道，环境优美的文化广场，这对于世代生活在农村的百姓来说，生活质量提高了一大截。"十五道沟村返乡的陈红说，好环境吸引不少外地人前来观光游玩。

鸭绿江休闲公园带的建设就得到各界一致好评。人们信步休闲的同时，还能近距离感受异国风光。鸭绿江大街升级融合了长白县历史、文化、民族等元素，着重突出环境保护、产业带动、城市功能等相关设施的建设，建成后成为长白县的旅游景区、旅游服务区、城市健身休闲游乐区，是具有鲜明民族风情和边境特色的城市滨江生态景观带，这对加强沿线生态保护、发展区域旅游产业将产生较大的环保效益和经济效益。

"从沿岸漂亮的花圃绿道和观景台、晚上鸭绿江畔的霓虹灯和广场上跳舞的大妈……看得出县政府在沿江景观上投入很大，点赞！"

第八章　休闲旅游新风尚

苗族第一县的多元发展

——

用山清水秀、民族风情古朴浓郁来形容苗疆腹地贵州省凯里市台江县一点都不夸张。作为集民族风情、自然风光、旅游度假于一体的休闲胜地，台江县至今还保持着浓浓的民族传统气息，特别是逢年过节，各村各寨总要上演百龙齐舞汇聚县城的活动，真是好不热闹。

天下苗族第一县

位于黔东南苗族侗族自治州中部的台江县凭借全县九成以上的人口均为苗族的高密度，以及其留存完好的瑰丽苗族文化被誉为"天下苗族第一县"。"文化藏在身上，史书从头读起"，相传一千多年前，张、吴、杨、邰、罗姓的祖辈游猎到台江县，视之地势宽阔，物产丰富，环境适宜居住，便开疆辟土，建寨安身于此，形成了今天台江县南部的红寨村。历经岁月变迁，台江县的口碑传说、音乐舞蹈、手工制作、纺织印染、土建、历法、医药等，依然留存了传统风尚。对于如何保护、传承宝贵的文化，拥有九项国家级非物质文化遗产的台江县颇有心得。

近年来，台江县秉承"尊崇城镇自然风貌，突出民族历史文化传承"的思想，以反排村、红阳、交宫、交下、九摆村等民族传统村寨的规划与保护

苗族第一县 作为集民族风情、自然风光、旅游度假于一体的休闲胜地，台江县至今还保持着浓浓的民族传统气息（摄影／晴子）

为重点，加大农村非物质文化遗产、文物古迹、名镇名村、古树名木保护力度。此外，台江县打造了 36 个民族文化传统村落，投资 1.87 亿元用于完成"四在农家·美丽乡村"六项行动的基础设施建设。

为守住苗族文化根基，传承苗族文化，2018 年 8 月，台江县民宗局、中共台江县委党校、台江县苗学会共同主办了苗文培训班。2019 年 7 月，台江县再次发力于民族文化的传承、保护，先后投入资金 18 万元用于在台江县职校、番省小学、南省小学等学校实施民族文化教育项目，推进"双语"教学和民族文化进校园工作，建立双语和谐环境示范点。并依托县苗族文化研究中心，加大对台江县少数民族文化的调查研究，认真做好《台江苗族史志》印制前的各项准备工作，目前正在组织编印中。同时，按照省、州民宗委要求，加大对民族古籍的搜集整理和审核报送力度。截至目前，共普查上报州民宗委民族古籍条目 60 条。台江县对于传统文化的传承和民族风情的保护也吸引了国际目光，联合国将其列为全球一等"返璞归真、重返大自然"的人文旅游景区，为当地发展休闲旅游奠定了一定基础。

第八章　休闲旅游新风尚

如何助力乡村休闲，将绿水青山转化为金山银山，这一直是台江县政府思考的问题。早在 2016 年，县政府就提出了多举措助力乡村休闲发展的方针。在完善编制方面，完成了《台江县"十三五"旅游脱贫规划》《台拱镇 - 南冬村旅游发展详细规划》等五个旅游发展规划，并编制完成红阳、交宫等五个村的《旅游脱贫示范点建设方案》。在推进旅游线路和景点打造方面，完成了环雷公山自驾游精品线台江段、姊妹湖、百鸡山瀑布、白水洞瀑布、玉龙潭、翁密河漂流整改等各旅游资源点等项目。与此同时，台江县大力扶持银饰、刺绣等当地特色旅游商品的加工产业发展壮大。

打造多个旅游目的地

根据此前举措具体落地的情况，以及当地休闲产业的发展趋势，2019 年，县旅游产业办公室实时更新了未来当地发展休闲、旅游的具体抓手和工作方向。县旅产办表示，当地接下来将启动两个 3A 级、一个 4A 级景区的创建工作，通过强化旅游基础设施、旅游人才培训、对外宣传营销等系列举措，推动 A 级景区乡村标准化建设。为切实提升乡村旅游接待能力，先后组织旅游村寨从业人员以及景区景点讲解员、农家乐就服务技能、接待礼仪等方面进行培训。

当今的旅游产品、目的地堪称"酒香也怕巷子深"，为进一步扩大乡村旅游品牌吸引力，全面推动全县乡村旅游高质量发展，台江县先后赴上海、怀化、温州、贵阳等地举办了 8 场专场旅游推介会，吸引了百余家传统媒体及自媒体前往台江宣传报道，起到了很好的宣传推广作用，扩大了乡村旅游的吸引力。同时，结合近年台江县脱贫攻坚的工作重点，台江县积极挖掘和培育一批各具特色的乡村旅游村寨。截至 2018 年年底，台江县共培育、打造乡村旅游村寨 34 个，重点旅游村寨 8 个，实现乡村旅游综合收入 2.8 亿元，旅游接待人数累计达 130.5 万人次。

记者从县旅游产业发展办公室了解到，台江县计划在2019年至2025年底，接待游客1300万人次，实现总收入近72亿元。到2025年底，台江县力争将旅游业发展为全县国民经济的支柱产业和人民群众更加满意的现代服务业。把台江打造成以原生态民族文化为魂，以原始自然生态为衣，以原貌民族村寨为体，以村民参与为自发动力，以露天博物馆为形态，以"农文旅"一体化为主要内容的中国传统村落旅游目的地之一、具有一定国际化程度的世界苗族原生态节庆文化热点旅游目的地和中国森林康养与山地旅游热点目的地。

台江县的自然环境可谓是得天独厚，高山、盆地、河谷错落有致，相辅相成。森林覆盖率近七成的台江县是贵州的十大林区县之一，境内树种以松、杉为主，针、阔叶等多种珍稀树木及植物交错并存，并拥有7万多亩天然草场。天麻、人参、银耳、灵芝……盛产的中药材数不胜数，单取得了A级国家绿色食品标识证书和省优质果品称号的"苗疆牌"金秋梨种植面积就有3万余亩。集中连片的绿茶、苦丁茶、金银花种植基地数千亩，近百条溪河分别流入清水江、巴拉河、翁你河、翁密河。

然而，如何在开展休闲、旅游产业的同时不破坏自然环境？这是当下多个大力推动休闲发展的县域所热议的话题、难题。记者从县政府办公室了解到，近年来，当地以"绿色城镇建设、推进美丽乡村"为抓手，不断完善农村村寨基础设施建设，全面落实省委、省政府"四在农家、美丽乡村"基础设施建设六项行动计划，大力推进小康水、小康路、小康电、小康房、小康讯、小康寨建设和实施"五清四化三改"工程，推广使用集中式供水和配套排水设施，改善农村卫生条件和人居环境。围绕"以特色城镇为重点，到2020年，建成4个以上绿色低碳城镇"的发展目标，严格遵守绿色、低碳的城镇建设标准，坚持规划引领，提升城镇功能品位，着力打好农村环境脏乱差问题的歼灭战。不但定期动员广大群众开展室内外环境卫生清洁行动，狠抓农村生活垃圾、村内沟塘、畜禽粪污等专项整治，还教育引导广大群众养成良好的卫生习惯,积极营造良好的农村精神风貌。抓实2019年农村户用厕所、村级公厕建设、改造工作。

对于居住在深山区、石漠化区、地质灾害重点区的困难群众,台江县按照"山内问题山外解决,农村问题城镇解决,农业问题产业解决,面上问题点上解决"的思路,实施扶贫生态移民工程。同时,台江县加大森林公园、自然保护区、风景名胜区、旅游度假区、饮用水水源保护区及其他需要特殊保护的功能区和清水江、巴拉河、翁你河、翁密河两岸生态景观保护与开发利用,切实保障绿色城镇建设进程。

民俗特色
擦亮长阳"土家名片"

———

2019年4月25日,以"为传承土家民族服饰文化、加强各民族交往交流交融搭建新的桥梁"的"多彩土家·魅力长阳"全国土家族服饰文化展在长阳土家族自治县长阳广场清江画院开幕。湖北省民宗委党组成员、副主任熊华启在开幕式上表示,文化展是传承土家民族服饰文化的新探索,是加强各民族交往交流交融的新举措。

近年来,从顶层设计开始,长阳就坚持"文化先导"的发展战略,在湖北省率先提出"打造湖北文化强县"的战略目标,在全国率先创造性地实施"民族民间传统文化抢救与保护工程"等,还颁布了全国首部县级民族文化保护条例,全力推进"土家源"文化工程建设。

当地风俗登上大银幕

长阳土家族自治县是湖北省宜昌市所辖的一个自治县。位于鄂西南山区、长江和清江中下游,是土家族聚居区,拥有丰富的旅游资源,长阳县生态环境优越、民间民俗文化极具特色,旅游产业是其重要支柱产业。当地政府为了进一步发掘旅游产品,将土家族民俗民风作为一个特色产品重点打造。但也有学者表示,部分民俗旅游产品一味为了吸引旅客,出现同质化、

第八章　休闲旅游新风尚

庸俗化等问题，粗放式经营方式日益成为民俗旅游发展的瓶颈，亟须改善。

围绕文化做旅游，旅游有了魂，便有竞争力，就能做大做强，长阳文化的软实力不断结出经济的硕果。"青山丹水秀，十里桂花香"，投资20亿元的丹水新区不久即将变成集工业、商贸、金融旅游为一体的时尚魅力新城。龙五一级路、城市绿化美化亮化、清江画廊改造升级等十大社会发展项目稳步推进。龙舟坪、磨市、高家堰"四化同步"示范区以及"土家源"文化工程等风生水起。何家坪奇石村、椰坪"木瓜花都"、永兴生态农庄、火烧坪高山蔬菜产业园等一批特色乡村游人气飙升，"百里长廊、万亩园区、万户受益"，宜昌清江盆景园正被睿智的长阳人"玩转"，成为低碳休闲的大产业。

素有"歌舞文化之乡"的长阳土家族民俗民风多种多样，长阳山歌、南曲、巴山舞被誉为三件宝，传说故事、吹打乐、哭嫁歌、薅草锣鼓、花鼓子、土家菜等，无不展现着土家文化的风韵和魅力。长阳连续六届成功举办清江画廊横渡接力挑战赛，与央视联办"山歌好比清江水"大型歌会，世界首艘"关公号"游船清江画廊启航，汪国新诗书画院落户清江古城，投资5000多万元、历时两年打造的首部土家族创世史诗歌舞剧《江山美人》震撼上演。

在土家族，姑娘出嫁是一定要哭的，它是一种传统民俗文化，有着悠久的历史。而今土家族也和其他民族一样，婚恋自由，传统的哭嫁现象逐步表现并发展成为一种内容丰富的文化现象。

在土家人看来，哭嫁是土家人婚礼的序曲。亲朋好友前来送别，新娘要哭；娘家人为新娘置办了嫁妆，新娘也要哭；新娘出嫁的当日更要哭。因为，哭是一种感恩，哭是一种礼貌，哭是一种难舍难分的情感倾诉。哭的形式可以是以歌代哭，以哭伴歌，歌词有传统模式的，也有触景生情即兴创作的。哭嫁的高潮当属新娘出嫁的日子，新娘会邀请几位要好的未婚女伴，陪着新娘哭，哭的内容主要是叙述姐妹友情，也有相互鼓励、劝慰的话语。哭嫁歌听其音是哭，究其谱却是唱，土家姑娘是用"哭"这样一种形式在倾诉心中的情感，琢其蕴则意蕴丰富。

由国家一级导演张友龄执导，郭凯敏、马以、倪青、雷婷等知名演员主演的《哭嫁》，是以土地革命战争时期为背景，由一个女子哭嫁引出，讲述土家儿女舍生冒死营救汉族红军女战士，展现土汉儿女团结一心、为革命赴汤蹈火的感人故事，这也是国家非物质文化遗产"哭嫁"首次以影视剧作的形式登上大银幕。

跳丧舞，又称打丧鼓，土家族语为"撒叶儿嗬"，是土家族特有的一种古老的丧葬仪式，主要流行于清江流域的土家族地区。这种舞蹈源远流长，滥觞于魏晋南北朝的"歌丧"。隋唐时期，土家族先民有"其父母初丧，击鼓以道哀，其歌必号，其众必跳"之俗。至今，土家族老人去世以后，附近乡亲皆来跳丧。少则百人，多则几百人上千人观看和参与跳丧。其表现形式是一人（掌鼓者）执鼓领唱，其他人合唱，边歌边舞。

保护与挖掘须同时进行

这种祭祀歌舞，在古代巴人后裔土家族的聚居区世代沿袭，千古不绝。村中某家老人过世，闻讯的乡民都会放下手中的活路前来打丧鼓，通宵达旦。在长阳，跳丧舞这种古老的丧葬仪式，也已发展成一种特有的土家文化艺术。在城关长阳广场上，每到傍晚都可以看到少则几百人多则上千人同台而舞，人随鼓动，鼓随人响，时而悲悲切切，意长悠扬，时而火暴劲舞，粗犷豪放，歌声鼓声脚步融为一体，脚跟鼓点鼓跟脚，气势磅礴。

"十碗八扣"是长阳土家族的传统盛宴，凡有红白喜事、款待贵宾，"十碗八扣"都会出现，并配以响匠（土家人特有的吹打乐队，俗称响匠）伴奏，吹鼓手先是吹出长号，而后唢呐吹出欢快的《菜调子》，好不热闹，这就是"十碗八扣一定要吹"。在土家，隆重的宴席才上十碗八扣，上菜时按顺序一碗一碗地上。上第一碗时，大盘手（类似跑堂的）高喊一声"大炮手——"，长长的拖腔直到席前，随之鸣炮，三通炮响，长号齐鸣，响匠吹起欢快的菜

第八章　休闲旅游新风尚

调子（每道菜都有一个固定的菜调子），主人开始敬酒。出第二碗菜时，大盘手高喊"顺——"第二个菜调子又吹起。直到上完十碗菜，大盘手一声"齐——"后，响匠吹下席调，此席毕。客人坐席的席位上下左右，各分大小。十碗菜在桌上的摆放也有规矩，或摆"四角扳爪"，或摆"三元及第"。除十碗菜以外，上下还要配腌菜碟2个，为客人解酒解腻。

长期以来，土家族人与其他民族杂居，尤其是改革开放以来，民族文化的融合，加速了土家人在生活习俗和民族文化上的"汉化"，很多民族民俗古风逐渐淡出，如典雅的长阳南曲、婀娜多姿的花鼓子等许多民族文化艺术后继乏人。但欣慰的是，近年来，长阳县牢固树立"创新、协调、绿色、开放、共享"五大发展理念，深入推进"生态立县、产业强县、开放活县、富民稳县"的战略，主动适应经济新常态，经济社会保持了稳步提升、持续向好的发展态势。

湖北省宜昌市长阳县委党校叶婷曾撰文说，长阳县民俗旅游资源异常丰富，民俗旅游资源合理的开发利用，将会刺激当地经济发展，为传统文化保护和发展提供经济支撑，唤醒旅游地人民保住传统文化的自觉，通过开展旅游活动，提供旅游服务，加深与外来民族的了解，一定程度上能够促进社会和谐发展。

然而，伴随长阳民俗旅游的开发，逐渐暴露出一些问题，不利于民俗旅游的稳健发展。叶婷称，首要的问题是民俗旅游事项开发庸俗化、商品化趋势明显。"在民俗旅游开发过程中，为了吸引游客，有些开发商摒弃民俗文化的本真性，脱离当地民众的生活，随意书写民俗的内容和表现形式，采用现代光学、影音等技术，使得民俗文化展示过于舞台化、瞬间化和庸俗化，失却了民俗的本土和乡土气息。

民俗文化开发同质化严重，缺乏深度和创意，旅游产品单一，雷同现象比较严重，创新性产品较少。对于山水、民族旅游产品的挖掘，这种粗放式经营方式日益成为民俗旅游发展的瓶颈。"长阳欲打造优秀旅游目的地，一定要注重建设能满足游客物质和精神需求的服务设施和场所，还应加大民俗文化精神环境的挖掘与保护。"叶婷说。

这个小城与美食密不可分

"宫保鸡丁、左宗棠鸡……"在海外生活过的国人一定对这些菜名不陌生。华灯初上,在唐人街的小餐馆里点上这样一盘炒菜,小酌几杯,也算是对缕缕乡愁的慰藉。可是,并非所有人都知道,大名鼎鼎的晚清"中兴名臣"左宗棠正是来自湖南湘阴。在湘阴樟树镇,左宗棠在故居"柳庄"中前后共度过人生的 18 个年头。

"鱼子桃花饭,韭菜辣椒香。白黄瓜煮笔杆鳝,阳春三月土豆黄。"相传,这是左宗棠居于柳庄时一年四季最喜食的食物。在左公去世近百年后,台湾一名叫彭长贵的湘籍厨师将辣椒炒鸡改良,为表达自己对故乡的思念和对左宗棠的仰慕,起名"左宗棠鸡",后来这道菜大受欢迎,传播到海外,也让湘阴这座与美食结缘的县城多了几分传奇色彩。

来自洞庭湖的馈赠

说起湘菜,很多人对它的第一印象是"辣"。然而对湘阴美食来说,"鲜"也是一大特色。湘阴县位于湘江之北、洞庭之首,因湘、资、沅、汨四水汇聚于南洞庭湖滨而成为"湖南第一水乡",拥有丰富的鱼类资源。湘阴厨师因地取材,根据每种鱼不同的特质,研究出了"全鱼宴"——财鱼肉质鲜嫩

第八章　休闲旅游新风尚

刺少，适合切片下汤，保持食材原味，菜品取名"片片招财"；草鱼肉质有弹性，适合剁成鱼蓉，制成鱼球；著名湘菜"剁椒鱼头"选用的是从湖中新鲜打捞的胖头鱼，加入腌制好的剁椒蒸制而成，色香味俱全。

除了各式各样的鲜鱼，湘阴还有螃蟹、小龙虾和泥鳅等多种品类的湖鲜和芦笋、藠头和野芹菜等各式水生蔬菜。其中，尤以鹤龙湖镇的大闸蟹最为出名。鹤龙湖湖鲜酒舫总经理、湘鹤农业公司总经理周岳军向《小康》杂志、中国小康网记者介绍，鹤龙湖的大闸蟹具有"青背、白肚、金爪、黄毛"和肉质鲜嫩的特点，早在2005年即获得"绿色无公害水产品"全国统一认证标志。在周岳军看来，鹤龙湖大闸蟹的品质与洞庭湖优异的水质密不可分。"严格的环保政策保证了水质，也保证了鹤龙湖大闸蟹的品质。虽然产量低一些，但能卖出好价。"周岳军说。

目前，鹤龙湖镇的大闸蟹已初具品牌效应。在鹤龙湖镇螃蟹美食街上，矗立着大大小小300多家餐馆和几十家农家乐，有效带动了就业。在镇政府的努力下，美食街上所有餐厅均采用了江南水乡青砖灰瓦白墙的装潢，改变了过去各家餐厅在外立面装修上散乱无序、整体效果不佳的境况。

每年9月中旬是鹤龙湖镇最热闹的时节，一年一度的螃蟹美食节吸引了来自长株潭及益阳、汨罗、屈原等湖南省内的市民来到湘阴品尝大闸蟹，也吸引了外省甚至是外国的游客。据周岳军介绍，螃蟹节期间，一天的游客量就能达到两三万人次，吃掉大闸蟹5吨以上。

美食品牌的打造离不开政府的支持。据悉，鹤龙湖螃蟹节早在2009年即在镇政府的组织下开始举办，在省内外已初具知名度。为进一步促进螃蟹养殖产业的发展，镇政府不仅对水、电、道路等基础设施进行了整修，还对新建的螃蟹养殖基地给予200元一亩的补贴。

作为一个以农业为传统的小镇，鹤龙湖镇下一步还要进一步开发小龙虾这一新品类。2019年6月，首届湘阴鹤龙湖小龙虾美食文化节在鹤龙湖镇举办，活动内容有小龙虾食客招募活动、网红打卡免费品虾、"我是大胃王"吃虾大赛、"你问我答"知识竞答以及线上互动"有奖抓虾"5大活动，吸引了不少游客。

洞庭湖给湘阴的馈赠远不止这些。樟树港镇位于南洞庭湖平原与山脉交接的过渡地带，湘江与南洞庭湖常年的浪涌使淤积的泥土富含硒、铁、锌等元素，加之当地冬暖夏凉的气候和充沛的地下水，造就了樟树港辣椒独特的品种和滋味。湖南人喜食辣椒，据统计，仅湖南一省就种有600多种辣椒。而樟树港辣椒偏偏能在众多竞争对手中杀出重围，卖出一斤300～400元的高价，据椒农说，靠的就是其个头小、皮薄、香软糯的独特口感。2013年，"樟树港辣椒"获国家地理标志证明商标，入选国家名特优新农产品目录。2019年，樟树港镇辣椒总种植面积达7500亩，预计可实现产量8000吨，产值可达1.5亿元。

让湘阴美食遍布全国

"文化搭台、经贸唱戏"，樟树港辣椒节、鹤龙湖螃蟹节、小龙虾美食节等美食节会活动，不仅有效推广了湘阴特色美食，也给当地休闲产业带来了实打实的收益。"2019年小龙虾美食节举办后，来我们这边旅游的旅行团数量涨了两三倍！"说起美食节给湘阴带来的变化，周岳军笑得合不拢嘴。

湘阴县文旅广体局副局长杨林在接受《小康》杂志、中国小康网记者采访时表示，近年来，湘阴县坚持把旅游业作为县域经济的战略性支柱产业，并取得了显著成效。2018年，全县游客接待量为628.9万人次，实现旅游总收入67.85亿元，较2017年同期分别增长24.3%和31%，旅游业正逐步成长为湘阴县的主导产业。

湘阴拥有60多万亩耕地良田，30多万亩生态山林，100多万亩河湖水域，这些为湘阴美食带来了品类齐全的原辅材料，提供了源源不断的有力支撑。湘阴县内各类粮食、畜禽、水产种类蓬勃发展，优质大米、花生、芝麻、油

第八章　休闲旅游新风尚

美食之城　湘阴是湖湘文化的重要发源地，美食与这里密不可分（摄影/郭雨滴）

菜、茶叶、蔬菜和淡水鱼、虾、蟹等特色农产品产量丰富。

湘阴美食不仅种类齐全，最大的优势还在于品质优异。得益于四季分明，雨水充沛的气候条件和优质的自然生态环境，湘阴秉持可持续发展理念，积极发展绿色农业。据统计，目前湘阴共建成了100多个国家级、省级绿色种植养殖基地，拥有长康、华康、兰岭等全国全省驰名商标、名牌产品20个，申报无公害农产品68个、绿色食品48个、有机农产品10个、农产品地理标志3个。其中，樟树港辣椒、湘阴藠头、鹤龙湖大闸蟹等农产品均享誉全国。

当然，要想把特产变成产品，需要产业化、标准化的过程和品牌的塑造。为规范餐饮市场，集中展示湘阴美食的特点，湘阴组织成立了县美食协会，将各家品牌餐饮店家集中在一起讨论品牌推广、行业培训和技术创新等事宜。同时，在县政府的组织下，还评选出了瓦窑湾炖鹅、三井头炖肠子、湘阴水鱼炖粉皮、南湖菜心炖泥鳅等菜品作为"湘阴十大名菜"，并要求所有品牌餐饮店的菜单中均要出现其中的一部分菜品，以加深游客对湘阴菜的认知。

吴丹是土生土长的湘阴人，做过厨师、主理过酒店，如今的他又有了新的身份——湘阴面商会会长。"作为湘阴人，我始终有一份将湘阴美食做成像'沙县小吃'一样遍布全国的情怀和理想。"吴丹在接受记者采访时表示。长期扎根于餐饮的他十分看好湘阴面的市场，借着县里主推湘阴面的契机做起了"湘阴面馆"。2019年1月，首家标准化"湘阴面馆"开张，总店就设在湘阴县旭东路。

目前，"湘阴面馆"已经在全国开了20家，除了在湘阴的两家，还在湖南本省和广东开有分店，已实现了配料"附码子"的标准化，目前正在研究探索如何将主料"主码子"实现标准化。吴丹表示，未来将依托"湘阴面馆"这一平台，将更多湘阴本地小吃推广到全国。

湘阴是湖湘文化重要的发源地。一千多年的历史文化传承，给湘阴美食深深地打下了传统的印记，众多久负盛名的湘菜均可以从这里找到源头。除了"左宗棠鸡"，"德园包子"最早就是湘阴的谭盛德夫妇在光绪元年长沙臬后街经营的一家小小包子铺，至今传承了140多年；火宫殿小吃一绝——长沙臭豆腐，在20世纪20年代由湘阴传入长沙，在湘阴人姜永贵先生手中发扬光大。

如今，吃在湘阴、住在湘阴、玩在湘阴、购在湘阴正在成为湘阴这个小县城的大梦想。

塔河跑出
休闲新风尚

"穿行森林氧吧,感受驿路风情!"在成功举办了三届森林自行车赛的基础上,2019年7月,塔河县又成功举办了黑龙江·塔河第四届"农商银行杯"森林自行车赛,这标志着这个边陲小城在打造"运动休闲特色小城"的道路上又迈出了坚实的一步。

本次比赛共分城市绕圈赛、山地赛、公路赛等四个赛段,吸引了来自中国、法国、伊朗、俄罗斯和中国香港、中国台湾等多个国家和地区的24个车队的246名男女选手参赛。为了更好地给自行车赛造势,借助比赛的契机宣传推介塔河,赛事期间塔河县还组织举办了第四届森林美食节、山水兴安——2019喜迎建国70周年塔河优秀书画作品展等活动,让大家在欣赏精彩系列文化体育活动的同时,还能品尝到当地的美食,体会炎炎夏日里的畅快与惬意。

位于黑龙江省北部、伊勒呼里山北麓的塔河县,是中国最北部的县,东邻呼玛县,西接漠河市,南靠新林区、呼中区,北以黑龙江主航道中心线为界与俄罗斯隔江相望,边境线长173千米,总面积14420平方千米,辖4个镇、3个乡,总人口92473人。塔河是黑龙江省大兴安岭地区腹部中心城镇,交通便利,是大兴安岭地区辐射面积最大、运输半径最小的县,有加漠公路、塔呼公路、富西铁路、塔韩铁路贯穿境内。

塔河县的野生物种十分多样，自然资源富集，县域内90%以上的面积被森林所覆盖，有飞龙、雪兔、黑熊、细鳞、哲罗、蓝莓、猴头、灵芝、黄芪等野生动植物上千种。矿产资源储量巨大，有岩金、铁、陶粒土等20余种；水资源充沛纯净，境内有大小河流240余条，总长度达4654公里。

"四季如画"这个词就是用来形容塔河县的。春到，万木吐绿，杜鹃百里；夏临，花香四溢，百鸟争鸣；秋至，瓜果飘香，层林尽染；冬来，雪花飞舞，银装素裹。位于扎林库尔国家森林公园一隅的栖霞山植物园举目繁花似锦、青松翠柏，隶属固奇谷国家级湿地公园的滴翠园公园放眼流光溢彩、水榭亭台，国家水资源战略储备河流——呼玛河穿城而过，让整个城镇呈现出一幅"山环抱、水缠绕、林相依、花满道"的别样美丽景象。塔河享有"中国百佳深呼吸小城""中国绿色生态景区""全国文明单位""省级平安县""省级社会主义核心价值观示范县"等诸多美誉，被人们称之为"岭上明珠、兴安福地"，它还是中国最大的野生蓝莓生产加工基地、中国最大的鄂伦春民族原生态部落聚集地、中国北方铁甲城、中国鲁迅文学奖和茅盾文学奖得主著名作家迟子建的故乡。

在这四季如画的养生圣地，运动休闲成为塔河县最适宜的休闲发展之道。

塔河县委书记周魁伟表示，近年来，塔河县以打造运动休闲特色小城为目标，秉承"旅游+"发展理念，将运动、休闲、文化、养生等元素融入全域旅游之中，打造了月亮湾、栖霞山等自然景区，建设了固奇谷、扎林库尔山等国家级森林湿地公园，吸引了越来越多的游客聚焦塔河、畅游塔河。特别是2019年自行车赛升级为省级赛事，为塔河发展生态旅游、文化产业，打造运动休闲特色小城注入了新的动力、增添了发展信心。自行车赛必将成为塔河旅游经济发展的特色品牌，为推动全面振兴、全方位振兴书写塔河的新篇章。

第九章

美丽中国进行时

MEILI ZHONGGUO JINXINGSHI

很长一段时间内，人们在改造自然的同时也深深伤害了环境，湖面缩小、林地不复、沙尘袭城……对自然资源的过度消耗已经成为了生态环境"不可承受之重"。

2012年，党的十八大将生态文明建设摆到中国特色社会主义事业"五位一体"总体布局的战略位置。一系列根本性、开创性、长远性工作陆续开展，加快推进生态文明顶层设计和制度体系建设，加强法治建设，建立并实施中央环境保护督察制度，大力推动绿色发展，深入实施大气、水、土壤污染防治三大行动计划，推动生态环境保护发生历史性、转折性、全局性变化。

现如今，"绿水青山就是金山银山"已成为全民共识。从顶层设计到各项制度的制定与实施，从中央到地方，生态文明建设的地位被提高到前所未有的高度。

生态文明建设不仅关系到地方的可持续发展，也将对全球应对生态危机发挥重要作用。全国各地的生态文明建设的鲜活实践不断证明，绿色发展是一种新发展方式，是新的经济增长点，是经济发展的创新点。越来越多的县市成为生态文明建设的主力军。

安吉：生态之县
反哺绿色工业

从 2004 年起，安吉将 3 月 25 日设立为"生态日"，开创了全国地方设立"生态日"的先河，至今已有 10 多年。2019 年，安吉还将"3·25"生态日与全国新时代文明实践中心（试点）建设结合推进，号召更多人加入守护青山绿水的志愿行动中来。

安吉，是"两山"理论的发源地。安吉依托生态资源，不断深化"两山"实践，加快发展特色农业、生态工业、乡村旅游等美丽经济，实现生态立县反哺绿色工业的"华丽变身"。

打造"最美县域"

20 世纪八九十年代，安吉的造纸、化工、印染等企业直接排放的工业废水，使原本清澈的"母亲河"西苕溪变成了泛着白沫的"酱油水"。1998 年，在太湖治污"零点行动"中，安吉被国务院列为太湖水污染治理重点区域。

2000 年，安吉开始酝酿"生态立县"发展战略，顶着巨大压力开展了铁腕治污，关停污染严重企业 33 家，这一"关"一下子就少了 7000 多万元的财政收入，这对于当时财政总收入仅 1.46 亿元的安吉来说，是一个莫大的考验。

天荒坪镇余村的百姓们至今还记得当时开山采矿的情况。"大炮一响，黄

美丽蜕变 通过坚持美丽乡村、美丽乡镇、美丽县城"三美"共建、互促共进,安吉的"美丽指数"正不断提升

金万两。"那时上海杨浦大桥、徐浦大桥、浦东国际机场用的石材都出自余村。矿山上,整天炮声隆隆,大卡车不停来回穿梭运输矿石,"人在外面待一天,眉毛和头发都变成白的,蒙上一层石灰粉尘"。

自2003年起,随着"千万工程"的开展,余村陷入了发展瓶颈。要发展还是要生态?

2005年8月,时任浙江省委书记的习近平同志来到余村调研,对关停矿山和水泥厂给予了高度的肯定,称他们这是高明之举,提出"绿水青山就是金山银山",给当地指出了一条绿色发展之路,也让安吉找到了"定海神针"。从此,安吉人更坚定了封山护水的生态路子,2006年,安吉成为全国首个生态县,之后更是用了10多年的时间,将生态逐渐打造成品牌。

如今,对水质异常敏感的太湖白鱼又重新出现在了西苕溪中,曾经粉尘蔽日的余村已"华丽变身"为拥有生态旅游区、美丽宜居区和田园观光区三

第九章　美丽中国进行时

重身份的国家 3A 级景区，并荣获全国生态文化村和浙江省首批全面小康建设示范村等称号。

"安吉率先在全省提出'生态立县'发展战略是建立在充分谋划生态发展道路探索的基础之上的。"安吉县委书记沈铭权此前在接受《小康》杂志记者采访时表示，自然资源、环境资源是安吉发展经济的最大基础，也是最大财富，所有的发展始终围绕这个主线。

近年来，为进一步统筹城乡融合发展，改善城乡人居环境，安吉在"千万工程"、美丽乡村建设的基础上，提出要打造"中国最美县域"，其目标就是要率先实现由局部美向全域美、环境美向发展美、外在美向内在美的提升蜕变，为美丽中国建设提供"安吉方案"。

通过坚持美丽乡村、美丽乡镇、美丽县城"三美"共建、互促共进，安吉的"美丽指数"正不断提升。

"美丽经济"如花绽放

近年来，安吉以全域旅游的发展模式，使美丽环境转变成了"美丽经济"。

"没有名人故居、没有古村落、没有风景名胜、没有主要产业，就是我们鲁家村曾经的状况。"安吉鲁家村党委书记朱仁斌说道。2011 年，朱仁斌上任不久，鲁家村就启动了美丽乡村建设工程，由于缺少资金，村班子"化整为零"，通过乡贤捐款及各类项目资金筹备了 1700 万元，对村子进行整体改造。

考虑到村庄经营的问题，2013 年，鲁家村又投入 300 万元专门请设计团队为村子量身定制发展蓝图，并开始推行集体土地流转，因地制宜打造了 18 个各具特色的家庭农场。

2015 年，一辆轨道全长 4.5 公里的观光小火车将 18 个农场串联了起来，鲁家村初步形成了全域景区化。目前，由专业的旅游公司负责经营村庄旅游,鲁家村已形成"公司+村庄+家庭农场"的发展模式,实现三方共同建设和利益共享。

2018年,村游客量达到51万人次,村级集体经济收入从2011年的1.8万元增长到了400万元,人均收入从2011年的14719元增长到了38812元。

如今的鲁家村,成立了"两山"培训学院,为来此参观学习的人们提供专业培训课程,并成为浙江省委组织部、浙江省委党校千名好支书及各类校企的现场培训基地,未来的"培训收入"也将非常可观。

对于不少村子而言,美丽乡村建设还使招商引资更为便利。天子湖镇高禹村2010年时,全村村集体经济收入仅3.5万元,固定资产也不过500万元,被称为安吉的"北大荒"。但从2010年开始,高禹村结合当地实际,发展出了养老中心、敬老院、托养中心等养老产业,并在本就良好的农业基础上引进猕猴桃、大樱桃、四季花卉等优质农业项目。2018年,高禹村集体经济收入达到了829万元,其中通过物业承包、农业项目招引、承接社会养老服务、出租农贸市场和房屋等获得的经营性收入超400万元。

而在天子湖镇高庄村,由杭州祖名食品有限公司投资7000余万元、占地1000余亩的富民生态农业园区里,苹果梨、白枇杷、有机蔬菜正旺盛生长。此外,2019年华腾牧业还投资了5000余万元在当地建设"生猪文化产业园",通过融入文化、休闲等元素,将其打造成为一个休闲文化观光园。

"美丽乡村建设,不但要望得见山水、留得住乡愁,还要让农民群众摸得到实惠。"浙江省农办社会发展处处长邵晨曲认为,安吉县以习近平总书记生态文明思想和"两山"理念为指引,按照"三农"不断转型发展的路径,提供了推动乡村全面振兴、强富美全面实现的样板和范例。

拓宽"两山"转化通道

在产业发展上,安吉县立足实际,坚持"绿色生态、产业融合"的导向,形成了具有地方特色、符合县域实际的"1+2+3"生态产业体系。"1"即健康休闲一大优势产业,"2"即绿色家居、高端装备制造两大主导产业,"3"即信息经济、通用航空、现代物流三大新兴产业。

同时,依托当地的优势资源,安吉还打出了"一片叶子(白茶)、一根竹子和一把椅子"三张绿色产业"金名片"。

在 2018 中国茶叶区域公用品牌价值评估中,安吉白茶品牌价值 37.76 亿元,位列第六,真正靠"一片叶子"富了一方百姓。

2018 年,以安吉白茶文化为主题的宋茗茶博园在古城村石角九龙山麓正式开园,整个项目总投资 3.8 亿元,区域总面积 2600 亩,由千亩安吉白茶精品园、茶康养度假酒店、茶文化影视基地、安吉白茶博物馆、茶叶品种资源库等五大区块组成,打造了集安吉白茶生产、茶科技研发、茶技术推广、茶品牌展示、茶文化传播为一体的生态农业文旅度假综合体。

"以往,安吉白茶作为一产,一直逃脱不了'靠天吃饭'的命运,茶企和茶农的发展思路基本以种好茶、做好茶、卖好茶为主。"在安吉宋茗白茶有限公司董事长许万富看来,安吉白茶要实现真正的产业化,一定要走农旅结合、一二三产融合发展之路。

而近年来,以绿色家居和东方文化为主题的"安吉智造"通过椅、竹等代表产品频频在国际舞台亮相。竹子富裕了安吉一方百姓,占全县农民人均纯收入的一半有余。经由 40 多年的发展,安吉竹产业已实现从卖原竹到进原竹、从用竹竿到用全竹、从物理利用到生化利用、从单纯加工到链式经营的四次跨越,达到全竹高效利用。

同时,竹产业休闲经济呈现多元发展,在一、二产业发展的基础上,以商贸和休闲为主体的第三产业快速发展,竹林的生态景观功能日益凸现,以竹博园、大竹海等为主的竹海旅游和农家乐、民宿快速兴起,极大地促进了安吉美丽乡村建设、休闲旅游产业的发展。

绿色平谷
搭起"生态桥"

"这里有令人流连的湖光山色、苍翠欲滴的水系河谷、纵贯百里的生态环廊、叹为观止的花海桃园……"平谷区是生态涵养区,肩负着建设首都生态屏障的重要任务。

近年来,平谷区以"生态立区"为主线,打造京津冀协同发展桥头堡、建设北京城市副中心后花园,创建国家生态文明先行示范区与国家森林城市,现已成为首都东部重点生态保育及区域生态治理协作区和特色休闲及绿色创新发展区。

走进"彩林画卷"

五一期间,平谷区罗营镇玻璃台村的游客比肩接踵,这里桃花嫩红、梨花皓白、苍松翠绿的"彩林画卷",其实是一片人工林。

很难想象,20世纪七八十年代,这里却难觅树林,山泉也变成浊水。大量村民开始外迁,全村一度只有20户人居住。为了改善玻璃台村生态环境,当地干部发动村民往山上背土,栽种树苗。如今,平谷区"300米见绿、500米见园"。"这背后,是平谷人以'蚂蚁啃骨头'的精神,一点点干出来的!"平谷区园林绿化局森林公安处处长任达伟说。

▎**湖光山色** 平谷区是生态涵养区，肩负着建设首都生态屏障的重要任务。图为平谷区张家台村山水相宜（摄影／耿大鹏）

67.9%的森林覆盖率，林果面积2.7万公顷，全区道路林木绿化率100%……为实施惠民工程，打造优美森林城市环境，平谷区编制了《平谷森林城市建设总体规划（2015—2025）》等方案，致力于打造北京市首个森林城市。

据了解，平谷区自创森以来，东、南、西、北、中均建有大型森林公园、湿地公园，极大地拓展了平谷区绿色发展空间，提升了生态环境承载力，为城乡居民提供了优美的环境、洁净的空气以及休闲游憩的场所。沿洵河、洳河和小辛寨石河建设京东休闲绿道25.35公里，配套景观绿化带10万平方米；在京平高速路、密三路、新平蓟路打造"紫色、桃花、金色"三条景观大道，全区道路林木绿化率达100%。

截至目前，平谷区新造林面积1745.33公顷，公园绿地面积增加了127.85公顷，城区绿化覆盖率达到52.09%，新建了4个富有平谷特色的公园，对 10 个城区原有公园绿地进行改造提升，人均公园绿地面积达 20.77 平方米。在创建森林城市的基础上，平谷还大力发展经济林果产业，全区经济林果面积达 2.7 万公顷，累计完成果品产量 10 亿公斤，实现产值 45.6 亿元，建成苗木花卉基地 103.44 公顷，林下经济面积 857.33 公顷，三年林业产业产值达 9.45 亿元。

40 多年前的平谷，是一个农业大县，人均劳动所得仅为 114.67 元。平谷区如今拥有 22 万亩世界最大的桃园，"平谷大桃""北寨红杏""茅山后佛见喜梨"获批国家地理标志保护产品，四座楼麻核桃生产系统纳入"中国重要农业文化遗产"；在良种繁育体系领域具有领先优势，聚集了峪口禽业、正大蛋鸡等具有全球影响力的科技创新型农业企业。

对平谷而言"生态即农业，农业即生态"，良好的生态和农业资源，给平谷探索实践"绿水青山就是金山银山"提供了坚实基础和充分可能，也为农业科技创新示范区建设提供了基本条件和先天优势。

平谷区建设农业科技创新示范区以核心园区 1394 亩产业用地为基础，打造国际化、市场化的农业科技创新平台，发挥主导产业核心技术研发、产业孵化、展示示范、创新创业服务等功能。

重塑碧水蓝天

为了能够彻底改变污染状况，还平谷百姓"清水绿岸，鱼翔浅底"的景象，近两年来，平谷区坚持问题导向，溯源溯责、精准施策、系统治污，以河长制为统领系统推进治污工程、水系大循环和水生态修复，全面打响碧水攻坚战。

围绕"截、堵、改、禁、控、限、改、优、查、罚、关、抓、拆"十三字方针制定了"平谷治水方案"。通过现场调研、拉练检查等方式，及时推进工作，确保取得实效。建立项目管理责任制和重点任务台账，层层签订责任书，逐一落实到人。实施乡镇（街道）间水环境区域补偿办法，调动乡镇治水积极性。创建区域水质考核、排名、问责机制，排名靠后、水质连续变差的乡镇将被问责。

此外，追根溯源、清查入河排水口 287 个，聚焦生活污水、养殖污水、企业生活污水直排入河问题，及时截流各类污水，临河村庄生活污水直接建设污水收集池，统一收集、统一处理，同步实施农村治污、乡镇污水处理厂等工程建设。136 个规模养殖场粪污处理设施装备配套率达 100%，全区畜禽粪污综合利用率达 85.2%；洵、洳河中下游涉及企业污水已全部并入市政管网或建成防渗收集池，入河排污口得到了有效整治。

据了解，平谷区设立区、乡镇（街道）、村三级河长 314 名，并在此基础上，明确了村两委班子干部担任河段长，基本形成了网格化河长组织体系，实现了河长全覆盖。此外，汛期增加力度，做到水质监测全覆盖。按照"三查、三清、三治、三管"河长制工作要求，各乡镇（街道）积极开展河湖日常管护工作。近两年，累计清理垃圾、渣土 15.76 万平方米，河底淤泥 5.12 万平方米，水面漂浮物 1.68 万平方米。通过清河行动，已将全区 69 处上账问题点位全部清零，河湖周边垃圾渣土、水面漂浮物、违法排污等问题得到有效遏制。

同时，平谷区不断加大大气污染治理力度，有效落实蓝天保卫战行动计划，大力开展"一微克"攻坚行动，着力加强重点区域精细化管理，强化秋冬季大气污染治理，大气污染防治工作不断深入，环境监管执法持续趋严，空气质量加快改善。2018 年，平谷区空气中细颗粒物（PM2.5）平均浓度为 47 微克/立方米，同比下降 20.3%。

启动"生态桥"转废为宝

据平谷区政府相关负责人介绍，农户种植的蔬菜等农作物的植株残体、秸秆每年能产生 17 万余吨的废弃物，养殖禽畜产生的粪便污水 60 余万吨，加上废弃树枝，农业生产的废弃料污染着土壤，也危及水环境，如果不及时创新治理，这些农业垃圾将产生"烟、污、堵、毒"，导致环境"脏、乱、差、险"等问题。由于政府、企业、农民三个主体在废弃物资源利用方面无法独立完成，这就需要形成政府主导、企业主体、农民参与的共治模式，探索基层治理新模式，解决桃树枝等废弃物的综合利用"最后一公里"问题。

为此，平谷此前提出实施"生态桥"治理工程。该工程以果树园林枝条、畜禽粪污、蔬菜植株残体等农业废弃物资源化利用为切入点，创新探索生态政策、生态制度、生态模式，并将生态治理与基层管理、生产安全、美丽乡村与美好田园建设、人民群众生态观念提升等有机结合，最终解决"最后一公里"问题，开启了农民生态意识的"最初一公里"，提升基层自治水平。

2017 年年初开始，平谷区在刘家店、大华山、南独乐河等 8 个乡镇，尝试企业将农户的农业废弃物加工成复合肥，再给农户使用，这样就增强了农户的积极性。

一位果农给记者算了一笔账，他种了 25 年果树，有 8 亩果园，每一亩地平均能产 0.5 吨左右的树枝，算下来一年总共有 5 吨左右的废弃树枝，这就能换回够 5 亩地施肥量的有机肥，化肥开销就能节省近 2000 元。

截至目前，全区已粉碎农民自发上缴农业"九废"15.9 万余吨，生产优质有机肥 8.73 余吨，检测指标全部合格，有机质含量 75% 以上，并已将 2.61 万余吨有机肥全部发放回农户。

"'生态桥'治理工程是一项长期的、利国利民的系统工程，'生态桥'立足于生态，着眼于架设桥梁，其目的是通过生态这个纽带，连接行政、经济、生态、社会等存在的多种'断桥'现象，最终实现基层社会治理的目标。"平谷区政府相关负责人表示。

第九章　美丽中国进行时

从荒漠到绿洲的右玉奇迹

春夏之交，地处晋西北的朔州市右玉县满眼绿意，生机盎然。这个被称为塞上绿洲的美丽小城 2019 年 6 月 16 日将迎来第二届山西右玉国际生态马拉松赛事，借助这扇窗口，让全国乃至全世界的马拉松爱好者感受右玉的独特魅力。

位于毛乌素沙漠边缘的右玉县在中华人民共和国成立初期绿化率不足 0.3%，风沙成患。为了改善生态环境，右玉人坚持不懈植树造林，如今，近 2000 平方公里荒芜的塞上高原奇迹般地变成了绿色的海洋，全县林木绿化率达到 54%。右玉不仅被评为国家生态文明建设示范县和"绿水青山就是金山银山"实践创新基地，更是在"全民绿色接力"中孕育形成了宝贵的右玉精神。

习近平总书记先后五次对右玉精神作出重要批示和指示，指出："右玉精神体现的是全心全意为人民服务，是迎难而上、艰苦奋斗，是久久为功、利在长远。""右玉精神是宝贵财富，一定要大力学习和弘扬。"

"绿色接力"持续 70 年

绿色森林、古朴城堡、巍峨长城……依托塞北特有的美丽景致，如今的右玉在国内油画界享有盛名，包括中央美术学院在内，每年都有数十家国内

绿色胜景 为了改善生态环境，右玉人坚持不懈植树造林，如今，近2000平方公里荒芜的塞上高原奇迹般地变成了绿色的海洋，全县林木绿化率达到54%

高校的艺术院系师生和众多专业画家常驻右玉写生创作。

谁能想到，这座"生态公园"曾经是一片荒芜的沙漠。"一年一场风，从春刮到冬，白天点油灯，黑夜土堵门……"这首民谣是70年前右玉人生活的真实写照。一直以来，右玉县历任县委、县政府一任接着一任干，带领当地群众进行了几十年如一日的"绿色接力"，"生态立县，植树不辍"的发展道路，让当地林木绿化率从0.3%提高至54%。

2018年，曾经播出过一部电视剧《右玉和她的县委书记们》，讲述的就是新中国成立以来，右玉县历届县委、县政府带领当地人民群众坚持不懈植树造林、改善生态环境的故事。剧中主人公梁怀远的原型就是右玉县第一任县委书记、战斗英雄张荣怀。时间回到1949年10月23日，张荣怀在右玉的风神台主持召开了全县干部群众大会，并在大会上发出"植树造林，治理风沙"的号召，"右玉要想富，就得风沙住，要想风沙住，就得多栽树"。伴随

第九章　美丽中国进行时

着这铿锵有力的声音，右玉大地上第一次发出植树造林的号令。

"我把自己的青春都奉献在了黄沙洼，苦倒是苦，我觉得挺值得。"70岁的王明花是右玉县右卫镇头水泉村党支部书记。作为土生土长的右玉人，王明花的植树记忆从7岁就开始了。打上小学起，王明花就和右玉其他孩子一样，听家长、老师、长辈教导植树的重要性。在老师的带领下，从小学到初中，王明花每年都坚持到距离村子两里地的黄沙洼植树，踏实肯干、吃苦耐劳的她17岁时就被任命为村妇联主任，成为全村妇女带头人。"老支书看我干得挺好，就让我当村里头的妇联主任，说你领上妇女们好好栽树。我挺高兴的，接受了这个任务。当时我们村和我同岁的有12个姑娘，我就把她们组织起来。第一年栽好树了，有的被大风吹走了，有的被黄沙土埋死了，第二年就重新补栽。"在王明花看来，栽树已经成了自己的使命，没成家时她是个"拼命三娘"，成家有了孩子后依然如此。村里人回忆，每年到了春秋两季右玉县植树造林的黄金季节，王明花就把孩子拴在家里，自己出门带人奔向黄沙洼造林一线。虽然现在想想有点儿狠心，但是当年的王明花却是处在一种完全忘我的状态：挖坑、挑水、浇树……每次过了一个植树季，王明花都要瘦下来一圈。1986年，王明花成为头水泉村村委会主任，1999年又成为村党支部书记。在她的带领下，全村1258亩耕地中沙化严重的321.18亩退耕还林，森林覆盖率达到80%。现在，王明花的儿孙辈也成了村里的植树骨干。茶余饭后，老人常常讲述以前的植树故事给孩子们听。从孩童时跟着大人种树，到如今年已七旬带着儿孙辈继续种树，王明花就像一棵倔强的杨树，永远迎风而立。

2019年4月30日，右玉县委书记吴秀玲等县四大班子领导与群众一起在大南山参加义务植树劳动，为美丽右玉再添新绿。这是右玉县委、县政府年年不变的"规定动作"。"绿水青山就是金山银山。生态是右玉的灵魂，绿色是右玉的本色，右玉要站在深入学习贯彻习近平总书记对右玉重要指示精神的高度，更高层次、更高水平谋划和推进生态文明建设，全面掀起造林绿化新高潮。"吴秀玲表示,右玉县力争到2020年实现全域绿化,全力打造践行全国"两山"理论示范区、全域旅游发展样板区、乡村振兴先行区。

通过精准、精细布局,推进国土绿化工程,营造防风固沙、水土保持、水源涵养林,构建多功能的森林生态稳定系统,右玉县加快形成"养护绿水青山—转化绿水青山—共享绿水青山"的良性循环,构筑起护卫京津的绿色生态屏障。如今的右玉,仿佛一座规模宏大的生态公园,这越来越浓的绿色,孕育着无限的生机,更孕育着无限的商机……

"绿色银行"孕育商机

五一小长假期间,右玉县杀虎口、南山公园、铁山堡及右卫古城等景区景点,随处都能见到端着"长枪短炮"和背着画板的城里人来此寻找最原始的美丽、最生态的绿色。随着自然生态环境的不断改善,右玉发展生态文化旅游业也有了"美丽"的资本,并取得了可观的效益。据统计,2018年,右玉县共接待国内游客291万人次,实现旅游收入26.9亿元。右玉旅游收入连续3年两位数增长,年均增幅达到22.37%。

门前小溪流水,楼前绿草如茵。走进位于杀虎口风景名胜区二十五湾村的"文昌山庄",田园乡村风情扑面而来,典雅有致的联排小洋楼坐落在村口。这里已经成为远近闻名的农家乐。几年前,二十五湾村还是一个贫困村,村子周边虽然有杀虎口、海子湾水库等优质旅游景点,但苦于缺乏资金,村民们只能守着百余亩土地生活,手头并不宽裕。2017年,在右玉县城开办企业的杨再兴回村与村民一起创办合作社。杨再兴作为主要投资方,吸收村民入股,二十五湾村村民转身变成了农家乐"股东"。"2018年6月开业以来,到我们这里休闲度假的客人络绎不绝。只要游客来得多,村里百姓就能享受到山庄带来的收益!"杨再兴说。

作为山西省第一个生态文化旅游开发区,右玉生态文化旅游开发区建设

第九章　美丽中国进行时

受到了山西省领导的高度重视，省委、省政府专门制定出台32条措施支持右玉绿色发展和开发区建设。在此基础上，朔州市委、市政府又制定出台了40条措施推进开发区建设。右玉县按照杀虎口—右卫文化创意园、环县城生态产业园、苍头河湿地体验带三大功能区布局，着力构建以生态文化旅游业为核心的绿色产业体系。生机勃勃的生态文化旅游产业，如同"绿色银行"，帮助右玉老百姓"借景生财"。登长城、观古堡，感悟右玉精神，呼吸新鲜空气，欣赏地方小戏，体验传统工艺制作……一项项正在开发的旅游项目，书写着右玉生态文化旅游发展的新篇章，也让老百姓的钱袋子鼓了起来。

"70年的生态接力，干部跑的是接力赛，群众跑的是马拉松。"75岁的王德功不仅见证了家乡从不毛之地到塞上绿洲的蜕变，也见证了右玉精神的诞生。退休后的王德功在右玉精神展览馆担任义务解说员，通过照片和实物，结合自己的亲身经历，给前来参观学习的人们上了一堂又一堂别开生面的教育课。"对右玉来说，70年既是树木，也是树人。我们坚持的是在树木中树人、在树人中树木。"王德功说，右玉精神正在通过独特而有效的方式感染着这片土地上的一代代人。

小康中国

东北"小江南"的绿色致富经

集安市隶属于吉林省通化市，位于吉林省东南部，素有"东北小江南"之称。集安的森林覆盖率已达82.16%，形成了"水在城中、城在绿中、人在景中"的优美景致，再加上"春风早动秋霜晚至"的独特气候，成了令人流连忘返的东北"小江南"。此外，集安还有"国参故里""中国人参之乡""吉林省山葡萄特产之乡"之称。

集安市特产局副局长张玉栋说："集安地处长白山区，耕地多为坡地，不适合种植玉米等作物，却适合发展人参、山葡萄、五味子等特色产品，既能增加农民收入，又能保护农业生态环境。"

特色产业成致富新引擎

森林高覆盖率让集安市水资源、野生动植物和矿产等资源得天独厚，也赋予这里人参、葡萄、五味子、林蛙、蜂产品等丰饶的物产，东北特产已成为当地致富转型的"金疙瘩"。

作为"东北三宝"之一，人参在东北所有土特产品中颜值最高、价值最高、名气最大。集安是吉林人参最大的产区之一，也是优质人参品种"边条参"的唯一产区。走进位于集安市的人参博物馆和一些人参品牌旗舰店，大

流连忘返 集安城区鸭绿江冬天酷似童话（摄影/赵涛）

到须子舒展、形体优美的野山参，小到开袋即食的人参蜜片、人参糖，上百种人参产品琳琅满目。据集安市特产局副局长张玉栋介绍，集安市严格按照有关标准规范管理人参生产，实行测土栽参，推广人参规范化栽培技术，破解非林地栽参等技术难题。同时，为人参产品的研发注入科技活力，开发出人参医药、人参食品保健品、人参化妆品等600余种产品，实现了人参从根到茎、叶、果、花的全面利用。

资料显示，集安人参栽培历史已近500年。作为中国人参之乡、全国边条参唯一产区、世界最优质人参产区，该市财政收入的31.9%、农民人均可支配收入的60%，直接或间接来源于人参产业。

集安市现代农业产业园自2017年被认定为国家级现代农业园创建单位以来，在产业融合、技术集成、绿色发展、提质增效、联农带农等方面取得了积极成效，为农业农村经济持续健康发展注入了新动能。2018年，产业园内企业承担了国家和省市级科技项目9项，人参产业产值64亿元，占产业园总产值的 82%。

集安市百特酒庄种植基地,每年寒冬时节,葡萄架上一串串紫红的葡萄在白雪的映衬下分外耀眼。这种在冰雪中依然保持旺盛生机的葡萄名叫"北冰红"。据冰葡萄酒生产工人介绍,采摘冰葡萄要在零下 8℃以下,并且要全程回避阳光,采摘下来的葡萄要趁冻压榨。由于产量低、生产工艺要求高,冰葡萄酒被誉为葡萄酒中的上品,深受市场欢迎。集安市鸭绿江河谷独特的气候条件,让这里成了冰葡萄酒的绝佳产地,全市山葡萄栽培面积 2.1 万亩,年产量约 2 万吨,拥有葡萄酒生产企业 30 家。集安市还建成了一批特色酒庄和研发中心,并建设了集葡萄种植观光、葡萄酒酿制、葡萄酒文化体验、美食休闲等为一体的山葡萄酒主题旅游度假区。

生态文明建设力度空前

集安市坚持生态立市理念,逐步加强生态文明建设,使空气环境质量保持在国家二级标准,空气质量优良天数超过 330 天,饮用水源地水质符合国家地表水二类水质标准。

为保护大气,集安市制定《大气污染防治工作实施方案》《重污染天气应急预案》,全面推进工业废气、建筑扬尘、餐饮油烟、秸秆焚烧治理,实施供热锅炉脱硫设施除尘改造,坚决取缔燃煤小锅炉,全面完成黄标车淘汰清理任务。大力治理秸秆焚烧,深化秸秆综合利用,实施了远鸣牧业有机肥、博福生物质能源开发等项目,秸秆循环利用率超过 95%。

同时,制定出台《集安市通沟河饮用水源生态环境保护管理办法》等政策,完成通沟河饮用水源地一、二级保护区划,水质达到国家地表水二类水质标准;划定农村集中式饮用水水源保护区 19 处,村镇饮用水卫生合格率、集中式饮用水源水质优良率均为 100%;禁养区养殖场全部搬迁关闭。全面落实"河长制",设立各级河长 199 人,扎实推进"清河行动",严厉打击非法采沙、超标排放、违法排污等违法行为，水资源得到有效保护。

2015年以来，集安市创新垃圾处理新模式，在全省率先引进实施垃圾裂解焚烧炉项目，投资680万元，建设乡镇垃圾焚烧站8个，实现镇村垃圾"户分类、村收集、镇处理"。实现城乡环卫一体化，投资2166万元，采取购买社会服务方式，做到城乡环卫"一把尺子、一个样子"。

与此同时，先后制定并出台了《集安市开展打击非法侵占林地毁林种参专项整治活动实施方案》《集安市通沟河饮用水源生态环境保护管理办法》等几十项政策规定性文件。集安市人大将生态环境保护纳入"1号议案"，集中开展了打击破坏野生动物资源、保护水源地、毁林种参、非法采沙捕鱼等专项行动。截至2014年，集安市共完成生态造林和森林抚育5.5万亩，还林6万亩。编制完成了《集安市林地保护利用规划》，注重生态修复，加快国土绿化，发展林下经济，实现从"砍树"向"栽树"的转变。全市林业经营总面积33.13万公顷，活立木总蓄积量2402万立方米，森林覆盖率达到82.16%。

农村环境脏乱差、农村垃圾和污水处理不畅等问题也曾困扰着集安。据介绍，集安近年来通过政府出资、公司运作的方式对乡镇农村生活垃圾进行统一分类、清扫和无害化处理，还建立了规范化运作的村镇保洁体系。在每家每户，美丽庭院建设得如火如荼，全市已有60%以上的农户达到美丽庭院和干净人家的标准。

目前，全市共有8个乡镇被分别命名为国家级生态镇和省级生态镇，16个村被命名为省级生态村，清河人参小镇成功入选全国特色小镇。集安市逐步形成了"村庄鸟语花香、道路园林美景、小区开窗见绿、远郊青山绿水、城郊绿色长廊、城区绿地花园"的城乡一体生态新格局。

留住纯美生态打造全域旅游

在2004年成为全国第30处世界文化遗产地时，集安依照"黑白灰、淡素雅、精秀美"的风格，加大城市建设改造力度，使城市历史感更加浓厚。近年来，集安又实施引水入城工程，在城内形成水系，同时加强美丽乡村建设，仅2019年就投资2.18亿元，实施"治理农村污水、农村垃圾、农村脏乱差、改厕"项目312个。

如今，集安形成了"水在城中、城在绿中、人在景中"的优美景致，再加上"春风早动秋霜晚至"的独特气候，成了令人流连忘返的东北"小江南"。

近年来，集安市坚持把发展全域旅游作为绿色转型和富民强市的重要引擎，创新提出"全域旅游、全民致富"发展目标，深入实施了城乡居民一体增收、城乡生态一体保护、城乡建设一体打造、城乡产业一体发展、城乡服务一体优化、城乡文明一体提升的"六个一体化"工程，基本形成产业因全域旅游更兴旺、城乡因全域旅游更美丽、百姓因全域旅游更富裕的发展格局。

2018年，全市旅游综合收入实现58.6亿元，同比增长23.9%；接待游客244万人次，同比增长25.1%。

在全域旅游开发中，集安市坚持从顶层设计入手，在旅游资源普查基础上，委托国内一流规划编制单位，精心编制《集安市全域旅游发展规划》及高句丽文化旅游区、青石风情小镇等重点景区及项目规划10余个。

在全域旅游建设中，集安市不断完善旅游公共服务设施建设，完善交通、咨询、旅游标志、旅游投诉等软硬件设施服务品质，苦练"内功"，以优美的环境吸引人、优质的服务感动人。

在苦练"内功"、全民推动的同时，集安市全域旅游发展一改传统、零散、被动，只靠景点景区、门票经济、资源禀赋吃饭的旧路子，走出"品牌+旅游"的新路子，全力打造"四大品牌——世遗品牌、边境品牌、生态品牌、特产品牌"，使魅力集安声名远扬。

新县守住青山绿水拔穷根

作为首批国家级生态保护与建设示范区的河南省新县，位于河南省信阳市东南部、大别山腹地、鄂豫两省交界地带。生态环境优美，被誉为"北国的江南，江南的北国"。

而在2018年8月8日之前，新县还是国家级贫困县，而今，经过省级核查公示，新县综合贫困发生率仅为1.36%，退出贫困县。新县县委书记吕旅感慨地说："是'绿水青山就是金山银山'的科学理论，为新县脱贫攻坚指明了方向，让老区致富奔小康走对了路子。"

特色产业链助力脱贫攻坚

"一人三亩油茶可脱贫！"2018年全国两会上，全国人大代表、羚锐集团董事长熊维政介绍了新县的脱贫路径。

新县栽种油茶树历史悠久，出产的山茶油远近闻名。近年来，新县持续发展油茶产业，助力脱贫攻坚，目前油茶种植面积已经发展到26.8万亩。通过品种改良、规范化管理、低产林改造等一系列手段，油茶树挂果率和山茶油产量双双增长，一棵棵油茶树成了老区贫困群众脱贫致富的"摇钱树"。周河乡熊湾村贫困户熊学兵靠种植20亩茶园，2018年净收入1.5万元。

北国桃源 新县生态环境优美，被誉为"北国的江南，江南的北国"（摄影/蒋仑）

新县龙头企业羚锐集团找到了新产业。建设300亩油茶良种培育基地，流转近10万亩天然油茶园，帮助贫困户改造低产油茶园近万亩；他们通过成立绿达山茶油公司等龙头企业，按照"公司+油茶专业合作社+基地+贫困户"的模式，使龙头企业与广大贫困群众结成利益共同体，把山茶油资源开发成了企业增效、农民增收、有益消费者健康的绿色大产业。

在羚锐集团等龙头企业带动下，通过技术创新，野生油茶林每亩榨油可从15斤上升到50斤，1斤茶油约需5斤油茶籽。若一户农民种植5亩油茶园，则每年可收入1.6万元。扣除5000元投入和人工成本，每年纯收入可达1万元以上。

"山茶油被公认为健康食用油。油茶树适宜在山坡地生长，不与粮食争地；挂果之后，年年可以采摘榨油。"熊维政说，"发展茶油产业既保护绿水青山，美化生态环境，又降低我国食用油对外依存度，确保国家粮油安全，同时还能带动更多老乡稳定脱贫致富。"

除了山茶食用油，新县还不断研发新产品、延长产业链。山茶精油、山茶油软胶囊、润唇膏等均已上市；同时在榨油工艺中变废为宝，把剩下的渣粕压制成山茶油茶饼或茶皂素等，再创价值。

新县还培育出新林玉露、绿达山茶油、久久农业、北纬31度等农特产品开发企业68家，开发出山茶油、蒸青茶、葛根粉、土布、根雕等特色旅游商品180多种。

实施"林长制"实现绿色发展

徜徉新县1612平方公里红色热土，青山依依、碧水潺潺、千峰竞秀、绿漾河山……76.7%的森林覆盖率、95%的植被覆盖率，使新县百里绿色画廊呈现山青、水净、风清、气爽的桃源胜境。

2018年3月，新县在全省率先推行县、乡、村三级林长制，一年来，"林长制"效应凸显，绿色，正成为最厚重的富民底色。

为让林长制落地生根，新县实行党政领导负责制，党政同责、分级负责，快速构建县、乡、村三级林长组织体系。印发《新县全面推行森林林长制工作方案》和《关于推行林长制，开展"美化大别·绿满山河"国土绿化行动工作的通知》，层层压实责任，激发生态保护新活力，让"林有人管、事有人做、责有人担"。

在县级，县委书记、县长"挂帅"总林长，在乡镇，联系乡镇的县领导担任乡镇总林长，乡镇党委书记、乡镇长任林长；在行政村，包村乡镇领导担任村级总林长，村支书、主任担任村级林长。确保一山一坡、一园一林都有专员专管，责任到人。

"作为村级林长，我每天总会绕着这片林子转转，看看古树、查查火患，不然整天都不踏实。"水榜村老支书彭以祥谈起自己的林长职责，自豪之情溢于言表。据介绍，全面实施的林长制，让水榜村的森林资源得到了充分保护，村里的一山一坡、一园一林都有专员专管，特别是村里600余棵古树名木更是一一挂牌、责任到人。

自林长制全面实施以来，700余名林长将护绿、增绿作为自己的工作重心，围绕"美化大别·绿满山河"国土绿化三年行动计划，吹响全域绿化美化号角。仅2018年，新县就完成造林2.63万亩，森林抚育3.34万亩，完成义务植树11.5万株，道路绿化25公里，美化乡村10个，造林面积900亩。

各级林长积极探索林业脱贫路径，特色种植、生态旅游、碳汇交易……全县林业总产值达29.69亿元，绿水青山逐渐变成富民"银行"。

"林长制、水长制等一系列生态保护制度融合推进，新县生态保护网越织越密，老区群众正以实际行动呵护绿水青山，筑牢生态屏障。以林涵水、林水相依的美好生态画卷正在红城大地徐徐展开，'两山理论'新县实践正逐渐形成。"谈及老区生态保护与生态建设，新县县委书记、县级总林长吕旅信心满怀。

做大做强全域生态旅游

新县是鄂豫皖边区革命根据地发源地，是鄂豫皖苏区首府所在地。全县有革命遗址365处，每年到新县接受红色教育的游客达到200多万人次。

近年来，新县坚持红色引领、绿色发展，确立了山水红城、健康新县的发展定位，结合自身优势持续推进生态宜居城镇建设与美丽乡村建设，让群众畅享生态宜居生活。

除了红色旅游，新县乡村旅游、主题旅游也遍地开花。

在周河乡西河村，小河北岸，一幢幢透着厚重历史气息的百年老屋，挨着被磨得油光锃亮的青石板路渐次排开，原来的民居变成了现在的旅馆、药铺、工艺特产店；南岸建于20世纪五六十年代的粮仓，被改造成了粮油博物馆、西河餐厅、咖啡馆和村民活动室。

几年来，西河村涌现出40多家农家乐和农家民宿，累计接待游客150多万人次，旅游经济收入4000多万元，带动1200余名群众就业，人均年增收

6000 元以上，92 户 325 人先后脱贫。

西河村只是新县发展乡村旅游走上脱贫致富道路的缩影。通过实施"英雄梦、新县梦"规划设计公益行活动，他们先后邀请全国 500 多名专家学者为美丽乡村建设和乡村旅游做规划设计，突出"一村一特色、一镇一主题"，着力打造"九镇十八湾"的乡村旅游品牌。

"新县发展旅游的原则是，既要保护好乡村原生态，又要按照旅游产业发展的要求和要素做好全面设计和规划，坚持不挖山、不填塘、不砍树、不截断河流、不取直道路，坚决不让村庄成为孤零零的村庄，坚决不让村庄失去赖以生存的根基和土壤。"新县县长夏明夫说，"新县的景区一律不收门票，我们要把整个新县打造成一个 1612 平方公里的大公园，境内的山水都是天然的景观。"

脱贫攻坚开始后，新县立足资源优势，科学确立了"山水红城、健康新县·大别山旅游公园"的产业定位，按照"靓丽县城、特色小镇、美丽乡村、全域景观"的发展思路，以"红色"引领，用"绿色"辉映，借"古色"添彩，坚持用全域旅游的理念发展乡村旅游，把每一个乡镇作为一个景点来构图，把每一个村庄作为一个小品来设计，推动乡村旅游全景化建设、全要素配置。

香山湖畔林冲村，山色青郁，树木葱茏，总投资达 5.9 亿元的大别山露营公园就建在这里。在新县全域旅游的框架下，露营公园坚持走红色旅游、生态旅游、乡村旅游融合发展之路。项目建设以来，带动周边 200 多名群众就业，年均收入增加 5000 元以上……

新县通过实施乡村旅游富民工程，32 个村成为全国乡村旅游扶贫重点村，全县成功创建许世友将军故里、金兰山森林公园、香山湖水利风景区、大别山露营公园等 4A 级景区 2 个、3A 级景区 8 个，让西河湾、丁李湾、田铺大湾、毛铺等 12 处中国景观村落、9 处中国传统村落、29 处河南省传统村落大放异彩。

两当：
绿色是生态也是产业

2018年底，生态环境部命名表彰了全国16个第二批"绿水青山就是金山银山"实践创新基地和45个第二批国家生态文明建设示范市县，甘肃省陇南市两当县被授予国家生态文明建设示范县称号，成为甘肃省首个生态文明建设示范县。

靠山吃山，吃山养山

近年来，两当县一直在探索如何变生态优势为经济优势，如何变绿水青山为金山银山。几经摸索后，两当探索出了"靠山吃山，吃山养山"的宝贵经验：以经济开发促进生态建设，寓生态建设于经济开发，让绿水青山不断变成群众存本取息的"绿色银行"。

曹宗孟是杨店镇灵官村第一个"走出去"又回乡创业的年轻人。"因为我们村附近有亚洲面积最大的野生白皮松原生区，所以常有陕西商人前来收购种子。经过打听后，才知道发展育苗产业的前景十分可观。"曹宗孟说。

在首次尝试失败后，曹宗孟意识到技术的重要性，专程外出学技术，回来后在家里成功试种了半亩白皮松，获得了创业的第一桶金，共176000元。

组织起来，创新合作社帮扶。"合作社给入股农户每亩土地500元的租金，再加上每年协助管理的劳工费 500 元,一亩地光保本收入就是 1000 元。等产业发展起来后,每个股东还可以得到五成分红。"曹宗孟说,通过资金捆绑、产业嫁接的形式,减少贫困户发展产业的风险,以劳动力和土地入股,降低了投资成本,解决了贫困户发展产业资金不足的问题。

据介绍,灵官村已发展育苗 300 亩,2017 年底,全村农民人均纯收入达到 9618 元,同比增长 52%,各项脱贫指标全面完成,率先实现整村脱贫。不只育苗产业,中蜂养殖、生态养鸡、核桃等特色产业也已渐成规模。

"过去受制于交通、物流、信息等瓶颈,优质的农特产品卖不出好价钱,无法稳定带动贫困群众脱贫致富。"两当县电商中心主任程奎说,电子商务打破了空间的限制,打通了特色产品走出大山的快速通道。同时,电商网店与贫困户利益联结,"一店带多户""一店带一村",贫困群众农特产品有了稳定的出路,形成了较为完整的脱贫产业链。

截至 2017 年底,两当全县共开设网店 437 个,电商销售额累计达到 2.08 亿元,组织电商业务培训 12774 人(次),带动就业 5832 人。

两当县委书记梁英表示,《两当县全面巩固提升脱贫成效实施方案》按照"缺啥补啥"的原则,持续推进"一户一策",确保稳定脱贫、持续增收。"要确保未脱贫户如期脱贫,保障脱贫户巩固提升,做到脱贫不返贫、成果不反弹,实现群众稳定脱贫奔小康。"

扶贫、富民、强县三位一体

旅游成为两当县脱贫攻坚的"利器"。

"前些年在外面打工,跑了很多地方,没挣到什么钱,家里老人年龄越来越大需要照顾,所以就回来了。"农家乐老板王再来说,2016 年返乡后,在政府的支持下,他办起了峡门客栈农家乐。

白墙黑瓦的小院子掩映在青山绿水间,王再来的农家乐每天都有客人来吃饭，多的时候有十几桌，少的时候也有三四桌，尤其是夏天的时候，常常客满。

近年来，两当县立足资源优势，把旅游产业作为富民活县、推动转型发展的重点工作来抓，举全县之力，做大做强红色旅游和生态旅游两大品牌，大力发展乡村旅游，扎实推进旅游扶贫，逐步探索出了一条从"扶贫"到"富民"再到"强县"三位一体、从"农家乐"到"乡村旅游"再到"乡村度假"华丽转身的乡村旅游共享发展之路。

梁英介绍，两当推动脱贫攻坚与乡村旅游有机结合，辐射带动周围群众从事与旅游相关的行业，推动乡村旅游提档升级，进一步发挥旅游扶贫效应。两当依托农村田园风光、乡土民俗资源，开发生态观光、农耕体验等多种类型乡村旅游，培育旅游扶贫示范村7个、全域旅游示范村9个，发展农家乐、农家客栈105家，直接带动478户2000余人增收。

第九章　美丽中国进行时

怀来送来
绿水清风

怀来，地处北京上风上水区位，作为首都生态涵养区，从20世纪的治沙还林到近几年的山水林田湖生态修复项目，一直都担负着保护京津地区生态安全的重任，全面改善生态环境，提高环境承载量。如今，借助2022年冬奥会的契机，怀来县提出了"一线""一弧""两水系"的总体布局，"一线"，即以铁路、高速公路和国省干道为轴，打造延庆怀来交界至崇礼的绿色奥运廊道；"一弧"，即在与北京接壤的弧状地带，打造北京重要生态屏障；"两水系"，即在官厅水库及其上游水系、密云水库上游水系，加快水源涵养工程和节水工程建设。

沙城无沙

怀来县的中心区域名为沙城，顾名思义，这里多风沙。位于怀来县的天漠沙源主要来自内蒙古沙漠，当地人都说"一年一场沙，从春刮到冬"，足见当地沙尘暴肆虐之凶。

1979年，三北防护林工程启动。2000年，京津风沙源治理工程拉开了大幕。2002年3月，《京津风沙源治理工程规划（2001—2010年）》出台（后延长至2012年），京津风沙源治理工程全面展开。这项工程主要是通过采取禁牧舍饲、生态移民、封山育林（草）、飞播造林（草）、人工造林（草）、退耕还林、草地治理、小流域综合治理等措施综合治理风沙。

除植树造林、退耕还林举措外，特别值得一提的是，怀来大力推行生态建设产业化，优先扶持葡萄、海棠、核桃、苹果等经济林建设，葡萄面积已达25.1万亩，苹果已达10万亩，八棱海棠3万亩，桃李、杏扁、鲜食杏等达到20万亩，经济林已占全县总耕地面积的44%。通过经济作物的种植，沙地变为宝地，不仅涵养了水源、改善了环境，还发展了绿色经济。2006年，浙江人贾季伟租了3000亩沙地，种植赤霞珠等酿酒葡萄，不但自己经营的德尚葡萄庄园收到了效益，还通过向农民收购葡萄带动了上百户农民致富。

虽然怀来县的治沙工作已经取得了重大成效，但防沙治沙依旧没有松懈。党的十八大以来，怀来县在新的历史机遇之下，努力推进防沙治沙工程的深入实施。2017年，造林绿化任务为8.02万亩，已经建成了10万亩的水源涵养林保护区，近年来，怀来投资4500万元，通过封禁治理、栽植水保林和经济林、构筑沟头防护等系列措施，完成总面积90平方公里的小流域治理，治理区内林草覆盖率提高到73%，年保水量280万立方米，年拦沙量达到30多万吨。

还碧波于库区

"官厅水库是永定河流域最大的控制节点和生态节点，在首都防洪安全和生态维护上意义重大。"怀来县委书记孙晓函说，官厅水库是怀来的一宝，更是怀来与北京牵系的纽带。

谋定而后动，中国城市科学规划设计研究院对怀来县进行了统筹规划，以官厅水库为中心向外划定三个圈层，第一圈层是官厅水库国家湿地公园，以生态保护和建设为主，总面积达150平方公里；第二圈层是以葡萄酒庄、温泉为特色的文化旅游产业创意区和健康养生区；第三圈层是工业、商业和其他功能区。"一湖三圈"是发展蓝图，也是生态红线。

2017年启动实施了官厅水库国家湿地公园建设，集保护湿地、改善生态、休闲观光、科普宣传等功能为一体，规划总面积20.3万亩，2020年全部建成后，将成为京津冀区域乃至华北地区最大的湿地公园。两年来，已栽植各类植物2.3万亩、160余种、960万株。在推进一期工程时，怀来县采取了PPP模式，引入社会资本投资，成立了怀来县亿奥生态建设有限公司，不仅取得了生态效益，还带来了社会和经济效益。

怀来县林业局副局长王月星表示："到2022年，我们将在怀来的西部、北部、东北部再建成10万亩生态防护林，这是清肺工程，把清风送给首都；在怀来县中部建成20万亩的湿地公园，这是强肾工程，把清水输到北京；在怀来县平川区建成58万亩的有机果品基地，诚邀四方宾客，共享葡萄、果品、美酒，共享大美怀来。"